ウクライナ動乱

――ソ連解体から露ウ戦争まで

松里公孝
Matsuzato Kimitaka

ちくま新書

1739

ウクライナ動乱——ソ連解体から露ウ戦争まで【目次】

第五章　ドネツク人民共和国　337

はじめに

二〇二二年二月二四日、ロシア軍はウクライナの軍事施設・防空施設にミサイル攻撃を仕掛けると同時に、南北から国境を越えてウクライナに侵入した。

その後の一四カ月間、ウクライナでは多くの人命が失われ、多くの家屋や生産施設が破壊された。勤労者が職場に通い、学童が学校に通うという当たり前の生活ができなくなった。

私自身にとっても、ロシア軍が最初に襲ったチェルニヒウに義母が住んでいること、かつて自分が楽しく仕事をしたマリウポリ、イズュム、バフムトなどの都市が次々に灰燼に帰していったことから、個人的にも本当に嫌な思いをした一四カ月であった。

戦争が始まったとき、多くの専門家と同様、「プーチンがここまでやるか」ということに驚いたが、同時に既知感、「またか」という感覚は否めなかった。このような戦争はソ連末期からコーカサスや環黒海地域で繰り返されてきたものであり、今回の戦争は、一つの事例が付け加わったものにすぎない。

戦争犠牲を計量すること自体不謹慎だが、あえていえば、人口比での民間人犠牲者数では、二〇〇八年の戦争における南オセチアや、ドンバス戦争における分離政体の被害の方が大きかった（少なくとも今のところは）。もちろん戦死者・犠牲者の絶対数では、露ウ戦争がすでに旧ソ連圏最悪の戦争である。

戦争そのものへの感情と並んで、過去一四カ月間に私が痛感したことは、ウクライナという国が日本人にとっては縁遠い、知られざる国であるということである。戦争という不幸な出来事をきっかけにしてではあるが、ウクライナに対する日本社会の関心が高まったことを機会として、この国の歴史、地理、政治体制などについての基礎知識を提供したいということも、本書執筆の動機である。

私が外国の政治を研究するにあたって心がけていることは、様々な登場人物の見解を聞き、紹介するということである。これは決して、価値中立、両案併記的な姿勢をとるということではない。しかし、現に対立があるのに、片方の言い分だけを聞いて書いたものを学術的な労作と認めるのは難しい。

ウクライナ現代史については、二〇一四年以降は、政治的、物理的な制限があるため、クリミアやドンバスの諸アクターの見解を聞くこと自体が難しい。ユーロマイダン革命に身を投じた人々、抵抗した人々、革命暴力への恐怖から分離主義に走った人々、分離主義は破滅の道だと考えてそれと闘った人々、こうした様々な集団の生の声（あまり好きな表現ではないが）を伝えることが、本書の課題である。

戦争は悲劇である。しかし戦争は、平時には見えなかった当該社会の問題点を浮き彫りにする。内視鏡医療が発達した現代に時代遅れなたとえで申し訳ないが、平時の政治を研究することが内科的な診察方法だとすれば、戦争の政治を研究することは、腹部を切り開いて患部を目視することなのである。

私たちは、冷戦終了・ソ連崩壊後の現代史について、次のようなイメージをもちがちである。二一世紀の最初頃まではアメリカ一極世界が安定し、旧社会主義諸国では体制移行が進んだ。イラク戦争や二〇〇八年のコーカサスでの戦争の失敗から、アメリカ一極世界が動揺し始め、旧社会主義諸国でも権威主義が台頭してきた。特にロシアは軍事大国化し、旧ソ連領に干渉している。

この「いったん安定したものが再び動揺している」という有力イメージに対して、本書で問いかけたいことは、私たちはまだ一九八九―九一年に始まる社会変動の只中にいるのではないかということである。特に、ソ連継承国の多くは、一九九〇年の経済水準を回復していない。金さえあれば何でも買える便利な資本主義社会にあって、庶民は三五年前の生活水準を回復していないのである。

貧困の問題が直視されない代わりに、親露派対親欧米派という二項対立が、現地について何も知らなくても現地情勢を説明できてしまう魔法の杖のように振られる。これは、現地に対するバイアスであると同時に、日本人が自国の貧困問題に取り組めなくなっていることの反映ではないだろうか。

本書の第一章では、ソ連末期以来の社会変動がこんにちまで続いているという本書の基本思想を経済、分離紛争、安全保障の三分野にわたって検証する。章の性格上、ウクライナ以外のソ連継承国に数多く言及する。

第二章で、ユーロマイダン革命およびその後のウクライナの内政史をまとめる。ユーロマイダン革命以前のウクライナ政治史については、同じちくま新書の拙著『ポスト社会主義の政治』(二〇二一年)を参照されたい。

第三章はクリミア、第四章はドンバスの現代史である。第五章は、二〇一四年に成立し二〇二二年にロシアに併合されるまで続いたドネツク人民共和国の歴史である。

クリミアとドンバスの歴史を描くとき、二〇一四年の決定的な出来事の叙述が主内容になるのはやむを得ない。しかし、ソ連末期に始まる変動の継続性という観点から、大事件の間の時期(一九八九—二〇一三年、二〇一五—二一年)の両地域史にかなりの紙幅を割いた。そもそも大事件が起きたときだけクリミアやドンバスに注目するのでは、これら地域でなぜ大事件が起こるのかはわからないのである。

第六章は、ドンバス紛争管理とその失敗後の露ウ戦争を分析する。

ちくま新書編集部に無理を言って、主な文献の一覧だけは掲載してもらったが、本書の主な資料源であるインタビューなどは、新書なので提示できない。本書はかなり際どい内容を含むので、注なしには信用できないという読者も多いだろう。そうした読者には、本書の下地になっている諸拙稿（「あとがき」に提示）にあたり、典拠を確認していただきたい。

最後に凡例として、固有名詞の表記について述べる。ウクライナ語は日本語と同様、子音連続を嫌うので、子音が続く場合は軟音（ь）を間に挟む。これは日本人の耳には「イ」と聞こえるので、「ゼレンシキー」などと表記されるのである。英語では東スラブ語の軟音は無視されるかアポストロフィで表現される。

私は、日本語の「シ」はやはりshiであって、s'ではないと思う。またこの翻字法を首尾一貫させるためには、「ドネツク」ではなく「ドネツィク」と表記しなければならなくなるなど煩瑣になる。そこで本書では軟音は無視し、「ゼレンスキー」等と表記する。ただし、「ルーシ」、「ヴォルィニ」など日本ですでに普及した固有名詞についてはこの限りではない。

本書のウクライナ地名はドンバスとクリミアについてはロシア語表記、それ以外については ウクライナ語表記である。ドネツクだけは、ウクライナ語でもロシア語でもないこの中間固有名詞がすでに普及しているので、これに倣う（ロシア語なら「ドニエック」になる）。

日本のウクライナ専門家が採用する翻字法ではウクライナ語のВ（v）を「ウ」と表記する。このため本来の「ウ」yとの区別がつかず、固有名詞が同定しにくくなっている。私はこの翻字法は間違っていると思うのだが、同僚に改正を提案するのは大変である。そこで個人的選択として、特に不快な場合はロシア語で表記することにする。

ウクライナの首都について、「キーウ」という日本のマスコミに急速に普及した呼称は、翻字法として奇妙であり、発音としてもウクライナ語からは程遠く、到底受け容れられない。ウクライナの首都は「キエフ」と表記する。これは別にロシア語ではなく、原初年代記にもあるこの都市の歴史的呼称である。

ウクライナの首都を、現代ウクライナ語発音に近づける発想からカタカナで表現すると、「クィウ（クィヴ）」が近かろう。

スラブ語においては軟音と硬音の区別は大切である。昔ソ連の指導者でコスイギン、グロムイコなどがいたが、彼らのことをコシギン、グロミコと表記しても誰のことかわからないだろう。特にkの後に硬音の「ウィ」がきてもよいというのは、ロシア語にはないウクライナ語の愛らしい特徴である。

本書で「クィウ」と表記してもよいが、何のことやら読者にはわからないだろうし（同様に、

「キーウ」と発音してもウクライナ人には何のことかわからない)、この翻字法を首尾一貫すればゼレンスキーも「ゼレンスクィ」と表記しなければならず、煩瑣になる。

ウクライナ市民の人名については、基本的にはウクライナ語表記だが、本人がロシア語話者であったりする場合には、ロシア語で表記するかもしれない。まあ、要するにあまりこだわらない。

第一章

ソ連末期から継続する社会変動

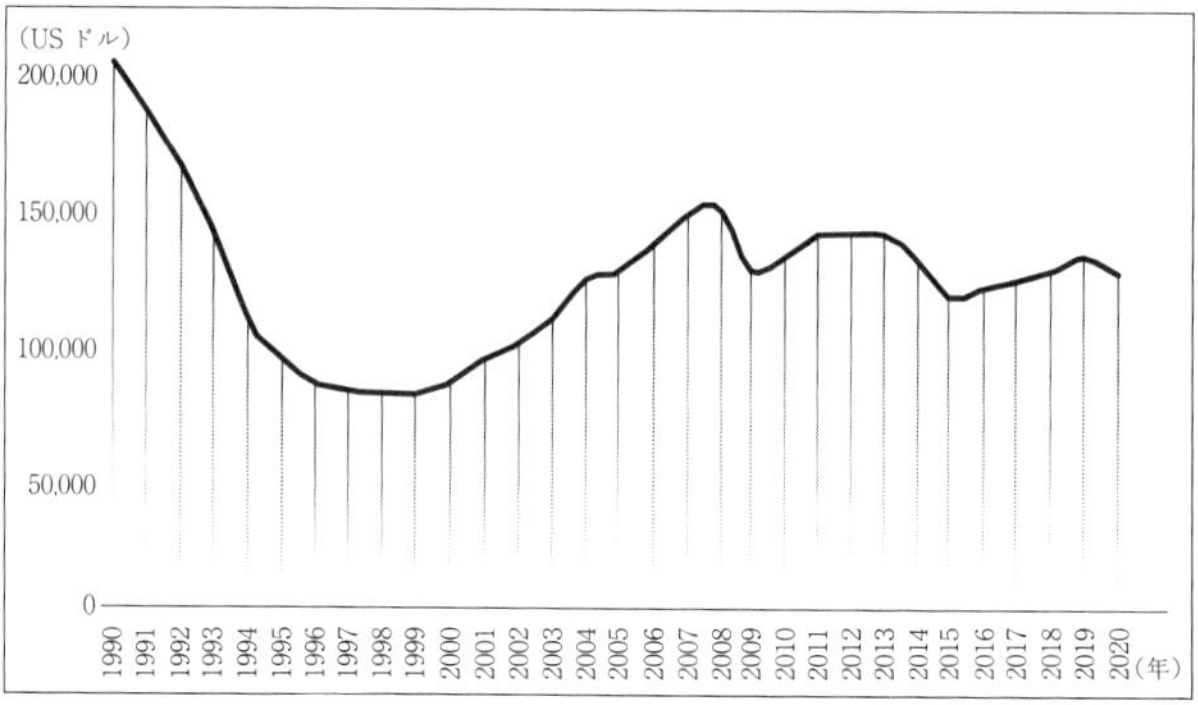

表1-1　ウクライナの実質GDPの変動（1990-2020年）

ことができた。これはレニングラードよりも良い条件であった。

しかし、ウクライナRSRの経済的先進性は、自然環境に大きな負荷をもたらした。一九九一年に東部工業都市のザポリジャで体験したことだが、朝起きると外気に色がついていた。一九七〇年代のSF映画『ソイレント・グリーン』の風景が本当に現出していたのである。

†ソ連解体後の落ち込み

表1-1は、世界銀行のデータによるソ連解体後のウクライナの実質GDPの変動である。一九九〇年には二〇〇〇億USドルを超えていた実質GDPは、一九九九年には一〇〇〇億ドルを切った。クチマ大統領の第二期から復調が始まり、オレンジ革命でやや停滞するものの、リーマンショック前夜の二〇〇七年には約一五〇〇億USドルにまで回復した。

リーマンショック後の実質GDPの激しい落ち込みは、ヤヌコヴィチ時代に緩やかに克服されつつあったが、二〇一四年の動乱を経験した後、二〇一五年には再び一二〇〇億ドル台にまで低下した。これが二〇一九年までは緩やかに回復していたが、COVID19パンデミックで再び低下した。

前述の通り、ウクライナの二〇二〇年の実質GDPは、一九九〇年のウクライナRSRのそれの六三・二%にすぎなかった。露ウ開戦のためウクライナの二〇二二年GDPは約三〇%縮小したと報道される。

ロシアの実質GDPも似た曲線を描いている。一九九八年までに一九九〇年の五〇%代にまで低下、その後、二〇〇八年のリーマンショックまで緩やかに上昇して一九九〇年の実質GDPの一一二%にまで回復した。リーマンショックで八パーセントポイントほど落ち込んだが、二〇一四年までに再び回復した。二〇一五年以降は、原油価格低迷で再び成長鈍化した。クリミア併合に対する国際制裁が原油価格低迷にどれだけ追い打ちをかけたかについては様々な意見がある。

ウクライナと違ってロシアのGDPは社会主義時代の上を行くかのようであるが、これは天然資源輸出に牽引されたもので、製造業が一九九〇年水準を回復したわけではない。

†ソ連解体の幼稚な論理

ウクライナRSRの相対的に恵まれた社会経済状況は、ソ連内・コメコン内分業で同共和国が上位にあったことからもたらされた。特に、軍需産業や宇宙産業が同共和国に集中していたこと、資源を供給し、完成品を買ってくれるロシアSFSRという植民地を持っていたことが大きかった。

ワルシャワ条約機構とソ連がなくなったとき、この条件は著しく毀損された。二〇一四年にドネツク州知事であったセルヒー・タルータが言っていたが、ソ連解体時、独立ウクライナは経済ポテンシャルで世界の十指に入るだろうという予測もあった。

当時のウクライナRSRは、その三〇年後の日本が作れない宇宙船や民間旅客機を生産していたのだから、そう考えるのも無理はない。「ソ連がなくなったら、いったい誰がウクライナの宇宙船や旅客機を買ってくれるのか」ということは、誰も考えなかったのである。

このような浅薄な経済民族主義は、解体期のソ連に氾濫していた。私は、当時、レニングラード財政経済大学で学んでいたウズベキスタンSSR出身の学生から、「もしウズベキスタンで生産している綿花を国際価格で売れたら、それだけで国民は遊んで暮らしていけるほど豊かになる」と言われて驚いた。ウズベキスタンが独立国になり、綿花を国際価格で売れるようになったら、綿花以外のすべての商品を国際価格で買わなければならなくなる。経済学を学ぶ若者がなぜその程度のことも考えないのか。

†ロシアのウクライナからの脱植民地化運動

ソ連がなくなったからといってロシアとウクライナの間の垂直的貿易関係がすぐに変わったわけではない。ユーロマイダン革命前夜、二〇一三年のロシアとウクライナの貿易を見ると、ロシアからウクライナへの輸出品の六一％は石油ガス含む鉱物資源であった。ウクライナからロシアへの輸出品は、機械が三六％、金属・金属製品が二二％であった。

二〇一四年以後、ウクライナ政府は主な貿易相手国をロシアからEUに切り替える政策をとった。実際には、ウクライナの最大貿易相手国は二〇一九年に中国になったが、EUの比重が顕著に増えたのは事実である。

ロシアを相手にしている限り、ウクライナの製造業の方が優位にあるので、ロシアがウクライナに原料を供給し、ウクライナがロシアに製品を売るのだが、EUが相手だと、それが逆になる。二〇二一年のウクライナからEUへの輸出品目は、鉄鋼（二〇・八％）、機械（七・八％）も一定のウェイトを占めているとはいえ、やはり農産物や鉱物資源が大半である。

二〇一四年以降のロシアの輸入代替政策は、軍需分野ではウクライナに向けられた。ソ連解体後、ロシアは、国家機密であるロケットの本体部分は、いまや別の国になったウクライナには注文しなくなった。しかし、トレーラー（移動式発射装置）などの付属兵器は、ソ連以来の財界人脈もあり、クラマトルスクなどウクライナ東部の企業に発注していた。

そのほか、ロシアは軍用ヘリコプターのエンジンを、（二〇一八年に中国が買収しそびれたことで有名な）モトルシチから買っていた。戦車の部品にも同じことが言える。

二〇一四年にロシアがウクライナに対する全面戦争を開始しなかった理由の一つは、兵器・軍需品の相当部分をウクライナに依存していたからだった。ソ連の名残である、ロシアのウクライナへの軍需依存は、注文一件につき億フリヴナ単位の利益をウクライナにもたらしていたばかりでなく、ウクライナの安全保障の隠れた保障であった。

†クラマトルスク重機械工場のささやかな抵抗

二〇一七年八月、私は主任技師に案内されてクラマトルスク重機械工場を見学した。広大な工場敷地内の生産設備は十分の一くらいしか稼働していない。稼働していても、新しい製品を作っているのではなく、アフターサービスで過去に売ったものの修理をしているのだそうだ。

もっと閑散としているのは設計室で、この部屋だけで、日本人の感覚では普通の工場くらいの広さがある。社会主義時代はここに設計机がずらりと並び、新製品を設計していたらしいが、いまは設計用のコンピューターが二台置いてあるだけである。

工場の入り口には、かつて製作した大型工作機械の写真が飾ってある。そのなかのひとつは移動式修理ドックというものであった。普通、洋上で船が故障したら別の船で最寄りの港・修理ドックまで牽引すると思われるが、このドックは自分自身が巨大な船で、故障した船まで洋上航海してその場で修理するのである。資本主義社会でこんなものを作り、使っても採算がとれないと思うが、テクノロジーの観点から逸品であればピラミッドでも作るのが社会主義であった。

二〇一七年時点で工場が力を入れていたのは、風力発電設備の製作であった。ロシアへのエネルギー依存を減らさなければならないので、風の強いアゾフ海沿岸に風力発電機を多数立てるのである。ドイツの会社が投資している事業だが、ドイツ人はポーランドに風力発電機を作らせ、ウクライナにシリンダー（塔部分）など、技術を要さず付加価値が低いものを作らせる。それらをアゾフ海まで運搬して組み立てるのである。

これはクラマトルスク重機械工場の技術者にとっては屈辱的な分業だった。「私たちは三〇年前には宇宙船を作っていたんですよ」と彼らはドイツ人に抗議するのだが、社会主義時代にウクライナ人が何を作っていたかなどということには、当然ながらドイツ人は全く関心がない。

工場敷地の中央に、風力発電機がどんと置いてある。これは注文で作ったのではなく、「風力発電機など私たちは簡単に作れる」ということをドイツ人に（皮肉を込めて）示威するために、工場の余剰資材を使って一機だけ製作したのである。

†貧困とポピュリズム

住民の経済的な困窮が生み出したのはポピュリズムである。ポスト・ソ連の三大ポピュリストといえば、グルジア（ジョージア）のミヘイル・サアカシヴィリ大統領（二〇〇四―一二年）、アルメニアのニコル・パシニャン首相（二〇一八年から在職）、ウクライナのゼレンスキー大統領であろう。

彼らがグルジア、アルメニア、ウクライナというポスト・ソ連時代における生活水準の落ち込みが激しい国に出現したことは、私には偶然とは思えない。

ただしソ連体制下で優遇されていた理由はそれぞれで、ウクライナが工業力ゆえに優遇されていたとすれば、グルジアとアルメニアは民族領域連邦制のモデルケースだったからである。長い歴史を持っているのに、帝政末期には危機にあった民族（グルジア人は経済的没落のため、アルメニア人はジェノサイドのため）がソ連に加入し、力強く文化復興すれば、「レーニン的民族政策」の良い宣伝になる。

生活苦に苛々しながら生活していれば、「ＥＵに入れば、所得もＥＵ（旧欧州）並みになる」

などという甘言に引っかかりやすくなる。EU加盟国であるリトアニアやルーマニアに行ったことがあれば、世の中そんなに甘くないということがわかるはずだが。「意識高い系」で、ユーロマイダン革命前からEU加盟を支持してきた人ももちろん多いのだが、その人たちについては次章で触れる。

†旧ソ連人の期待を裏切る西側経済の停滞

第二次世界大戦後、米国は欧州や日本の復興を助け、保護主義的でない国際経済秩序を作るのに貢献した。戦争の災禍が克服され、生活水準が着実に上がったおかげで、労働運動は社民化し、ナチズムや軍国主義の逆襲は防がれた。戦後の欧州や日本におけるリベラル・デモクラシーの定着は、経済成長なしにはありえなかった。

西側経済がまさに停滞局面に入った一九九〇年代初頭にソ連が解体したため、第二次世界大戦後に欧州や日本で起こったような経済成長とリベラル・デモクラシーの好循環を、旧ソ連圏で起こすことはできなかった。

日本の在外公館、ジェトロやジャイカは、中央アジアで投資環境、ビジネス環境をよくするための活動を展開している。現地のビジネスマンは、講習などに熱心に参加するわけだが、彼らは、中央アジアの投資環境が改善されれば昔のように日本企業が進出してくると信じて参加しているのである。そうではないとわかったときに、彼らは騙されたと感じるのではないだろうか。

日本や欧州が、自らが苦しい財政事情の中で旧ソ連諸国を援助しているのは事実だが、現地の経済成長のために必要なのは援助や助言ではなく投資と貿易であろう。

投資と貿易がないと、現地との接点が広がらない。現地をよく知らないと、「私は親欧米派です。私は自分の国をヨーロッパのようにしたい」などと声高に言う輩がいい人のように見えてしまう。

†賄賂の国の反汚職革命

選挙や革命で意思表示する機会はそう多くはないから、普段は市民はどうやって生活防衛するかというと、脱税と汚職である。ウクライナの民間企業では、銀行に振り込まれる給与はほんの一部で、給与の本体部分は封筒に入れて払うことが多い。なぜそうするかというと、経営者も労働者も税金を払いたくないからである。

教員や医療関係者などの公務員は封筒で給料は受け取れないから、まずます教育と医療の現場で試験汚職や「お礼」が横行する。国は医者にまともな給与を払えないので、医者が勤務時間外に、国有財産である診察室と医療機器を使って自分の個人的な患者を診ることを許している。

患者の側は、安月給で使われる勤務時間中よりも、患者が払う謝礼がすべて自分の懐に入る勤務時間外の方が医者は熱心に診てくれるだろうと信じているので（実際はそうでもないと思うが）、公式の診療時間に健康保険証を持って病院に行くという習慣があまりない。

地方自治体の施設を建設・補修する場合は、施設部の職員は、実際に必要な額の二倍の見積を出す。それに基づいて入札が行われ、勝った業者は水増しされた見積額の相当部分を自治体に「返す」。その金が見事に分配されて、市長から平の警察官まで生活が潤うのである。

日本でいうところの汚職とはかなり違う、社会の隅々まで浸透した潤滑油としての汚職については、故・岡奈津子が『「賄賂」のある暮らし』（白水社、二〇一九年）の中で見事に描いている。岡の本はカザフスタンを舞台にしているが、ウクライナでもモルドヴァでも社会のシステムは類似している。

一九九〇年代にはロシアも状況は同じであった。ロシアの研究者に研究を委託すると、「謝金を銀行送金すると税務署に知られるので、手渡ししてくれ」などと頼まれたものである。プーチン政権下で、税務署と納税者の間の鼬ごっこを経て脱税は減った。それと並行して、ロシアの汚職は西側諸国の理解に近い、政治家や高官がコミットするところの汚職に近づいた。ベラルーシでは、ルカシェンコ時代に入ってからは、汚職は厳しく罰せられた。

逆に言うと、ウクライナでは公権力が国民の所得をあまり掌握していないので、公式の統計ほどには国民は貧しくない。公式の統計では、ウクライナの平均所得はロシアの半分、ベラルーシの三分の二くらいだが、それほどの生活水準の格差があるようには私は感じない。

むしろ汚職の害は、それによって国民が明るい将来展望を持てないことである。「経済が悪い→納税者が脱税する→公務員にまともな給料が払えない→公務員が賄賂をとる→教育・医療がだめになり人間資源が枯渇する→経済がますます悪くなる」という悪循環が成立していることを市民は実感しているのである。しかし、個々の市民にはどうしようもない。

ウクライナのオレンジ革命でも、ユーロマイダン革命でも、アルメニアの四月革命（二〇一八年）でも、汚職一掃が主なスローガンになった。汚職が社会の隅々にまで浸透し、市民が多かれ少なかれ汚職にコミットした社会としては、奇妙な現象である。

私は、自分自身が共犯者であるからこそ、法治主義を強化する粘り強い活動を通じてではなくロビン・フッド的な奇跡によって、清潔で効率的な社会を実現して欲しいという願望を市民が抱くと思う。この願望も、一挙救済を約束するカラー革命に市民を駆り立てる。

†比較優位説を拒否したロシア

ソ連が容易に解体した理由の一つは、最大共和国であったロシアＳＦＳＲが解体に抵抗しなかったばかりか事実上促進したことである。これは、ユーゴスラヴィアの解体にセルビア共和国が強硬に反対したのとは対照的である。

ロシアの奇妙な態度の背景にあったのは、デイヴィド・リカードの比較優位説に似た考え方だった。ロシアSFSRの民主派（エリツィン派）は、「ロシアは豊かな天然資源を使って、中央アジア、ウクライナ、バルトなどの共和国の非効率な産業を養っている。ロシアの主権を確立し、資源を独占して西側に直接輸出した方がロシアは儲かる」と主張したのである。ロシアにおけるリカード理論は、「領土ではなく資源によって豊かになる」思想だとまとめることができる。

ソ連が解体すると、その継承国家は、年間一人当たりGDPが七〇〇〇ドルから一二〇〇〇ドルの資源産出国（ロシア、カザフスタン、トルクメニスタン、アゼルバイジャン）と、五〇〇〇ドル以下の非・資源算出国（ウクライナ、ウズベキスタン、モルドヴァ、クルグズスタン、タジキスタン）に二極分化した。自国の製造業を撲滅したことにより、天然資源を持つ勝ち組と、持たない負け組に見事に分かれたのである。

ベラルーシだけは、天然資源がないのに年間一人当たりGDPが約七〇〇〇ドルの例外国だが、これは自国の製造業を保護育成してきたからである。

こうして、「領土でなく資源で豊かになる」政策は、いびつな形で正しさを証明した。一九九〇年代、ロシア国民が給料・年金不払いと貧困に苦しんでいた頃でさえ、自分たちの境遇を、もっと貧しいウクライナと比べ、「ああ、この状況でウクライナまで養わずに済んでよかった」と、ロシア国民は自らを慰撫したのである。

しかし、天然資源依存は、第一に貧富格差を拡大し、第二に人材を破壊する。自国の製造業がなくてよいのなら、技術者や知的労働者は要らない。

大学教員としてソ連時代と比べると、ポスト・ソ連の大学生や大学院生は恐ろしく勉強しなくなった。教員が学生に金で単位を売る試験汚職が横行し、唖然とするような水準の論文で学位が取れるようになった。これは国の発展の道ではない。

プーチン政権の発足後、このままでは国が亡びるという危機感から、ロシア政府は、新自由主義的開放経済から国家資本主義への政策転換を行った。地下資源法が改正され、これまで通り天然資源輸出に依存するにしても、かなりがめつく稼ぐようになった。戦略産業法が採択され、軍需など戦略分野を筆頭に製造業の復興が図られるようになった（文献1）。

二〇一四年のクリミア併合後、西側諸国の制裁に対抗するため、ロシア政府は輸入代替を促進した。こんにちロシアのテレビが好んで映すのは、首相など政府高官が工場を視察していろいろ論評する場面である。これはソ連でかつて人気があり、ポスト・ソ連ではベラルーシで好まれてきた番組構成である。

つまり、政府はマクロ経済管理をするだけではだめで、個々の産業分野を具体的に振興しなければならないと考えるのである。

†若者を前面に

もうひとつ、ロシアのテレビで開戦後ますます多く見られるようになった題材は、天才教育、若者政策である。物理、数学、外国語などに才能を持つ子供を幼い頃から発掘し、天才教育を施し、国際的な競技に参加させて将来の高度知識人にすることはソ連の得意分野だったが、ポスト・ソ連のロシアでは、せいぜいスポーツでしか行われなかった。

旧ソ連圏では、六月に行われる高校の卒業式は学校だけではなく、地域社会全体で祝われる大切な行事である。二〇二二年、戦時下のウクライナでも、精一杯のことがなされた。

他方、ロシアのサンクトペテルブルクで行われた行事では、夜、ネヴァ川の跳ね橋が上がり、無数の花火が上がる中をクラシックな巨大帆船が航行した。急遽、サンクトペテルブルクの姉妹都市になったマリウポリの高校卒業生もそこに招かれた。感受性の強い若者が、地獄のようなマリウポリから疎開した先でこのような豪奢なスペクタクルを見せられたら、顔を輝かせて反応する。それがテレビで全国放送されるのである。

開戦時はロシアで評判の悪かった、兄弟殺しの露ウ戦争の支持率が上がり、それが維持されているのはなぜかという問題は、観察者にとって論争点である。私は、「ウクライナはドンバスを越えてロシア本土への攻撃を計画していた」といった宣伝に効果があったとは思えないし、実際ロシアのテレビはこれを繰り返していない。しかし、産業育成や若者を前面に出した宣伝は効いたと思う。

†戦争と輸入代替

二〇二一年以降、ロシア政府は、近い将来のウクライナ・西側との衝突により、クリミア併合直後よりも強度な制裁を科されることを予想していた。

二〇二二年二月二一日、ドンバス二共和国を承認するか否かをめぐってテレビ公開の安全保障会議が開かれたが（第六章参照）、そこでミハイル・ミシュスチン首相は、「情勢が不可避的に悪化する中で、（経済成長の）テンポを落とすわけにはいかない。情勢を先鋭化させるべきだ。そのことによってのみ、輸入代替過程を促進し、発展の国家目的を達成することができるのだ」と発言した。

軍事外交的に強硬措置をとって、制裁を科されることによってのみ、輸入代替と経済発展を進めることができるという発想は、国民経済に責任を負うべき首相としては奇妙なものである。

露ウ開戦直後、「制裁条件下でロシア経済の強靱性を高める政府委員会」が設置された。この委員会の活動は制裁の打撃をたしかに抑えたようで、二〇二二年のロシアのGDPの落ち込みは、二・二％にすぎなかった。

対照的に、ロシア指導部が兵器増産に本気で取り組み始めたのは、二〇二二年九―一一月のハルキウ州、ヘルソン州での敗退・撤退後であった。二〇二二年一二月二六日に出されたロシア大統領令により、以前から存在していた「ロシア連邦軍産委員会」が抜本的に強化され、ミシュスチン首相とデニス・マントゥロフ副首相が張り付きになった。開戦後一〇ヵ月経ってから国家が兵器増産に本気で取り組むという事態は正常ではない。

ロシアの軍事専門家ワシーリー・カシンによれば、経済の構造転換の必要こそが、露ウ戦争準備過程におけるロシア大統領府の極端な秘密主義の理由であった。いくつかの産業分野（たとえば航空産業）は消滅し、別の産業分野（たとえば航空機産業）は急に生まれたか復活した。外資に頼っていた地域は極端な不況に陥った。もしプーチンが開戦意図を公にしていたら、戦前のロシアは大騒ぎになっていただろう。

ロシア指導部が開戦後一〇ヵ月間、兵器増産よりも制裁の打撃を抑え込むための経済構造の転換を優先していた事実は、ロシアの戦争目的の一端を表している。

†まず戦争、それから社会革命

プーチンは、二〇二三年二月二一日に発表した年度教書において、露ウ戦争への制裁で海外資産を凍結されたり没収されたりしたロシアの富豪・オリガークについて次のように述べた。

彼らは一九九〇年代の違法な私有化で金持ちとなり、ロシアで金を稼いで外国で暮らしている人々である。子供も外国の大学にやっている。外国で資産運用すると、有事の際に凍結や没収のおそれがあるからロシア国内で運用するようにと政府は何度も警告していたのに聞かなかった。ロシアの勤労者は、このような人々の資産が奪われたからといって同情はしないだろう。（抄訳）

「国内に投資せず、国外で資産運用していたオリガーク自身が悪い」という言い方は、ロシアの指導者やマスコミが露ウ戦争による制裁被害の初期からしていた。しかし、一九九〇年代の私有化を違法と言い切るとは、まるで一九九六年大統領選挙におけるロシア共産党である。近年のプーチンの左傾化もここまできたかという印象である。

この教書は、産業政策、社会政策、露ウ戦争の戦死者・傷病者の救済、高等教育の立て直しなどについての長期国家計画を含み、その点でも社会主義を彷彿させる。

通常、社会主義運動は、社会革命をやってから帝国主義の包囲に対抗するために軍備を増強し、地政学ゲームを展開するようになる。新冷戦下のロシアの政策は逆である。まず南コーカサスやウクライナにおいて軍事行動を行い、その結果、西側の制裁を食らい、また自分たちの科学技術や経済の弱さが露呈したため、過去三〇年間に定着したロシアの非工業化のメカニズムにメスを入れざるを得なくなったのである。戦争が社会改革を求めるのである。ただし、不可避にするわけではない。

左翼的な宣言をすることと、本当に教育の水準を上げ、技術を革新し、経済を成長させ、国民の所得と福祉の水準を上げることとは全く別物である。最近ロシアは中国に盛んに秋波を送っているが、この点で中国共産党と統一ロシア党では雲泥の差がある。しかしながら、つい最近まで風呂場のタイルくらいの大きさだったロシアの半導体が、見た目だけは半導体に見えなくもないような代物になったことも事実である。

プーチン筆頭にこんにちのロシア指導者が、政策上の必要やレトリックは別として、イデオロギー的志向としてはかなりの右派であることは間違いない。本音では社会革命を嫌っている彼らに、銃後でも人々にモチベーションを与え、「ソ連を復活させる」ことができるだろうか。

†ロシア軍がオデサに突進した経済的背景

さて、自国で自立した製造業を育てたいと思えば、「領土ではなく資源」というそれまでの政策ではだめで、産業の立地条件の良い領土が欲しくなる。その点では黒海北西沿岸部、つまりウクライナ南西部（ザポリジャ、ムィコライウ、ヘルソン、オデサ）および沿ドニエストルは垂涎の的になる。

ドンバスの主力産業である石炭、鉄鋼、冶金《やきん》などはロシアの得意分野と被っており、実はドンバスはロシアにとって経済的魅力がない。対照的に、ウクライナ南西部プラス沿ドニエストルは、重工業だけではなく、ザポリジャやヘルソンの農業・食品加工業、クリミアやオデサの観光という分化した経済を持っている。ドンバスのマリウポリもいい港だが、オデサとは比べ物にならない。

しかしこの大きなポテンシャルがソ連解体後三〇年間に生かされることはなかった。なぜなら、①ソ連解体時に沿ドニエストルが非承認国家になってしまい、域外との交易は半合法的な形でしか行えなくなった。②ウクライナ南西部の中央政界への発言力が弱かった（対照的に、ウクライナ東部は、クチマからゼレンスキーまで何人もウクライナ大統領や首相を出してきた）。③オレンジ革命後のウクライナ政府が沿ドニエストルの経済封鎖に参加したため、沿ドニエストルばかりか、沿ドニエストルの製品輸出経路になっていた南西三州もまた甚大な損害を被った。④二〇一四年にクリミアはウクライナを去った。以上の事情から、黒海北西沿岸部の統合発展戦略は練られなかったのである。

黒海北西沿岸部の潜在的ポテンシャルについては、たとえばヘルソン州の著名な社会学者であるヴォロディムィル・コロボフ（故人）が指摘してきた。

ロシア軍がウクライナ南西部にこだわったのは、公式の発言をフォローする限りでは、クリミアの安全を確保し、二〇一四年のオデサ労働組合会館放火事件（次章参照）を蒸し返して侵攻を正当化するためであった。しかし私には、経済的な動機もあったように思えるのである。

2 分離紛争

二〇〇八年以降の旧ソ連圏における戦争・紛争は、すべてソ連末期の分離紛争の再燃という性格を帯びている。

二〇〇八年――第二次南オセチア戦争、アブハジアの小規模戦争
二〇一四年――クリミア併合、ドンバス戦争の開始

二〇二〇年――第二次カラバフ戦争
二〇二二年――露ウ戦争

これは、やや意外な事実である。というのは、ソ連が解体したとき、多くの観察者が、ロシア連邦外に住んでいる約二五〇〇万人のロシア人が、ポスト・ソ連地域の不安定化の火種になると予想したからである。実際には、バルト諸国やカザフスタンに残された多数のロシア人は、ある程度は当該国の緊張の源泉になったかもしれないが、戦争を引き起こすことはなかった。

ソ連末期の分離紛争と二〇〇八年以降の戦争の間に連続性が見られる以上、当時の分離紛争に立ち返ってみる必要がある。

前もって断っておくが、ソ連末期の沿ドニエストル、アブハジア、クリミアなどは、ソ連からの独立を目指したわけではない。全く逆で、それらが帰属していたモルドヴァ、グルジア、ウクライナなどの上位共和国（連邦構成共和国）がソ連からの独立傾向を強めたので、自分たちは、それら上位共和国から分離して、ソ連に残ることを目指したのである。だからこれら地域の「分離運動」の本質は、ソ連残存運動であった。

ソ連の国制は、民族領域連邦制と名付けられる特殊な連邦制だった。この制度の下では、ウクライナRSRのウクライナ人、タタールASSRのタタール人といった形で当該連邦構成主体の主人公である民族が決まっている。それらは基幹民族（中国では主体民族）と呼ばれる。民族領域連邦制は、ユーゴスラヴィア、一九六八年以後のチェコスロヴァキアなどの社会主義多民族国家に模倣された。分離紛争を恐れた中華人民共和国は、連邦制自体は拒否して単一制を選んだが、民族と行政領域を結合するやり方はソ連から学んだ。

ソ連や新中国は、革命時に盛り上がっていた民族運動を社会主義の側にひきつけたかった。他方では、自分たちは世界革命の拠点であり、帝国主義に包囲されていると認識していたので、自分たちの大切な陣地である、ロシア帝国や清帝国から引き継いだ広大な領土を縮小させたくなかった。

いかにして領土を減らさずに、民族運動を新国家に取り込んでいくかという動機から、当時の革命家は、非ロシア人や非漢族に自治領域や自治政府を上から与える制度を考案したのである。自治領域や自治政府を上から与えるためには、民族の範疇やステータスも上から決めてゆく（国定する）しかない。

民族範疇を国定するにあたっては、予め現地調査や意識調査を行いはするが、最終的には体制（党と政府機関）が決定を下すのである。これを民族識別工作という。民族範疇が学者や市民の討論の対象にすぎなかった帝政期や民国期と比べれば、民族範疇の重みが格段に増した。

そもそも広大な領土を維持し、民族運動を取り込むことがこの連邦制の目的なので、民族範疇を決める際に最大の動機になるのは、政策上の利便であった。このため言語の近親性などの客観的な民族識別基準から見れば、おかしな範疇化がなされることがあった。

東スラブ人は言語が相互に近いのに、三つの民族に分割されたし、逆に帝政期は別々のピープルと考えられていたグルジア人、メグレリ人、スヴァン人はひとつにまとめられて、現代グルジア民族が誕生した。この三グループの言語は、東スラブ三言語よりも相違が大きいと言われるのに、識別工作の結果は逆になったのである。

同様に、ルーマニアからベッサラビアの奪還を目指す戦間期のソ連では、モルドヴァ人は（言語がほぼ同一の）ルーマニア人とは別民族ということにされた。

†マトリョシュカ連邦制

民族領域連邦制は紛争地域をソ連に組み込むにも便利な制度であった。ロシア中央部でボリシェヴィキ政権が成立した後、これに対抗して、南コーカサスでは、臨時政府系のグルジア、アルメニア、アゼルバイジャン三つの民主共和国が成立した。アゼルバイジャン民主共和国はカラバフを、グルジア民主共和国はアブハジアと南オセチアを実効支配したが、現地勢力とは紛争が続いていた。

ただしロシア革命当時のことであるから、これは民族対立だけではなく、階級対立を含んでいた。カラバフ、アブハジア、南オセチアの現地勢力の方が労農的でボリシェヴィキに近かったのである。ソ連時代の歴史学は、「グルジア人の農民が、オセチア人の農民を応援するために南オセチアの農民反乱に参加した」などの事例を好んで描いたが、これはおそらく事実である。

一九二〇年、ウクライナで白軍（デニキン軍）を破ったボリシェヴィキが南コーカサスに進軍し、民主共和国を打倒してソヴェト政権を樹立していったが、まさにそのために、カラバフ、アブハジア、南オセチア問題を前政権から引き継いでしまった。

当時のボリシェヴィキは内戦末期で疲れ切っており、兵力も小さかったので、ゼロから新秩序を構築する力はなかった。そこで、「カラバフ、南オセチアがアゼルバイジャン、グルジアのソヴェト共和国への服従を受け入れる代わりに、後者は前者にオートノミーを与える」という痛み分けの形で紛争を収拾した。アブハジアは、政府間の上下関係ではなく条約によってグルジアに帰属するとされた（文献26）。

こうして、ロシア革命・内戦期の地域紛争を収束させるためにソヴェト政権中央―連邦構成共和国―自治単位という三層構造の連邦制（マトリョシュカ連邦制）が生まれた。これは、現代において、分離紛争を解決するために「親国家の連邦化」がしばしば提案されるのに似ている（第六章参照）。

†先住性重視と原初主義

民族領域連邦制においては、民族帰属が享受できる特権に直結した。非ロシア人なら、自民族が基幹民族である自治単位（たとえばタタール人ならタタールＡＳＳＲ）に住んだ方が、社会的上昇のためには有利だった。ソ連後期になると、自治単位では基幹民族の出身者しか共産党第一書記（トップリーダー）になれない慣行が定着した。

もちろんこれは後期ソ連の特徴で、中国の新疆ウイグル自治区でウイグル人が党第一書記になったり、チベット自治区でチベット人が党第一書記になったりすることはまず考えられない。

もうひとつソ連の民族領域連邦制の特徴は、基幹民族を決めるにあたっての先住性の重視である。基幹民族になるためには、住民の多数派である必要はなかったが、先住民であるということが実証されなければならなかった。

この政治・行政における先住性重視が、構築主義（民族は作られるとする考え方）が強い西側の民族研究とは対照的に、ソ連の民族研究において原初主義（民族は太古の昔から実在するという考え方）が支配的になった理由だったと私は推察する。各共和国の指導部は、その基幹民族の先住性を証明するために歴史家や考古学者を動員したのである。

ソ連末期の分離紛争が、カラバフ、アブハジア、南オセチア、沿ドニエストルがアゼルバイジャン、グルジア、モルドヴァSSRに帰属していることの歴史的正統性を問う論争から始まったのは偶然ではない。「カラバフに最初に住み始めたのは誰か」という古代中世に関する論争が、現代のカラバフのステータス問題と直結しているかのようにソ連の政治家や知識人は考えたのである。

分離戦争が停戦されると、国連、OSCEなどの国際組織、国際NGOの活動家が紛争地域に入ってきた。彼らは、「誰が何世紀にここに住み始めたかなどという事実は、紛争の解決策とは何の関係もありません」と言って現地の人々を説得しようとしたが、どうしても理解されなかった。ソ連時代に先住崇拝の原初主義を刷り込まれているため、「一〇世紀にここに住み始めたピープルは、一八世紀に移住してきたピープルよりも大きな権利を持っている」と信じて疑わなかったのである。

ソ連解体後のロシアや中国では、民族領域（連邦）制が信用を失って批判されるようになった。民族識別工作をし、パスポート・戸籍をはじめありとあらゆるところで民族籍を書かせたため、もともとは文化共同体にすぎなかった民族を政治化してしまったと考えるのである。その結果、民族紛争が激化したので、今は逆に、民族を非政治化して文化集団に戻さなければならないと主張されている（文献8、19）。

†「長兄」要求に苛立つ基幹民族

上述の通り、民族領域連邦制においては共和国ごとに基幹民族が定められていた。しかしこれは、基幹民族が民族エゴに基づいて共和国を統治してよいという意味ではなかった。「共和国のリーダーとしての地位を自覚し、マイノリティにも目配りしながら多極共存的な統治を行え」という意味であった。言い換えれば、基幹民族は「弟や妹に気を遣うよき長兄・長姉であれ」と要求されていたのである。

ソ連共産党の中央集権的な規律があった頃は、この建前はそれなりに守られていた。また、連邦構成共和国と下位自治単位の間で紛争が起こった際には、連邦中央が介入して仲裁することができた。

ソ連が末期に近づくにつれ、基幹民族は、長兄として利他的な統治をしなければならないことで自分たちは損をしていると感じるようになった。たとえばグルジアSSRであれば、「自分たちグルジア人よりも、マイノリティであるオセチア人の方が人口増加率が大きいではないか」などと論じられるようになった。こうしたことから、民族友好の建前（多極共存主義）を重んじる共産党よりも、「グルジアはグルジア人のために」などの過激なスローガンを掲げる民族主義者の方が人気を集めるようになり、一九九〇年春の共和国選挙・地方選挙で勝ってしまった。

この事情は、ロシア人が、自分たちがソ連全体の基幹民族であることに被害者意識を持つようになったのと同じであった。ロシアSFSRのロシア人は、中央アジアやバルトやコーカサスとは縁を切って、天然資源を西側に輸出した方が自分たちは豊かになれると考えるようになったのである（前述）。

ペレストロイカ期に分離的傾向を強めたバルトや南コーカサスの連邦構成共和国において民族主義者が指導権を握ると、ソ連中央の言うことは聞かなくなり、特に南コーカサスにおいては、域内のマイノリティの自治単位（カラバフ、南オセチア、アブハジア）に暴力的な攻撃を仕掛けるようになった。

こうして、ソ連の連邦制を構成していたソ連邦中央、連邦構成共和国、自治単位の政府三層の中で、連邦構成共和国が突出して強硬な状況が生まれたのである。一九九〇年以降、ゴルバチョフは、連邦改革によって、自治共和国の地位を高めて連邦構成共和国を掣肘する戦術をとったが、これは、相対的に弱まった中央と自治単位が連立して、強くなった連邦構成共和国に対する力のバランスを回復する試みであった。

†実施されなかった一九九〇年四月三日連邦離脱法

連邦構成共和国がソ連から独立する方法として、①一九九〇年四月三日に定められた連邦離脱法、②国際法上の法理である uti possidetis juris（国家が解体したとき、それまでの行政境界線が国境に転化するという原則）の二つが浮上した。結果的には、①はほとんど用いられず、ソ連解体は②によって処理された。

ソ連は一五のソヴェト共和国が自発的に同盟して作った国家という建前になっており、ソ連憲法は、この一五の単位の離脱権を認めていた。自治共和国以下にはソ連からの離脱権は認められていなかったから、その違いは大きかった。しかし、離脱権はあくまでソ連憲法上の規定で、どうしたら離脱できるのかについての手続法はなかった。一九九〇年に入り、リトアニアなどの離脱傾向がますます強くなる中で、離脱手続法を定める必要が生まれ、一九九〇年四月三日、その法が採択された。

この法は、連邦構成共和国は住民投票を行って離脱できると定めると同時に、ある連邦構成共和国が離脱を決めた際に、それに属する自治単位・行政単位が住民多数の意思によりソ連に残る権利も保証した。たとえばグルジアがソ連を離脱するのなら、南オセチアは、住民多数が支持すればソ連に残れたのである。

実際、基幹民族であるアブハジア人が少数派に転落していたアブハジア自治共和国を例外として、カラバフ、南オセチア、沿ドニエストルなどで四月三日法が実施されていれば、住民投票でソ連残留派が勝っただろう。その場合、ソ連離脱した連邦構成共和国は、面積はより小さくはなっただろうが、より均質な新国家として生まれることができ、内戦に苦しむこともなかっただろう。連邦離脱法が遵守されていれば、ソ連解体過程は、よりゆっくりしたものになっただろうし、小さくなったソ連が名称だけ変えて残ったかもしれない。

独立を希望する地域に向かって、宗主国が、「独立したいならどうぞ。ただし、そことここはあなたたちの歴史的領土ではないのだから置いていきなさい」と要求するのは、常識にかなったものであり、歴史上の例も多いのではないだろうか。ネーデルランド独立戦争に対し、ハプスブルク・スペインは、南部諸州（こんにちのベルギー）を置いてゆくよう要求した。アイルランド独立の際は、イギリスは北東アイルランドを置いていくよう要求した。いずれの要求も実現された。

ロシア史でも、山本健三の研究が示すように、ポーランドの独立運動に対して、ロシアのユーリー・サマリンのようなスラブ派は、「独立するのなら小さな民族的ポーランドとして独立せよ。かつての巨大な歴史的ポーランドの独立など認めない。西部諸県（右岸ウクライナ、リトアニア、ベラルーシ）は置いてゆけ」と要求した。

さらに、四月三日法は、近年の国際関係で注目されている分離紛争の解決策である land-for-peace（平和のための土地献上）に似通ったところがある（第六章参照）。

ところが、ソ連解体過程において、四月三日法は、ほとんど顧みられなかった。理由は簡単で、分離志向が強かったバルト三共和国やグルジア、アゼルバイジャンSSRは、「自分たちがソ連に組み込まれたこと自体が違法なので、自分たちが目指しているのはソ連からの分離独立ではなく、ソ連に『占領』される前の原状の回復である」と論じたからである。

ソ連に組み込まれたことを違法占領とみなすレトリックを採用した民族主義者にとっては、ソ連の法（四月三日法）に従って離脱手続きをとること自体が屈辱的で論理に反することだったのである。

結局、独立派共和国の中で、四月三日法の手続きに従い、住民投票で独立したのは、アルメニアのみであった。アルメニアSSRにおいては、民族主義者も含め、共和国のソ連への帰属を違法占領状態とは考えなかったからである。

† uti possidetis juris の適用

国際法においては、大国家が解体した場合に継承国家の独立をいかに認めるか、国境線をいかに引くかという問題について、民族自決権と uti possidetis juris（旧国家の行政境界線が国境に転じる）という二つのアプローチがある。Uti possidetis juris は、ナポレオン戦争中に南米諸国が独立した際に生まれた法理である。

第一次大戦後の東欧については、ウッドロウ・ウィルソン米大統領などの影響で、民族自決権が新国家形成の原理として採用された。しかし、民族範疇や民族の地理分布などの主観的基準をもって国家を作り、国境線を引こうとすると無数の民族紛争・領土紛争が生まれるのは避けられず、結局、ナチスの利益になってしまった。それへの反省から、第二次世界大戦後は uti possidetis juris が国家分裂処理の支配的法理になっている。

しかし、ラテンアメリカ、アジア、アフリカの植民地が独立した場合と違って、社会主義連邦制が解体した際の国境画定に uti possidetis juris を適用することには無理があった。植民地帝国は、本国―植民地の政府二層構造を有している。社会主義連邦制においては、ベラルーシ、アルメニアなどのように連邦構成共和国が均質で下位自治単位を持たない場合は、植民地帝国と類似した二層構造になるが、連邦構成共和国が内部にオートノミー（自治単位）を有していれば三層構造になる。

三層構造の場合、下位自治単位はソ連という国家への帰属を前提に、アゼルバイジャンやグルジアという上位共和国に服従していたにすぎないので、ソ連という国家がなくなるからといって、独立国家としてのアゼルバイジャンやグルジアに唯々諾々と移るわけにはいかない。

特に、カラバフのように上位共和国（アゼルバイジャン）との間で潜在的対立を抱えていた場合には、万一の際はソ連中央が介入・仲裁してくれるということが、安全の保障だった。概して自治単位は、近くにいる族長である連邦構成共和国指導部よりも、遠方のツァーリであるソ連中央をより信頼した。

一九九一年一月にクリミアが住民投票を行って、クリミア自治共和国を復活させたのは、キエフに対する交渉能力を増すために、この三層構造を人工的に作り出すことを目的としていた。

†国家の継承性を否定することは領土保全上の自殺

そのうえ、uti possidetis juris 法理の受益者であるはずの連邦構成共和国の議会自身が、この法理の適用可能性を否定するような決議をあげていた。

たとえばグルジア最高会議は、「自分たちはグルジア・ソヴェト社会主義共和国の継承者ではなく、グルジア民主共和国の継承者だ。ソヴェト・ロシアはグルジアを占領したのだから、ソヴェトの法は遡及的に無効だ」（抄訳）と決議した。アゼルバイジャンのような、保守的で指導者がまだ共産党系だった共和国の最高会議も一九九一年秋にはグルジア的言説に合流した。

ペレストロイカ後期には革命的なレトリックが流行った。急進民族主義者は、自分たちが樹立を目指す国が「何々ソヴェト社会主義共和国」の継承国家だとは口が裂けても言いいたくなかったのだろう。また、国連等は、グルジアやアゼルバイジャンの最高会議の妄言は聞こえないふりをして、それらをグルジアSSR、アゼルバイジャンSSRの継承国家と自動的に認定して領土を承認してくれたので外交上の実害はなかったが、分離政体との関係ではそうはいかない。

たとえば南オセチア自治州最高会議は、「グルジア民主共和国は、南オセチアを法的には領有していなかった。南オセチア自治州がグルジアSSRに属したのは、ソ連の法による。ソ連の法が遡及的に無効というのなら、グルジアは南オセチアに対する管轄権を自ら放棄したことになる」（抄訳）と決議した。これは、その他三つの分離政体（カラバフ、アブハジア、沿ドニエストル）にも共通する論法である。

領土紛争を基本的に抱えていなかったエストニアやラトヴィア、抱えていたにもかかわらず勇ましかったグルジアやアゼルバイジャンのような共和国とは違って、リトアニアやウクライナは、「ソ連法は遡及的に無効」などという主張をすると、「ヴィルニュスはポーランドに返せ」、「クリミアはロシアに返せ」、「ハルィチナはポーランドに返せ」、「トランスカルパチアはハンガリーに返せ」等々の話になることを予想し警戒していたので、より慎重であった。

リトアニアの新セイマス（議会）は、選挙後最初の会期で（一九九〇年三月一一日）、戦間期のリトアニア憲法を短時間復活させた後、一九七七年憲法（いわゆるブレジネフ憲法）をリトアニア独立に抵触しない範囲内で有効と決議した。これは、ヴィルニュスの歴史的帰属問題を惹起しないためであり、同時に、ヴィルニュスを囲む、ポーランド人がマジョリティをなす三郡で盛り上がっていた分離運動の火に油を注がないためであった。

ソ連末期から独立初期のウクライナにおいて、「独立ウクライナは（ロシア革命期の）中央ラーダの継承国家」、あるいは「一七世紀のコサック国家の継承国家」、はては「九―一〇世紀のキエフ・ルーシの継承国家」などと書く人がいたのは事実である。しかし、それらはすべてインテリの個人的意見で、ウクライナ最高会議が「ウクライナはウクライナRSRの継承国家ではない」などと決議したことは、管見ではない。法的文書にそのようなことを書けば、直ちに領土問題が起こることは明らかだったからである。

†ソ連解体を急いで追認する国際社会

以上に述べたような問題点は一切無視して、国連は、ソ連解体後の旧連邦構成共和国を、領土保全も含めて加盟国としていそいそと受け入れた。そのうち四国は深刻な分離紛争中であり、二国（アゼルバイジャン、グルジア）に至ってはあからさまな内戦中だったのに、それは加盟を妨げなかった。

たしかに、グルジアについては、安保理常任理事国の地位をソ連から継承したロシアが、南オセチアでの内戦を理由にグルジアの国連加盟に反対したため、国連加盟はやや遅れた。しかし、一九九二年六月二四日にダゴムィス停戦協定が結ばれるとロシアは反対をやめ、グルジアは七月三一日に国連に加盟した。国連加盟国グルジアの最初の大仕事は、その二週間後（八月一四日）に始めたアブハジア戦争だった。

アゼルバイジャンは、それよりも前、二月一四日の安保理決議に基づいて、三月二日の総会で国連に加盟した。その二月一四日の安保理決議七四二号には、「紛争の平和的解決と武力不使用の諸原則を含む、国連憲章の目的と原則に対するアゼルバイジャンの厳粛なコミットメントは、安全保障理事会の構成員の大いなる満足をもって記録された」とある。

カラバフでの休戦実現を国連加盟の条件にしない限り、こうした「コミットメント」が無意味な口約束にとどまることを知らないほど、各国の国連大使がナイーブだったとは思われない。人命に対する国連の冷笑趣味に、私は戦慄を覚える。

†親国家（旧連邦構成共和国）に有利な国際法解釈

国連がソ連の連邦構成共和国に甘かったことには、国際法上の理由がある。ロバート・ジャクソンによれば、ヨーロッパ諸国の中で育ってきた国際規範が、クリミア戦争後のパリ条約（一八五六年）でオスマン帝国にも拡大された。一八九九、一九〇七年のハーグ万国平和会議には日本も参加した。一九一九年には国際連盟が創立された。

この頃までは、自分の主権国家を持ち、国際連盟に入ることは、諸国民の中のエリートクラブの会員権を入手するのと同じことだった。新国家は、承認され、国際連盟に入るためには、自分たちが国家の要件（全領土を管理していること、市民の一定の生活水準、少数派の人権保障、奴隷制の廃止など）を満たしていることを実証しなければならなかった。

第二次世界大戦後、この状況は変わった。一九四五年の国際連合創立で、「空隙なく存在する平等な主権国家によって構成される世界」というイメージが固まった。このイメージ、および国連の存在そのものが植民地体制解体の原動力になった。一九六〇年の国連総会決議一五一四号（植民地独立付与宣言）以降、国際社会は、新国家・既存国家に対し、国家の要件を満たしているかどうかの実証を求めなくなった。

国際連合への加入資格は、かつての国際連盟への加入資格よりもずっと引き下げられた。たとえば、かつてグルジア民主共和国、アゼルバイジャン民主共和国は、カラバフなど領土紛争を抱えていることを理由に国際連盟には入れなかったが、ソ連後のグルジアやアゼルバイジャンは内戦中であったにもかかわらず、前述の通り容易に国連に入れた。

第二次世界大戦後、国連憲章、一九七五年CSCEヘルシンキ会議最終文書などの国際規範が生み出されてきたが、上記のように国家の能力が問われなくなったため、その条文は恣意的に適用されている。

たとえば国連憲章第四条には、「国際連合における加盟国の地位は、この憲章に掲げる義務を受託し、且つ、この機構によってこの義務を履行する能力及び意思があると認められる他のすべての平和愛好国に開放されている」とある。実際には、この「能力」を審査する仕組みはないし、「意思」は、「あります」と自己申告すればそれで済む。事実上、第四条は空文化しているのである。他方、いったん国連に入ってしまえば、その国家は第二条（加盟国の平等、独立尊重、内政不干渉）によって守られる。

同様に、ヘルシンキ最終文書は、「十戒」と俗称されるように、十項目がセットになって法理として機能するものである。国境線不変更（第三項）、領土保全（第四項）は、明らかに第七項（人権尊重、少数派の保護）、第一〇項（住民の自決権）とセットになっているのであって、第七項、第一〇項を無視している親国家が第三項、第四項だけを切り離して振りかざすのは不公正を生む。最悪の場合には、旧ソ連圏の分離紛争でしばしばみられるように、親国家が大量殺人を正当化するために領土保全原則を使うことになる。

ジャクソンによれば、「国連憲章第四条は守られないが、第二条は守られる」という二重基準が、破綻国家を生み出す土壌になっているのである。この破綻国家製造装置は、植民地体制解体期とソ連・ユーゴスラヴィア解体期に顕著に働いた。そのため、今日の破綻国家の大半が、旧植民地帝国か旧社会主義連邦の跡地に発生するという事態になったのである。

ここでジャクソンは、面白い反実仮想を行う。現実の世界では、国連憲章第四条は守られず、第二条は守られる。もしそれが逆だったらどうなるだろうか。破綻国家はなくなり、そのかわりに植民地、保護国、信託統治などの従属国制が活発に適用されていただろう。ボスニア紛争の解決法は、国際社会がこれに向かっていることを示すのではないだろうか、と。

†なし崩しだったソ連解体

以上のようにソ連解体の実態は国内法を蹂躙したものであり、国際法上の妥当性にも疑問の余地がある。それではなぜ、四月三日法を守って独立した共和国はアルメニアのみという事態になってしまったのか。ソ連の主要部分が存続することを前提にした四月三日法がすでに現実に適さなかったということなら、代替的な共和国離脱手続きが提案されなかったのはなぜか。

塩川信明の『国家の解体』(東京大学出版会、二〇二一年)を参照すると、ゴルバチョフ・ソ連大統領の「刷新連邦」構想(ソ連をEUのような国家連合にすることで存続させようとする試み)にも実はかなりの実現可能性があり、そのため連邦解体を前提とした政策討議が然るべき時間をとってなされなかったのではないかという逆説的な印象を受ける。

ロシアとベラルーシの指導者(ボリス・エリツィンとスタニスラフ・シュシケヴィチ)は、刷新連邦を支持することをゴルバチョフに約束していた。それが、一二月一日のウクライナの国民投票でウクライナが独立を決めたことで成り立たなくなり、同月八日のベロヴェシ合意で、東スラブ三共和国首脳は、ソ連の解体、独立国家共同体（CIS）の発足を決めたのである。

中央アジア諸共和国はこれに不承不承合流した。ベロヴェシ合意から、ソ連が解体した一二月二五日までほんのわずかな時間しかなかった。

3 安全保障

ゴルバチョフがソ連共産党の書記長になると、新思考外交という新機軸を打ち出した。これは、核軍備管理、環境保全などの人類普遍的な価値の方が、階級的な価値（「冷戦におけるソ連の国益」と置き換えてよい）に優先するという考えだった。

東欧諸国が民主化し、ドイツ統一が迫ると、ワルシャワ条約機構が維持できなくなった。そこで、NATOとワルシャワ条約機構の二極相互抑止体制に替わる安全保障の仕組みが求められた。この要請に応えて、CSCE（のちOSCE）を発展させて全欧的な安全保障システムを作るという構想が現れた。

「NATOは東へは一インチも拡大させない」というジェイムズ・ベイカー米国務長官の口約

束は、この全欧安全保障の考えに呼応したものだった。これは全人類的価値というゴルバチョフの元々のイデオロギーとも親和的だったので、東欧という同盟相手を失いつつあるソ連共産党指導部は、自分の面子を救うために飛びついた。

しかし、ソ連は間もなく消滅した。CSCEを中心とした全欧安全保障には推進の主体がなくなり、NATO拡大という大きな流れに対抗できるはずがなかった。

一般には、ロシアがNATO拡大に対する警戒心を強めたことが、NATO志向を強めるウクライナへのロシアの攻撃を生んだと理解されている。本節の理解は逆で、プーチン政権が旧ソ連諸国への兄貴分的な態度を捨てたことが、西側に対抗する上での一定の抑止条件からプーチン政権を解き放ったと考える。

†ウクライナ独立のトリック

前節でみたように、ソ連に死刑宣告したのはウクライナの国民投票だった。この経過について説明すると、ソ連末期のウクライナ最高会議議長（共和国元首に該当）レオニード・クラフチュクは共産党指導部からの鞍替え組で、もともとはゴルバチョフの刷新連邦構想を支持していた。しかし、八月クーデタに曖昧な態度をとったため、ウクライナ民族主義派から厳しく批判された。

こうした中で同年一二月一日に予定されたウクライナ共和国の大統領選挙で勝つために、クラフチュクは独立支持に転じた。

大統領選挙と同日にウクライナ独立を問う国民投票が行われた。独立が支持されたのは事実だが、塩川が紹介する住民投票直前の世論調査では、回答者の最大グループは、「ウクライナは独立を達成してから改めて刷新連邦に参加する」と考えていた（四六％）。独立し、刷新連邦にも参加しないという回答は三一％だった。

ところが住民投票では、ウクライナが独立した後にどうするかは問われなかったのである。これは単なる手落ちとは思えない。

†クリミアをめぐるウ露対立

住民投票に向けてウクライナ指導部が独立志向を強めると、ウ露間の領土問題が浮上した。最も深刻だったのは、一九五四年にロシアSFSRからウクライナRSRに移譲されていたクリミアの問題だった。ロシアの民主派（エリツィン派）は、「独立するのならウクライナはクリミアをロシアに返せ」と要求した。しかし、エリツィン大統領自身は、この要求を握りつぶし、「ソ連解体時の連邦構成共和国の行政領域が新国家の領土になる」という uti possidetis juris 原則を貫いた。なぜだろうか。

エリツィンが最後まで刷新連邦構想の支持者だったことは、当時のゴルバチョフとエリツィンの間の激しい闘争を知る者にとっては意外かもしれない。刷新連邦には、ソ連と同じく、大統領職があるはずだった。エリツィンは、ゴルバチョフの後を継いで、刷新連邦の大統領になりたかったのではなかろうか。実際には、ウクライナの国民投票が刷新連邦構想を葬り去り、かわりにCISができた。これはただの地域国際組織で、大統領職などなかった。

刷新ソ連の大統領になりそびれたエリツィンは、心理的な代償として、CISの盟主になることに執念を燃やした。そのための絶対条件は、ソ連継承諸国の領土保全をアピールすることだった。エリツィンがクラフチュクに「クリミアを返せ」と要求したとすれば、クラフチュクはエリツィンを兄貴分とは認めなかっただろう。

同じ理由で、エリツィン政権は、旧ソ連の分離紛争では必ず親国家（アゼルバイジャン、グルジア、モルドヴァ）の肩を持った。正確に言うと、非承認国家が滅びてしまうと現地に介入する梃子がなくなってしまうので、滅びない程度には助けたが、他方、仲介役として介入する際は、親国家の領土保全を何よりも優先させ、親国家に（あたかも）恩を売ったのである。

†多文化国家の存続条件

歴史的な偶然から、独立ウクライナは、ウクライナ語話者やウクライナ民族主義に共感する人々が居住する領域よりもはるかに広い領土を取得した。このような国が分裂を避けつつ発展してゆくためには、①多言語、多文化主義をとること、②特定のイデオロギーや歴史認識を全住民に押しつけないこと、③そのかわり、経済成長、生活水準の向上、文化・学術・スポーツ振興などを国家目標にすること、④外交的には中立政策をとること、⑤揉め事が起こったときは暴力に訴えず、寛容と妥協を重んずることが必要であっただろう。仮にこれらを中立五原則と呼ぼう。

独立当初のウクライナでも、①と②についてはすでに危険な兆候があった。民族主義と独特の歴史認識が、事実上、国定イデオロギーになった。ウクライナの言語政策は、ソ連以来の多言語主義を守ろうとするCIS諸国と、国語への同化を求めるバルト諸国の中間にあった。しかし、⑤の暴力回避原則が政治エリート間で共有されていたため、ウクライナは安全な国であった。

一九九〇年代前半のロシアでは、十月事件（議会への砲撃）やチェチェン戦争に見られるようにエリツィンが武断政治を展開したが、ウクライナの官僚や政治家は、「生まれたばかりのウクライナであんなことをやったら、国家が解体する」と、呆れながら見ていた。「ウクライナにはユーゴスラヴィア化する危険性がある。そしてウクライナがユーゴスラヴィア化したら、ユーゴスラヴィアよりも、もっと悲惨なことになる」と、当時の知識人は言っていた。

今世紀に入ると、ウクライナの政治家や知識人は、かつて持っていた健全な危機意識を失っていった。「まあ、十年国家がもったから、これからももつだろう」程度の認識になってしまったのである。

†ロシア指導部の小ユーラシア主義への転換

エリツィン大統領時代のロシア外交は、アンドレイ・コズィレフ外相（一九九一―九六年）の西側友好から、エヴゲーニー・プリマコフ外相（一九九六―九八年）の国益重視、ユーラシア重視に移行したなどとよく言われる。

しかし、エリツィン外交は、①西側友好、②CISの盟主になりたい、③そのために非承認国家を虐める――という三要素からなっていた。西側および国際組織は、「親国家は善、非承認国家は悪」、国境線の変更は絶対に許さないという前提に立っていた（いる）ので、②と③は、①のためにも必要だった。

コズィレフからプリマコフに外相が変わると、①には変化があったが、②と③はかえって強まっている。

しかし、このようにソ連継承諸国のご機嫌を取っていても、ウクライナもグルジアも、結局、NATOに接近してゆく。それに気づいたプーチン大統領は、分離紛争で親国家の肩を持つのをやめた。エリツィン外交との決別を示したのは、二〇〇八年における南オセチアとアブハジアの承認であり、これは西側に対して挑戦状を叩きつけたのと同じだった。

このように、ロシア指導部は②と③を見直すことによって、①を根本的に変え、反一極世界外交に転換することができたのである。

かつて私は、「最近まで同じ国だったのだから、CIS指導者とは話しあえば分かりあえる」という前提に立つ外交を大ユーラシア主義、「かつてソ連に属していたかどうかなんて関係ない。問題は、ロシアに友好的か敵対的かだ」というプーチン的な考え方を小ユーラシア主義と呼んだことがある。大ユーラシア主義はエリツィンとプリマコフに共通する、世代的メンタリティである。

ロシア指導部が小ユーラシア主義に転じたことは、ウクライナにとっては重大な事態であった。たとえユーロマイダン革命がロシア指導部にとって安全保障上の脅威であったとしても、「ウクライナとの関係が半永久的に悪くなってもかまわないからクリミアをとってしまえ」などという判断は、以前ならばありえなかった。

†残るソ連の御威光

たしかにロシアとしては、感情的な確執のある旧ソ連諸国（近隣外国）や東欧諸国と無理に仲良くしようとするよりも、中東、アフリカ、ラテンアメリカなどに新たな友好国を求めた方が得策である。

この際、ロシアは、新興国・発展途上国に残るソ連の良い思い出を徹底的に使う。たとえばソ連はアフリカからの留学生を大量に受け入れていた。レニングラード、ハルキウなどのソ連の大学都市には黒人の若者が本当に多かった。当時のアフリカの若者たちは、こんにちでも現役として、国の指導的な地位にある。その人々はいまでもロシア語を流暢に喋り、自分たちが楽しい青春を過ごしたソ連の後継国家はロシアだと思っているので、ロシアに好感を抱くのである。

実際にはハルキウなどのウクライナRSRの諸大学もアフリカからの留学生を数多く受け入れていたし、受け入れ続けているので、アフリカの共感をロシアに独占されるのはウクライナにとって不当である。しかし、現代ウクライナの政治家や知識人が欧米中心の狭い知的視野しか持たず、イデオロギー的理由でソ連を全否定するため、途上国の人々の共感を得られないのである。

旧ユーゴスラヴィアでも事情は同じである。二〇二一年は非同盟運動開始六〇周年であり、ベオグラードでは、中国、インドなど当時の非同盟諸国からの代表を招いて壮大な記念行事が開催された。EU加盟国になったスロヴェニアやクロアチアには、こういう発想はない。そのため、ユーゴスラヴィア全体で非同盟運動に貢献していたのに、まるでセルビア単独で非同盟運動をやっていたかのようである。

これでは中国人やインド人の目には、セルビアだけが、かつて仲間だったユーゴスラヴィアの正統な後継者のように見えるだろう。私のスロヴェニアの同僚は、「EU加盟という夢を二〇〇四年に果たした後のスロヴェニアには外交戦略というべきものがない」と嘆いていた。

†ウクライナ中立政策の挫折

「NATOは東へは一インチも拡大させない」というベイカー米国務長官の口約束を信じた愚か者は、ソ連とロシアSFSRの指導者だけではなかった。ウクライナの指導者も同様であり、独立当初は東欧に広大な中立地帯ができると思っていたので、その一角を占めるつもりだった。

一九九〇年六月に最高会議が採択したウクライナRSRの主権宣言は、将来の独立ウクライナが中立国になり、核兵器は保有しないことを約束した。実際、ウクライナ政府は、独立後しばらくの間は、CSCE（のちOSCE）を基礎にした全欧安全保障を志向した。

しかし、藤森信吉が指摘するように、一九九〇年代前半、ポーランド、チェコなど東欧諸国が先を争ってNATO加盟路線を進めたため、将来的には、NATOに加盟した東欧とロシアの間で、ウクライナが数少ない緩衝国になってしまうおそれが生じた。これはクチマ大統領にとって甘受できない事態であった（文献7）。

ロシアとNATOに挟まれた狭い緩衝地帯の一角にはなりたくないという動機は一見当然だが、実はそうでもない。数少ない緩衝国であることにより、自分を挟む両陣営との交渉力を増すかもしれない。現にこれは、モルドヴァの多くの政治家が共有する考え方である。モルドヴァは、新冷戦が危険水域に達しているこんにち（二〇二三年四月）でも、中立が憲法上の国是である。

現与党であり、モルドヴァの政党の中で最も親北大西洋的な行動連帯党でさえ、綱領にNATO加盟は掲げていない。露ウ戦争のおかげで二〇二二年六月にモルドヴァはウクライナと共にEU加盟候補国になれたが、行動連帯党は「EUには入っても、憲法通りNATOには入らない」という立場であり、これはプーチンも評価している。

日本では、ウクライナやグルジアからの類推で、モルドヴァもNATO加盟申請していると勘違いしている人が多いので、注意が必要である。

東欧諸国に取り残されることを恐れたウクライナ指導部は、一九九四年、NATOと「平和のためのパートナーシップ」を締結した。一九九六年六月に採択されたウクライナ憲法は、（一九九〇年主権宣言と違って）中立規定を含んでいなかった。同年一二月のOSCEリスボン・サミットでは、クチマ大統領がNATOの東欧拡大を歓迎する演説を行った。

翌九七年七月のNATOマドリード・サミットはポーランドなど東中欧三国の加盟に向けて舵を切った。これは、NATOの門戸開放政策（現加盟国が反対しない限り、どの国でもNATOに入れる原則）を再確認する形で行われた。たしかに門戸開放はNATO規約（一九四九年）第一〇条に規定されたものだが、冷戦中は、オーストリアのように、ソ連との合意でNATOに入れない国もあった。だからマドリード・サミットは、実際には、門戸開放原則を新たに打ち立てたことになる。ソ連とは違って、ロシアに意向をお伺いする必要はないと定めたのである。

同九七年五月には、ウクライナはロシアと「友好・協力・パートナー条約」を結んだ。こうしてロシアの顔も立てた上で、マドリード・サミットの最終日に、ウクライナとNATOの間の「パートナーシップ憲章」が調印された。同年五月には、NATOとロシアもパートナーシップ憲章を締結していたので、NATO－露－ウの戦略的三角形が生まれた。一九九七年一二月には、OSCEのコペンハーゲン・サミットで「OSCE欧州安全保障憲章の基本的方向性についての決定」が採択され、冷戦後の欧州安全保障の枠組みができたかのように見えた。

†三角パートナーシップの問題点

NATO加盟に舵を切りながら、当時ロシア自身がNATO接近政策をとっていたことを利用して多角的安全保障の形成に貢献したクチマ大統領の手腕はたいしたものだと言わなければならない。しかし、NATO－露－ウの三角パートナーシップは、深刻な問題点も抱えていた。

第一に、二〇一四年にクリミアを併合される以前のウクライナでは、NATO加盟支持率は二〇％にも満たなかった。オレンジ革命後のユシチェンコ政権は、当初はウクライナのNATO加盟をアピールしたが、人気のない政策であることに気づいてやめた。クリミア併合後でさえ、ウクライナの世論調査におけるNATO加盟支持率は四〇％前後にしか上昇しなかった。NATO加盟支持が過半数に達するのは、二〇一九年のことである。おそらく、大統領選挙の争点としてポロシェンコがNATO加盟を必死にアピールしたことの一定の効果があったと思われる。ロシアの侵攻後は、NATO加盟支持は七〇％代に跳ね上がった。

三角パートナーシップの第二の問題として、「NATOが東欧とウクライナを差別的に扱うことは、ウクライナの安全保障にとって脅威である」と、ウクライナの親北大西洋派が思い込んでいることが明らかになった。モルドヴァが自国だけ中立主義を維持しても不都合を感じないのとは明らかに異なる。このためウクライナ政府は、「門戸開放原則を守れ」とNATOに執拗に要求することになり、NATOそのもの以上にロシアを苛立たせる存在になった。

第三に、クチマ政権が中立主義を放棄したことは、ウクライナ左派（共産党、社会党、進歩社会党）の厳しい批判を呼んだ。これは、やがてウクライナ国家を分裂させることになる「内政の地政学化」の始まりだった。

第四に、一九九九年のNATOによるユーゴスラヴィア空爆は、「NATOは防衛的同盟になった」などという認識が甘いことを示した。反対に、冷戦勝利者であるNATOは、いまや同盟域外の紛争に国連安保理のサンクションなしに軍事介入するのである。

ユーゴスラヴィア空爆は、当時、大統領選挙で再選されるため苦闘していたクチマ大統領にとって大きな打撃となった。当時、爆撃されたベオグラードをテレビで見たキエフのタクシー運転手が、「まるでキエフが爆撃されたように感じた」と私に言ったのを覚えている。

ちなみにこの運転手によれば、ソ連は平和愛好国家であり、アフガニスタン戦争は「いま(一九九九年)でいうところのタリバン」と戦うためだったから別に悪いことではなかったのである。こういう風に考える人が多かったことは、ウクライナにおけるNATO加盟支持を引き下げていた要因のひとつだっただろう。

†カラー革命とNATO問題のイデオロギー化

二〇〇四年のNATOへの東欧七カ国加盟は、地政学上の大きな意味を持った。NATOは、バルト三国の加盟で旧ソ連圏にまで浸透し、ルーマニアとブルガリアの加盟で黒海にまで到達した。

二〇〇三年のグルジア薔薇革命、二〇〇四年のウクライナ・オレンジ革命で、グルジアとウクライナに親北太平洋を自称する政権が生まれたことは、NATO問題をイデオロギー化した。いまやNATO拡大は、「民主化促進」のためにも必要ということになった。

二〇〇八年四月のNATOブカレスト・サミットは、独仏の躊躇を押し切って、ウクライナとグルジアを将来の加盟候補国にする決議をあげた。それから一五年経った今でも両国がNATO加盟候補国でないことに示されるように、この決定は軍事外交上の合理性からなされたものではなく、基本的には米・グ・ウ三国の国内選挙対策であった。

ジョージ・ブッシュ・ジュニア大統領は、イラク戦争で落ちた共和党の人気をあげ、ジョン・マケイン候補に政権を譲りたかった。グルジアのサアカシヴィリ大統領は、前年一一月のトビリシ・デモ弾圧で落ちた人気をあげ、薔薇革命直後のような権威を回復したかった。二〇〇八年までには、ウクライナのヴィクトル・ユシチェンコ大統領の支持率は、再選困難が囁かれるほどに落ちていた。

遠藤乾は、NATOの第一次拡大（ポーランド、チェコ、ハンガリー。一九九四年に本格化）は、一九九六年再選のために東欧移民票を狙うクリントン大統領の選挙政策であったと示唆している（文献2）。ソ連という好敵手を失ったNATOは軍事同盟として劣化してしまい、軍事ではなく加盟国の選挙のことばかり考えるようになってしまった。この傾向は、二〇〇八年の後も続くことになる。

†黒海艦隊問題

一九九七年のロシア・ウクライナ「友好・協力・パートナー条約」は、クリミアのセヴァストポリ港をロシア黒海艦隊が使える期限を二〇年後、つまり二〇一七年とした。言い換えれば、ロシアは二〇一七年までにセヴァストポリの代替港をみつけなければならなかった。なお、ロシアは同港の使用料を、ウクライナに供給するガスの代金との相殺で払っていた。

バラク・オバマ大統領は、二〇〇九年の政権発足時には対露関係の「リセット」を掲げた。これは、ブッシュ・シニアを模範にしたリアリズム外交にアメリカ外交を戻したいと考えていたオバマの政治哲学の産物であった。同時に、米露関係を緊張させた二〇〇八年の第二次南オセチア戦争について、アメリカ側にも落ち度があったと暗に認めていたことも反映していた。

ここでいう落ち度とは、ロシアと軍事衝突になったらアメリカが援軍を送るようなそぶりをして、サアカシヴィリを焚きつけたことである。開戦後、ブッシュ・ジュニア大統領も、コンドリザ・ライス国務長官も、私はそんなことは言っていない、サアカシヴィリが勝手にやったと自己弁護した。

これは必ずしも嘘ではなく、当時、ロシア国防省の国際軍事協力局国際条約部の指導的職員だったエヴゲーニー・ブジンスキーによれば、サアカシヴィリを焚きつけていたのは、米大統領でも国務長官でもなく、ディック・チェイニー副大統領だった。

二〇一〇年四月、大統領選挙に勝って間もないヤヌコヴィチ大統領は、ロシアとハルキウ条約を結んだ。この条約は、ロシア黒海艦隊によるセヴァストポリ港使用期限を二〇四二年まで二五年間も延長し、その後も一方の当事国から異議が出ない限り、同港の使用は自動延長されるとした。ウクライナが大幅譲歩した対価として、ロシアからウクライナに供給されるガスの料金は値引きされた。

ヤヌコヴィチが親露だからこういう条約を結んだとは限らない。ユシチェンコ大統領時代、ティモシェンコ首相が、ウクライナが購入するガス価格の値上げに合意した。ガスを大量消費する東部工業は苦しみ、ヤヌコヴィチ新大統領を突き上げていた。地政学に無関心なヤヌコヴィチの思考法からいえば、ガス代が原因でセヴァストポリ港は結果だったかもしれない。

ともあれ、ハルキウ条約により、その六年前にNATOが黒海沿岸に到達した地政学的な意義はほぼ相殺された。二〇一七年には黒海の制海権がNATOに移ると踏んでいたルーマニアやブルガリアは動揺し始めた。また、ウクライナの親北大西洋勢力は、国の最大の軍港をNATOの仮想敵に貸しているウクライナがNATO加盟国になることはありえないので、NATO加盟交渉が本格化するのは二〇一七年だと思っていた。この未来への淡い期待も踏みにじられた。

オバマ大統領がリセット政策を放棄する上で、リビアやシリアの騒乱をめぐる米露対立がしばしば指摘されるが、ハルキウ条約で、ほぼ手中にあった黒海制海権が手をすり抜けていったことに対する彼の怒りは軽視してはならないと思う。合法的・民主的に選ばれたウクライナ大統領を、街頭暴力を用いて打倒するという方法は、インテリ大統領であったオバマが本来好んだものではなかろう。

†シリア戦争とロシアのレトリックの過激化

一極世界秩序とNATOのさらなる拡大に対するロシアの反転攻勢は二〇〇八年の第二次南オセチア戦争に始まるという通説がある。これに留保すると、第二次南オセチア戦争は必ずしも米露の代理戦争ではなかった。むしろブッシュ政権の意向を反映しない、サアカシヴィリの無謀行為という性格があった。

戦前、まだ新任に近かったラヴロフ外相は、グルジアの分離紛争解決にロシアが協力すればグルジアはNATO接近を思いとどまってくれるという幻想を抱いていた。

グルジアがツヒンヴァルを全面砲撃し始めてからロシア軍がツヒンヴァルに到達するまで三七時間経っていた。このようにロシアの参戦もさんざん動揺した後で、そのため南オセチア人の犠牲者数が増えた。ロシアによる南オセチア・アブハジアの承認も同じく逡巡の後で、ロシア指導部がサアカシヴィリ政権に影響する梃子を持っていたら、別の政策を採用していただろう。

露ウ戦争に向かう里程標として、シリア戦争は、あまり注目されていない。私は、シリア戦争参加の経験は、ロシア指導者を過激化させる認知装置上の変化を生んだと思う。

イラク戦争以後の米国の中東政策は次々と破綻国家を生み、イスラーム急進派の数を増やし、勢いづけていた。ロシアの指導者や論客は、これをたまたま失敗が続いたと解釈するのではなく、アメリカ一極世界の行き詰まりゆえに、アメリカは間違った反テロ政策ばかり採用するようになったとみなした。

イスラーム国がダマスカスを占領していれば、旧ソ連圏から大挙参戦していたイスラーム急進派が勇気凜々の状態で旧ソ連・ロシアに帰還しただろう。これはとても許容できないので、旧ソ連出身のイスラーム急進活動家を現地で殲滅すべく、ロシアは参戦したのである。

ここで、アメリカ一極世界の終焉（楽観論）と、まさにそれが生むイスラーム・テロの流入というエグジステンシャルな危機認識（悲観論）が結合している。この楽観論と悲観論の奇妙な結合が、政策担当者を「いちかばちか」、「これ以外の選択肢はない」という心理に導き、政策を過激化させるのである（文献20）。

露ウ戦争に至る政策決定過程では、一極世界の終焉という楽観論と、まさにそのため西側がウクライナをロシアとの戦争に駆り立てているという悲観論が結合した。

露ウ戦争開戦後、プーチンはじめロシア指導者は、「我々は軍事行動を強いられた」と様々な場で繰り返している。これは客観的事実ではないが、彼らのパーセプションにおいてはそうなのである。

楽観論と悲観論の結合による政策過激化は、スターリンの「社会主義社会における階級闘争激化」論に似ていると私は論評したが、五百旗頭薫によれば、戦前の日本軍国主義の台頭にも、同じような認知装置が働いたようである。

もうひとつのシリア戦争の遺産は、この戦争では、「ロシア航空宇宙軍が空から助け、シリア政府軍は地上戦を戦う」という分業がうまくいったため、ロシアの歩兵戦力の弱化という問題点が露呈しなかったことである。歩兵戦力の弱まりによりロシア軍は大規模国家間戦争には堪えられない状態になっていたのに、露ウ戦争を準備する過程ではそれに注意が向けられなかった（第六章参照）。

†NATO加盟がウクライナ憲法条項に

ドンバス戦争開始後、ウクライナとNATOの軍事協力は格段に進んだが、加盟問題は動かないままだった。NATOは、「ウクライナが改革を進めれば、将来的には加盟が検討課題になる」という役所的回答を繰り返すのみだった。

ポロシェンコ政権は、「NATO加盟を問う国民投票を行う」と散発的に宣言していただけだったが、二〇一八年八月二四日の独立記念日、唐突にNATO加盟をウクライナ憲法に書き込むと宣言し、翌年二月七日にそれを実現した。憲法の最高会議、大統領、政府の任務条項の中に、「NATOとEU加盟」のための仕事が書き加えられたのである。

日本国憲法に「政府、国会は日米安保条約を遵守する」と書き込まれることはありえないから、これは奇妙な改正であった。

NATO側が、「あなた方の加盟は当面は無理です」と公式に言っているときに、このような憲法改正をしても軍事外交上は無意味である。むしろ、ロシアを怒らせて、国の安全保障を危うくするだけだろう。

改憲に込めたポロシェンコの狙いは、目前に迫った大統領選挙だった。優勢にあったゼレンスキーに親露候補のレッテルを貼るために、自分の親北大西洋的な性格を際立たせる必要があったのである。大統領選挙で負け、下野した場合にも、NATO加盟を憲法条項にしておけば、親露的政策をとるだろうと予想されていたゼレンスキーを批判する有力論拠になる。

大統領選挙に勝ったゼレンスキーも、ポロシェンコと同様にNATO早期加盟を訴えるようになった。NATOの側はウクライナ加盟問題に対する慎重な姿勢を崩していなかったから、これも国内党派政治上のアピールであった。

グルジアが第二次南オセチア戦争に敗れて領土を失った半年後の二〇〇九年三月、私との面談で、サアカシヴィリ時代の野党であった共和党指導者のイヴリアン・ハインドラヴァは言った。「NATOに入りたかったら入ったらいい。だが、入れる見込みもないのに明日にでも入れるかのように宣伝してロシアを刺激するのはやめろ」。同じことがポロシェンコやゼレンスキーにも言える。

†本章のまとめ

本章は、非工業化、分離紛争、安全保障という三争点に注目し、ソ連末期からこんにちまでの危機の系譜をたどった。

ソ連は不運なタイミングで自主解散した。世界はグローバル化と情報工学の新しい段階に入ろうとしていた。厳しい競争の勝利者になれたのは米中経済のみであった。一部新興国も、有利な人口構造、安い人件費、上昇する教育水準を頼りに両雄を追った。日本と旧欧州は、長期停滞に苦しんでいる。

このような条件下でソ連継承国ができたことは、短期間で資本主義先進国に仲間入りできるかのような幻想は捨て、現有の生産施設を大切にしながら、世界経済（と言うよりもむしろ地域経済）の中で自分の居場所を探すことだっただろう。現にベラルーシはそうした。その他の国は、社会主義時代に築き上げたものを破壊してしまった。

資本主義経済に移行してから三〇年経っても、ソ連継承諸国の非工業化は続いている。これら国々はもっぱら天然資源があるかないかによって、勝ち組と負け組に分化した。しかし勝ち組の代表格のロシアも、資源輸出に依存する歪んだ経済成長に満足できなくなっている。ロシアのウクライナへの侵略には、おそらく経済的な動機もあっただろう。

民族領域連邦制は、民族を政治化し、原初化した。ペレストロイカ後期には、ついに民族間の武力紛争が始まった。

プーチンは、彼の汎ルーシ主義的なウクライナ史理解に基づく歴史の講釈からウクライナ侵略を始めた。このような歴史の政治利用は、ソ連末期の分離紛争を想起させる。

当時、いくつかの自治単位は、ソ連からの離脱傾向を強める上位共和国（連邦構成共和国）から分離してソ連に残ろうとした。そのうちカラバフなど最も強硬なものは、ソ連解体後、非承認国家になり、より妥協的な自治単位（たとえばクリミア）は、不満を抱えつつも上位共和国に従った。

分離紛争に直面した国際組織は、uti possidetis juris の法理に基づいて親国家（旧連邦構成共和国）を無条件支持し、分離政体に親国家に戻るように要求した。今でもこの姿勢は変わっていない。分離政体や分離運動の側は、国際組織の仲介の公正さを信じず、頼れるものは武力かロシアだと思うようになった。

かくして、二〇〇八年以降の旧ソ連圏の戦争はすべて、ソ連末期の分離紛争の再燃という事態になったのである。

ワルシャワ条約機構が解体して二極世界的な安全保障システムが壊れると、ほんの短期間ではあったが、全欧的な安全保障の構想が生まれた。しかし、支持する国家も政治勢力もないこのような構想がＮＡＴＯ拡大に対抗できるわけがなかった。

しかし、その中でも、ＮＡＴＯへの片想いを続けるウクライナと、憲法上の中立原理を維持するモルドヴァでは、新冷戦への対応はかなり異なる。

ソ連解体後のロシア外交の最大の転換要因は、ロシアが西側に対する自立姿勢を強めたことではなく、旧ソ連諸国に対する態度が変わったことである。旧ソ連諸国の盟主・長兄でありたいという願望を捨てれば、分離政体を承認したり併合したりすることも可能になる。

プーチン政権は、ウクライナやポーランドやリトアニアにロシアがどう見られるかということには、もはや全く関心がない。そのかわり、中国やインドやトルコやアフリカ諸国にどう見られるかには細心の注意を払うのである。

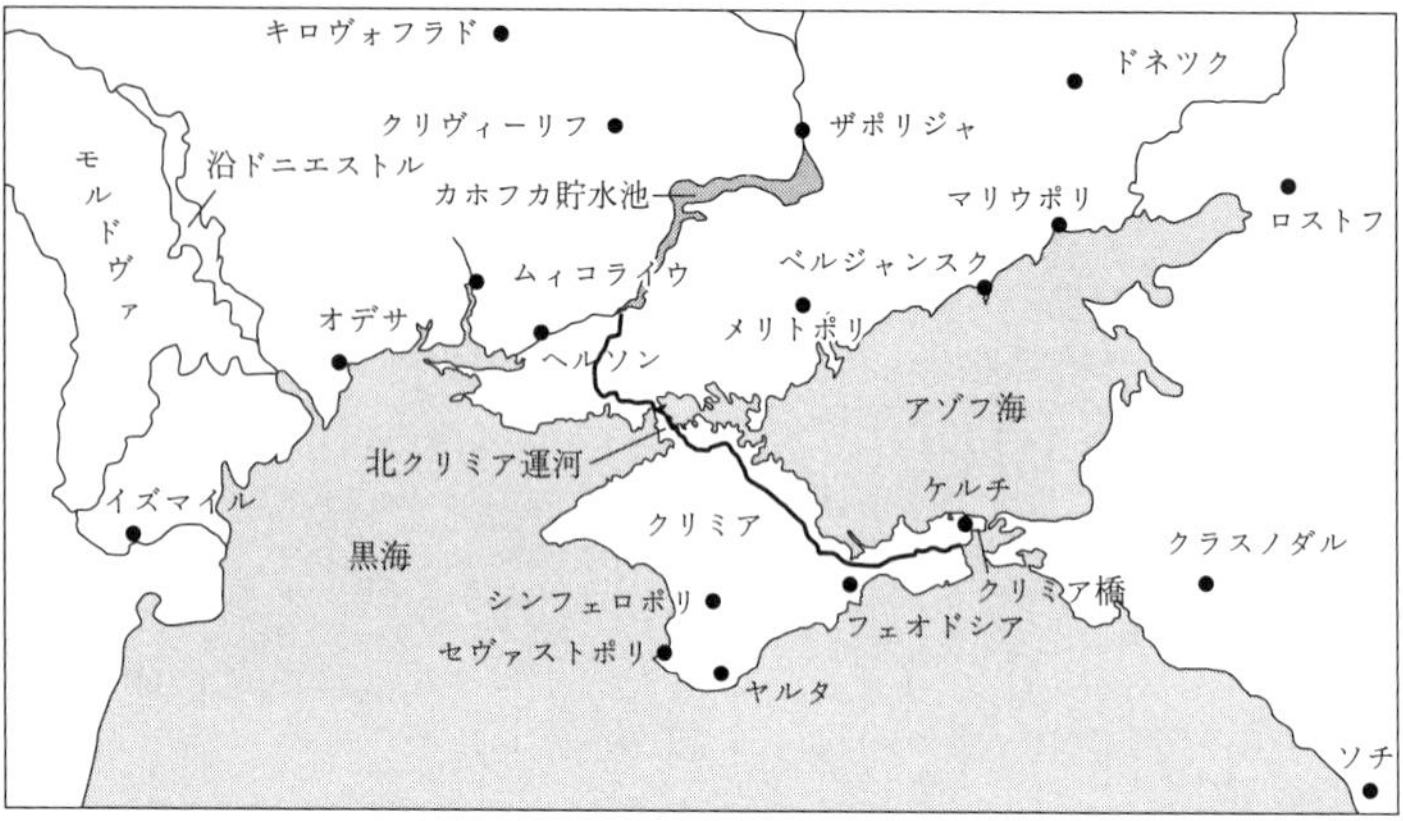
キロヴォフラド
ドネツク
クリヴィーリフ
ザポリジャ
モルドヴァ
沿ドニエストル
カホフカ貯水池
マリウポリ
ロストフ
ムィコライウ
ベルジャンスク
オデサ
メリトポリ
ヘルソン
アゾフ海
北クリミア運河
ケルチ
イズマイル
クリミア
クラスノダル
黒海
クリミア橋
シンフェロポリ
フェオドシア
セヴァストポリ
ヤルタ
ソチ

地図　ウクライナ南部

第二章

ユーロマイダン革命とその後

二〇一四年のユーロマイダン革命は、二〇〇四年のオレンジ革命以来のウクライナ政治の分極化・地政学化の結果であり、またこの革命が、ウクライナ政治をいっそう分極化させた。

こんにち住民の片方のグループは言うだろう。「独立ではウクライナはソヴェト体制の残滓を一掃できなかった。オレンジ革命はすぐに鎮静化してしまった。まさにユーロマイダン革命によって、ウクライナはヨーロッパの道を歩み、繁栄を手にするはずであった。それを許せないロシアはウクライナの発展を妨害し、ついに全面侵略に至った」。

もう一方のグループは言うだろう。「二〇一四年までのウクライナは、経済においてロシアやベラルーシに若干劣っていたが、民主主義においてははるかに優れていた。様々な衝突は妥協によって解決されていた。ユーロマイダン革命によって、ウクライナ政治は、大言壮語と無能力、不寛容と暴力に特徴づけられるものになってしまった」。

痛々しいことであるが、この二つのグループの間に対話の余地はほとんどない。なぜこんなことになってしまったのか。

本章では、ユーロマイダン革命の背景、主要事件、その後のウクライナ政治をまとめたい。独立からユーロマイダン革命までのウクライナ政治史については、前著『ポスト社会主義の政治』（ちくま新書）で詳しく述べたので、前史に関心がある読者は、そちらを参照されたい。

1 ユーロマイダン革命の見方

ユーロマイダン革命については様々な見方があるが、ここではそのうち私が特に面白いと思う見解を紹介したい。

†新帝国主義論

これは、デイヴィド・ハーヴェイの『新帝国主義論』(文献13)に近い、マルクス主義的なポスト社会主義論で、ウクライナではヴォロディムィル・イシチェンコ、ユリヤ・ユルチェンコに代表される(ただし、両名とも主に勤務しているのはヨーロッパである)。

彼らによれば、社会主義体制の崩壊後、旧社会主義諸国が世界資本主義に包摂される過程で、人民収奪的なのは同じだが、対照的な二つの経済体制が生まれた。第一には、ロシアに代表される国家主導の家父長的資本主義であり、第二は、ウクライナに代表される新自由主義的クレプトクラシー(泥棒政治)である。

後者においては、支配階級は、国際通貨基金(IMF)や欧州復興開発銀行の融資と指導を受け、開放経済の中で資本蓄積を進めようとする。国際債務が投資の主要素になる。ウクライナは一九九〇年の国際債務ゼロから、二〇一七年にはIMF第三位の債務国に転落した。犯罪的な人脈（典型的なのは地域閥）が立法、執行、司法機構を横断的に覆う一方で、新自由主義と入欧が神話化され、それを目指す革命が繰り返される。

海外からの直接投資はインフラ整備や技術革新には向かわないので、ウクライナの製造業の国際競争力は失われる。国家は、教育、福祉、医療など社会的領域への歳出を極小化する。

ウクライナの経済的な欧米従属は、地政学的な欧米従属を生む。隣では、ロシアが家父長資本主義の下で国力を一定回復し、反欧米的傾向を強めているので、ウクライナと軍事外交的に衝突することになる（文献15）。

イシチェンコらの類型論は面白いが、いくつか疑問も感じる。まずこの議論は、露ウ比較では成り立つが、旧ソ連全般ではどうだろうか。カザフスタンの政治体制はロシアのそれに似ているが、経済戦略はウクライナに近いのではないだろうか。

また、新帝国主義論は、イシチェンコ自身が進めてきた実証研究、たとえばウクライナ右翼の研究とどう整合されるのか。ウクライナの右翼は新自由主義者ではないが、ユーロマイダン革命で主要な役割を果たしたではないか。

私は、「構造がアクターの行動を規定する」という演繹的なアプローチではエスカレーションの政治はうまく説明できず、むしろそれは出来事の連鎖として素直に説明した方がよいと思う。「Aという事件に対してαはこう対応し、それに対してβはこう反撃した」という叙述が本章のスタイルである。

†実存主義的アプローチ

私が面白いと思う第二の見方は、マーシ・ショアが『ウクライナの夜』(邦訳二〇二二年、慶應義塾大学出版会)で駆使した実存主義的アプローチである。ショアはイェール大学准教授、同じ大学の教授で邦訳書が多く出て日本でも有名になったティモシー・スナイダーのパートナーである。ちなみに、スナイダーと私は、一九九〇年代の半ば、ハーヴァードのウクライナ研究所で一緒にウクライナ語を習った。

『ウクライナの夜』の利点は、ユーロマイダン革命参加者との無数の面談を通じて、革命を内側から描き出していることである。

ユーロマイダン革命に限らず、ポスト社会主義のカラー革命において、文系・理系のインテリと、既存体制の賄賂無心に怒る中小ビジネスマンが大きな役割を果たしてきたことはよく知られている。本書の主な登場人物もこの二つの社会グループである。

ウクライナ民族主義とユダヤ人の関係は悪いと考えられがちだが、本書は革命側に立ったユダヤ人を多数紹介している。革命後のドニプロペトロウスク州では、ユダヤ系大富豪のイホル・コロモイスキーが知事に任命され、私費を投じて軍事組織を作った。著者は同州にも足を延ばし、愛国的ユダヤ人たちにインタビューしている。

一〇年前のオレンジ革命（ユシチェンコ政権成立）に参加した中年世代が、革命後の弛緩を戒めるなど、世代論も面白い。

『ウクライナの夜』は、ユーロマイダン革命をネオナチ運動とみなすロシアの公式見解、合理主義的な欧化運動とみなすリベラルの見解の両方を退ける。それらにかわって革命推進者の心理を理解するツールとして、J－P・サルトルやアルベール・カミュに代表される実存主義を採用する。

実存主義とは、一九六〇年生まれの私から見ても古色蒼然たる思想である。しかし、「もし君が僕のために死ぬならば、僕も君のために死ぬ」という連帯の経験そのものが、革命の目的から独立した価値になるという本書中で繰り返される証言には説得力がある。

反面、マックス・ウェーバーの用語を借りれば、究極の心情倫理、結果無責任の人々により革命は推進されたわけで、この出来事がその後のウクライナの苦難の原因になったのも当然と言える。

『ウクライナの夜』は、革命参加者の生の声を伝える反面、革命を外から見ること、突き放して見ることは、そもそも志向していない。しかし革命は革命推進者の一人芝居ではなく、彼らと反対者の間の相互作用である。旧体制やヴァンデー一揆（反動派）を悪役として描くだけでは、革命は理解できまい。

2　ウクライナ内政の地政学化

本節では、ユーロマイダン革命の最大の原因と私が考える、ウクライナ内政の地政学化について述べる。

†政治の両極化の危険

政治社会の亀裂には階級、貧富、職業、教育水準、性、宗教、民族、言語など様々なものがあり、それらは通常錯綜している（図2－1）。錯綜した亀裂の下では、亀裂が相互に相殺するため、社会の両極化は避けられる。この図のAとBは、亀裂αをとれば敵であるが、βをとれば味方である。

しかし、亀裂がオーバーラップしてしまうと、社会は真二つに割れる（図2－2）。ここにおいてはAとBは敵でしかない。しかも、事実上単一となった亀裂が地政学的対立・地域間対立であれば、分離紛争や内戦の危険が増す。

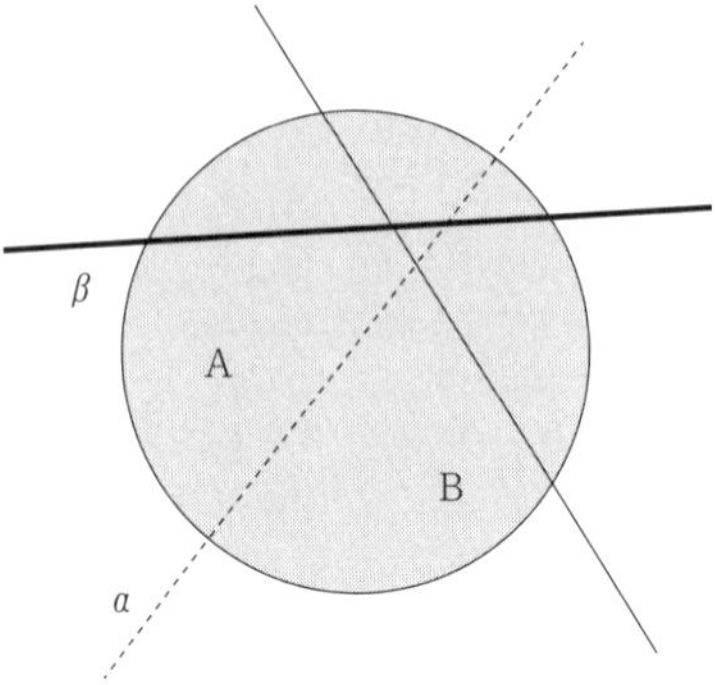

図2-1　錯綜した亀裂

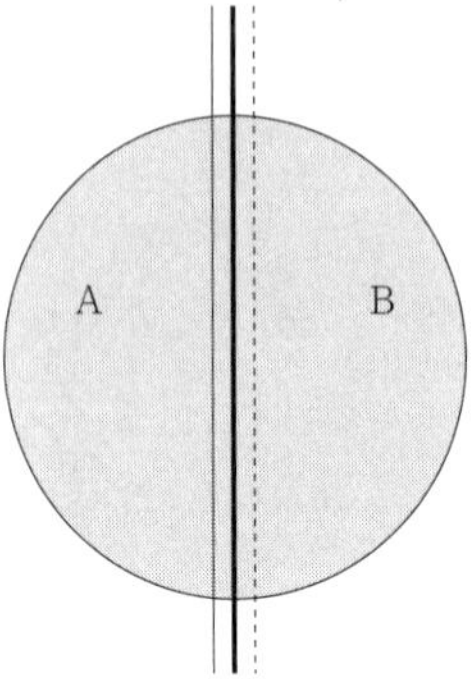

図2-2　オーバーラップした亀裂

図2－1の典型はロシアのダゲスタン、図2－2の典型はソ連末期のカラバフとよく言われる。本書の見地からは、モルドヴァとオレンジ革命前のウクライナが図2－1、ユーロマイダン革命前夜のウクライナが図2－2の例だったと言える。オレンジ革命後、ウクライナは図2－1から図2－2に次第に移行し、ついにユーロマイダン革命に至ったのである。

対照的に、モルドヴァ政治においては、左右軸、憲法軸、「オリガークに辛いか甘いか」などの軸が、政治の諸局面で保持再生産されており、地政学軸が他を圧倒してしまうようなことはなかった。追い詰められた政権が、自分の親欧米性を強調して（つまり地政学軸を強く打ち出して）、自分を有利にしようとしたことはあったが、それはうまくいかなかった。

亀裂の錯綜性が保持されているおかげで、露ウ間の戦線がすぐ隣にあり、マヤ・サンドゥ政権が野党に「ロシアのスパイ」のレッテルを貼ろうとした二〇二二年夏においてさえ、モルドヴァ政治は比較的平静を保ったのである。

†最初から両極化していたわけではないウクライナ政治

ウクライナ政治は、独立当初から東西対立、親欧・親露の地政学的対立の様相を帯びていたわけではない。それは、ウクライナ政治の節目である大統領選挙の投票地理を見ればわかる。

ユーロマイダン革命以前のウクライナでは、一九九一年、一九九四年、一九九九年、二〇〇四年、二〇一〇年の大統領選挙があった。それぞれの主要候補は次の通りである。

一九九一年―ソ連共産党からの鞍替え組のクラフチュクと、ソ連で反体制派だったチェルノヴィル
一九九四年―現職大統領クラフチュクと元首相クチマ
一九九九年―現職大統領クチマとウクライナ共産党党首シモネンコ
二〇〇四年（オレンジ革命）―現首相ヤヌコヴィチと元首相ユシチェンコ
二〇一〇年―地域党ヤヌコヴィチと祖国党で現首相のティモシェンコ

これらの選挙の中で、票の出方が東西で著しく違ったのは、一九九四年と二〇〇四年のみであった。この二つの選挙の共通点は、大統領、現・元首相など権力者同士の競争で、明白な与野党対決でも左右対決でもなかったことである。こうなると行政機関が誰のために票を動員すべきかわからないため麻痺してしまい、住民が比較的自発的に投票することになる。その結果、東西の文化志向の違いが強く出る。

対照的なのは一九九九年で、これは現職大統領と共産党候補の対決だったため、行政機関が現職大統領のために全力で集票した。その結果、州や郡の行政府、オリガークが強力で集票力を持ったドネツク、ドニプロペトロウスク、ハルキウなど東部州でクチマが共産党を抑えたのである。この選挙では、むしろ行政府もオリガークも弱いウクライナ中央部に「赤いベルト」が出現した（図2－3参照）。

ウクライナ独立を問う国民投票と同時に行われた一九九一年の大統領選挙においては、全国的には、共産党からの鞍替え組のクラフチュクが六一・六％、元・反体制派のチェルノヴィルが二三・三％得票した。このときクラフチュクは、ウクライナの最東端のルガンスク州で七六・二％、旧ロシア帝国領ウクライナの西端のフメリヌィツカ州で七五・五％得票しており、東西対立などない。

ソ連七十余年で、ウクライナRSRの旧ロシア帝国部分は政治的に同質化されてしまったの

図2-3　1999年ウクライナ大統領選挙州別得票

である。この選挙が示したのはウクライナの東西対立ではなく、一九三九年までポーランド領だったハルィチナの突出（チェルノヴィルを圧倒的に支持）であった。

二〇一〇年選挙について、東部代表のヤヌコヴィチと西部で強いティモシェンコが対決したと一応は言える。しかし、二〇〇四年大統領選挙と比べると、東西の票の出方の違いはあまり大きくなかったし、リージョン間の違いと並んで、都市・農村間の違いや世代間の違いが顕著だった。たとえ東部でも、都市の若者、インテリや企業家がティモシェンコに多く入れたのである。

これは、東西対立に頼って選挙運動を行うと、人口において劣る西部の候補である自分が結局負けることを自覚したティモシェンコが、東部も含めて進歩的階層にアピールしたからである。

以上まとめると、ウクライナ大統領選挙において東西対立が強く出たのは一九九四年と二〇〇四年のみだったと言える。しかもそれは、左右対立、進歩・保守対立というその他の軸が前面に出なかったため、残余の軸として浮上したのである。

†最初に左右対立を地政学化したのは東部

不幸なことに、以上のような対立軸の錯綜と相殺のメカニズムは壊れ、親欧・親露と結びついたウクライナ東西対立がこの国の政治の基軸となってゆく。この経過を、まず東部から見てゆこう。

一九九〇年代においては、ウクライナ東部は共産党の票田であった。東部エリートが一九九九年の大統領選挙でクチマの再選を実現し、その後に予想されるウクライナ民族派との競争に勝つには、東部の共産党票田を切り崩す必要があった。そのため東部エリートは地域党を建設し、共産党の左翼イデオロギーに東部地域主義を対置した。

普通に考えれば、労働者の賃金が低いのは、経営者が人件費を節約するからである。炭鉱で死亡事故が多いとすれば、それは経営者が安全や設備近代化に投資しないからである。しかもこの経営者は、サッカーチームやマスコミ、メディアを買収することには金を惜しまない。

このような経営の下では労働紛争が起こって当然だが、東部の経営者やその利益代表（地域党）は、「東部は中央政府に税金を払いすぎているから貧しいのだ」、「東部はウクライナを養っているのに、中央政府から然るべき待遇を得ていない」と論じて争点逸らしをしたのである。

この論法は東部住民に支持され、共産党から票を奪い取る上では効果があったが、ウクライナ国家の一体性という点では危険を孕んでいた。コンゴから独立しようとしたカタンガ、ナイジェリアから独立しようとしたビアフラ、ユーゴスラヴィアから最初に独立したスロヴェニア、イタリアの北部同盟に例示されるように、分離紛争の多くは、豊かな地域がこれ以上貧しい地域を「養う」のは嫌だと抵抗するところから始まるのである。

地域党のドンバス支配が堅牢であるうちは、「自分たちはウクライナを養っている」という自尊心とウクライナの連邦化要求は親和した。しかし、地域党の東部支配が崩壊すると、この自尊心は分離派に利用されることになったのである。

†ユシチェンコの争点逸らし

一九九〇年代のウクライナ経済の落ち込みはロシアやベラルーシよりも著しかったが、二〇〇〇年頃からようやく復調に向かった。クチマ大統領の第二期（一九九九―二〇〇四年）には年率五％から一一％以上の成長が達成された。

オレンジ革命がこれにブレーキをかけ、実質GDP成長率は二〇〇四年の一一・八％から二〇〇五年の三・一％に減退した。その後、成長率は回復するが、外国からのローンに頼った個人消費が成長原動力だったため、二〇〇八年リーマン・ショックの打撃もとりわけ大きかった。

オレンジ革命が生んだユシチェンコ政権は、社会経済政策における実績の貧しさから市民の目を逸らすため、言語問題（ロシア語使用の制限）、正教会の統一問題、歴史評価問題といった、個人のアイデンティティとイデオロギーに関わる争点を前面に押し出した。

歴史評価問題では、特にステパン・バンデラ、ロマン・シュヘヴィチという、戦間期から第二次世界大戦にかけてのウクライナ・ファシスト組織のリーダーの復権と英雄化、農業集団化期の飢餓・餓死をウクライナ民族の絶滅を狙ったジェノサイドと認定させることに力を入れた。後者については、「多数の農民が餓死したのは事実だが、それはスターリンの農民収奪政策であって、一九四八年ジェノサイド禁止条約の定義には該当しないのではないか」という批判が最高会議でもなされた。しかし、批判は結局丸め込まれた（文献33）。

このような政治のイデオロギー化、地政学化が、民族主義的な一部の市民を喜ばせ、ユシチェンコの支持率維持に一役買ったことは事実であろう。しかし、多様な歴史的体験や価値観を持つウクライナ国民に、一方的なイデオロギーを押しつけたことは、将来の国家分裂の種を撒くものであった。

†ユーロマイダン革命前夜の政治状況

(1)クチマ憲法の復活

二〇一〇年大統領選挙はヤヌコヴィチの勝利に終わり、ティモシェンコも負けを認めた。ヤヌコヴィチは、ユシチェンコの轍を踏まず、二〇一五年の大統領選挙で再選されることを至上目的とした。

そのために最も大切なことは、首相が自分のライバルにならないことである。ヤヌコヴィチは、ドネツク時代以来の自分の同志でテクノクラートのムィコラ・アザロフを首相にした。さらに、二〇〇四年オレンジ革命中の憲法改正が改正手続きを破っていたことを蒸し返して、憲法裁判所決定でウクライナ憲法を一九九六年クチマ憲法に戻してしまった。

憲法問題について敷衍すると、一九九六年憲法は、「大統領が議会多数の支持を得て首相を任命する」大統領議会制であった。これでは大統領が強すぎるということで、オレンジ革命中に憲法が改正され、「議会多数派連合が首相候補をノミネートし、大統領は形式的に任命する」首相大統領制が導入された。

首相大統領制自体は欧州等にありふれた制度だが、そのウクライナ版は、大統領と首相との競合関係が常態化するなど問題を抱えていた（拙著『ポスト社会主義の政治』参照）。憲法裁判所を使うという姑息な手段を除けば、ヤヌコヴィチの憲法反動が社会の大きな反感を呼ばなかったのは、二〇〇四年改正憲法の内外での評価が低かったからである。

(2)ティモシェンコの収監

二〇一五年に予定された大統領選挙でヤヌコヴィチの最大のライバルになると予想されていたのは二〇一〇年と同じくユリヤ・ティモシェンコであった。

しかし、二〇一一年八月、ウクライナの検察は、二〇〇九年に彼女が首相としてロシアと締結したガス供給条約はウクライナ経済に打撃を与えるもので、首相の越権行為であったという罪状で、彼女を逮捕した。

いきなり犯罪の共犯者にされたロシアのラヴロフ外相は、このガス条約は、露ウ両国の法に従ったものだと反論した。EUはこの刑事事件を政治的弾圧とみなした。

同年一〇月、ティモシェンコは懲役七年という文字通り法外な判決を受け、ウクライナ司法の国際的信用は地に落ちた。これでヤヌコヴィチが大統領である限り、ウクライナのEUアソシエーションはなくなったと（私も含め）多くの観察者は思ったが、EUのウクライナ政策はより高度な深謀遠慮に基づくものだということがやがて明らかになる。

(3) 貪欲による孤立

成立当初のヤヌコヴィチ政権は有力オリガークの連合政権だった。服部倫卓によれば、それは六つの派閥から成っていた。しかし、ヤヌコヴィチ一家（本人と息子のオレクサンドル）は、自分の味方のオリガークの資産までも狙うようになり、革命前夜にはオリガーク内で孤立していた（文献5）。

そもそもウクライナのオリガークの中でも、セルヒー・タルータ（マリウポリの冶金業の大立者であり、リナト・アフメトフの盟友）や、後にゼレンスキーのパトロンとなるイホル・コロモイスキー（ドニプロペトロウスク閥）は、オレンジ革命後にユシチェンコ政権を支持していた。ヤヌコヴィチ大統領時代には、タルータは、ヤヌコヴィチ親子の収奪から自分の資産を守るために、その相当部分をロシアに移さなければならないほどであった。

ヤヌコヴィチ政権を当初は支えていたが、ユーロマイダン革命前夜にはヤヌコヴィチとの関係が疎遠になっていたオリガークとして、ウクライナ最大富豪のリナト・アフメトフ、ロシアの欧州へのトランジット・ガス輸出のウクライナ部分を支配するドミトロ・フィルタシュがあげられる。フィルタシュは、盟友のセルヒー・リョヴォチキンを長官として大統領府に派遣していた。これらオリガークの動揺は、ユーロマイダン革命の動向を左右することになる。

(4)二〇一二年議会選挙

ヤヌコヴィチ政権が成立して二年後、議会選挙が行われた。地域党は苦戦を予想して、オレンジ革命後の完全比例代表制から、比例区・小選挙区半々の並立制に選挙制度を戻していた。そのおかげで、比例区で得票を減らしながら、小選挙区で健闘して議席数を一八六議席まで伸ばした。

ヤヌコヴィチに幻滅した東部有権者の相当数は共産党に回帰し、同党は比例区で一三・一八%得票して五議席伸ばした。

選挙法の改正で選挙ブロックが禁止されたため、特に右派政党の合同が進み、「統一野党・祖国党」が成立した。ティモシェンコが収監中だったため、刷新戦線のアルセーニー・ヤツェニュクがリーダーとなり、一五六議席獲得した。軒を借りて母屋を乗っ取る形になったが、地方の党組織でも同様の現象(ヤツェニュク派によるティモシェンコ派の圧倒)は見られた。

この選挙の結果、新党が躍進した。ボクシング元世界チャンピオンのヴィタリー・クリチコを党首とする改革民主連合が四〇議席、ハルィチナを拠点とする極右政党「自由」(オレフ・チャフヌィボク党首)が三七議席をとった。

すでに二〇一〇年の大統領選挙の第一回投票では、東部系新党のリーダーであるセルヒー・チヒプコと前出ヤツェニュクがそれぞれ第三位、第四位に入っていた。現職大統領のユシチェンコは第五位しかとれなかった。

ウクライナの有権者は、ヤヌコヴィチ、ティモシェンコ、ユシチェンコという二〇〇〇年代のスターたちに飽き、新しい政治家を求めていたのである。

3 ユーロマイダン革命

†EUアソシエーション条約調印の延期

多くの人が誤解しているが、欧米への経済統合はウクライナの（共産党を除く）政治家とオリガークの一致点・基本戦略であり、ここにおいて親欧・親露の対立などない。

EUとウクライナの接近は、一九九四年にウクライナが自発的に核兵器を放棄してから始まった。この年、両者の間でパートナー合意が締結された。これをアソシエーション合意に格上げすることが、クチマ、ユシチェンコ、ヤヌコヴィチ三代を通じて、ウクライナの基本外交であった。二〇一三年、EUのヴィルニュス・サミットにおいて、「深化し包括的な自由貿易協定（DCFTA）」を含むアソシエーション合意が調印される手はずになった。

しかし、その内容は、①ウクライナの市場開放が性急に求められている。②ウクライナ経済適応のための負担に見合ったEUからの援助が約束されていない。③ウクライナでは石油ガスの国際価格に見合った公共料金を国民が払えないため、国庫から逆ザヤで援助していたが、これが「二重価格」として排除される——など、ウクライナに不利なものになっていた。

　経済的に劣位にある国が優位にある国と自由貿易協定を結ぶ際には、自国の国民経済に大きな打撃を与えないように注意すべきである。特に③を遵守すると、二〇一五年に予定された大統領選挙の前年にヤヌコヴィチ政権は公共料金を大幅に値上げしなければならなくなる（公共料金の大幅値上げは、ポロシェンコ政権下で実際になされた）。

　私のウクライナの知人は、アザロフ首相は役人任せで、調印直前までDCFTAやアソシエーション合意の案文に目を通していなかったのではないかと疑っていた。

　当初、ヤヌコヴィチ政権は、EUとアソシエーション条約を結び、ユーラシア関税同盟にも入るという虫のいい政策を追求していたが、そのようなことになれば、ウクライナを中継点としてEUの製品がロシア、カザフスタン等にほぼ無関税で流入することになる。プーチン政権は飴と鞭を駆使してウクライナを翻意させようとした。

　アソシエーション合意への調印延期がその後のウクライナにもたらした災禍に鑑みて、私のウクライナの友人は、「調印だけして履行しなければよかったのに」と言っていた。たしかに、ウクライナがそのように行動したとしても誰も驚かなかっただろうし、革命も戦争も起こらなかっただろう。

しかし、アザロフ首相は正直に行動した。一一月二一日、EUアソシエーション合意への調印を延期することを発表したのである。

内政の地政学化の結果として、ウクライナでは、貧困、貧富格差などの社会問題を社会問題として解決しようとする政治勢力は弱体化していた。そのかわり、「EUに入れさえすれば経済は繁栄し、国家は効率化し、汚職もなくなる」と固く信じる一定の階層が形成されていた。その人々は、独立広場(マイダン)で座り込みを始めた。

†一一月三〇日未明の暴力

ここまでならウクライナ政治の日常風景である。政府のEU政策の変更に抗議することだけが目的だったら、厳寒の中でどれだけの人が座り込みを続けただろうか。

事態を一変させたのは、一一月三〇日未明の警察によるピケ参加者への暴行であった。午前四時、警察隊は、ピケ参加者に、新年のクリスマスツリーを広場に立てるために退去することを要求した。これに従った者もいたが、数百名が拒否した。警察は実力で排除し、七九人の負傷者を出した(うち七人は警官)。約三〇名の運動参加者が拘束された。

奇妙なことに、朝四時に始まった作戦なのに、インテル(フィルタシュ)、ウクライナ24(アフメトフ）、「1＋1」（コロモイスキー）などオリガーク系のテレビ局のクルーが待ち構えており、警察の暴行や流血沙汰を全国放送した。大統領府か内務省から誰かが情報を流したのであろう。オリガークたちは、ユーロマイダン運動を応援することで、ヤヌコヴィチ政権を追い詰めるか打倒しようとしたのである。

なお、フィルタシュの盟友であるリョヴォチキンは、「警察の暴行に抗議して」、大統領府長官を辞任した。

ウクライナでは、独立後四半世紀、政治的対立があっても非暴力で解決してきた。それに慣れた市民にとって、一一月三〇日の事件はショックであった。EU云々は吹っ飛び、弾圧抗議、不当逮捕者釈放、責任者処罰がスローガンとなり、いわば抗議が自己目的化した。親欧運動だった頃はキエフとリヴィウでしか盛り上がっていなかったのに、「学生を流血するまで殴った」ことへの抗議に変わると同時に、ウクライナ全土、社会各層に火が付いた。

しかし、運動の広がりに反比例するように、一二月一日には、「右翼セクター」などがキエフ市庁舎を占拠した。祖国党、「自由」など議会内右派もこれに合流してマイダン脇の労働組合会館を占拠した。

この後、議会内野党三党の党首——ヤツェニュク（祖国党）、クリチコ（改革民主連合）、チャフヌィボク（「自由」）——が、政権と街頭運動体の間を結ぶパイプになる。しかし、彼らには、次第に暴力性を増す街頭運動体を指導・統制する力はなかった。

この後、二〇一四年二月一八―二〇日にピークを迎えるエスカレーションの経過は本書では割愛する。その特徴だけ列挙すると次の通り。
①ヤヌコヴィチ大統領は「抗議者の暴力は良くないが、警察の暴力にも反対」などとたびたび発言して、まるで第三者のような態度であった。暴力を放置して自然鎮静を待つにしても、天安門事件時の鄧小平、十月事件（議会砲撃）時のエリツィンのように暴力的に鎮圧するにしても、国家指導者なのだから責任を負うべきではなかったか。
②警察幹部は、大統領の意図を測りかね、また強く鎮圧すると自分が解任されるため、次第に暴力化する抗議行動に対し、中途半端な対応であった。
③どっちつかずは警察に限らなかった。たとえば最高会議は二〇一四年一月一六日に一連の弾圧法を採択したが、抗議を受けると、一月三一日には大統領が撤回した。運動参加者は、「決然と行動すれば目標は達成できる」と再度感じただろう。なお服部は、この方針転換は、アメリカ大使が富豪のアフメトフを通じて政権に圧力をかけた結果だったという説を紹介する。
④警察隊が「ぶたれっ子」（日本語比喩では「サンドバッグ」）と化す反面では、特務機関が著名活動家を誘拐してリンチにかけるなど、陰湿な弾圧は続いた。抗議者は、ヤヌコヴィチ指導下の国家を私的なギャングのように感じただろう。

†二月一八日「平和攻勢」

ユーロマイダン革命が始まると、マイダン派は、「二〇〇四年憲法への回帰」を唐突に政府への要求に含めた。二月一八日、議会内野党が二〇〇四年憲法への回帰を最高会議で提案する予定だった。これを支援するために、マイダン派は最高会議に向けて「平和攻勢」と称するデモを行った。この日だけで、デモ隊と警察隊双方に、あわせて二〇名以上の死者が出たとされる。マイダン派も銃器を用い、警察官五名が射殺された。そのうち三名がクリミアから派遣された警察官だったことが、クリミアの政情に大きく影響することになる（後述）。

翌一九日は、労働組合会館が火災に見舞われたことを除けば、マイダン周辺で大きな事件はなかった。しかし、リヴィウ州などでマイダン派が州行政府、特務機関、警察署などを襲撃、多数の銃器を入手した。この事件が、翌日、警察隊が小銃を支給されて使用を許可される原因になった。

†二月二〇日、スナイパー虐殺

二月二〇日、朝九時頃から、マイダン派約三千人が隊列を組み、研究所通りに向けて警察隊を押し戻した。ここで警察隊がマイダン派を銃撃し、多数の死者が出たとされる。まさにこの銃撃が、ヤヌコヴィチ政権を崩壊させ、ユーロマイダン政権を生んだのである。

マイダン派の犠牲は何人であったか。当初、七七人と発表されたが、やがて約百人へと上方修正された。ゼレンスキー政権の成立後、ヤヌコヴィチ政権において法務大臣だったエレーナ・ルカシュが、マイダン政権が革命犠牲者の数を多く見せるために、衝突とは関係ない同時期の事故死者や病死者を加算したことを指摘した。ゼレンスキー政権も、再調査の結果として、二月二〇日の犠牲者を四七名と発表した（二〇二三年）。

ルカシュの証言後、野党系テレビ局が、水増し犠牲者の一人とされた女性の出身村を取材した。革命英雄ということで、国から手厚い死後手当をもらっているため、親は、娘の死因は二〇日の事件ではなかったとは認めない。手当で家を改修したため、村民からは白い目で見られている。

撃ったのは誰だったのか。これには二説があり、①警察隊の銃撃によりデモ隊から死者・負傷者が出たという説、②ウクライナ・ホテルなどマイダン側が管理していた建物から、第三者部隊が、デモ参加者、警官を無差別に撃ったという説がある。

①は、当然ながら、革命後のウクライナの政府、検察、司法の説である（ただし、検察は当初は第三者部隊の介入を認めていた）。②は、イワン・カチャノフスキ・オタワ大学教授が二〇一四年以来一貫して主張している説である（文献16、17）。

②が正しいとすると、ユーロマイダン革命中最大の悲劇・英雄劇とされているものは、実はマイダン側の自作自演だったということになる。ユーロマイダン革命に好意を持つ研究者はカチャノフスキの研究を批判するより黙殺している。前出の左派系のイシチェンコは肯定的な評価である。カチャノフスキの研究に対する優れた学術的論評として、アルバータ大学のデイヴィド・マープルスの文章を参照されたい（https://euromaidanpress.com/2014/10/23/the-snipers-massacre-in-kyiv-katchanovski-marples/）。

虐殺の翌日、最高会議は恩赦法を採択した。この法は、革命参加者の刑事捜査を禁止し、それまでの捜査で得られた個人情報を破棄することを命じた。のち、野党は、衝突の片方だけを恩赦するのは不当ではないか、恩赦するのであれば警察官も恩赦すべきではないかと批判した。

カチャノフスキによれば、この恩赦法に基づいて、事件当初はインターネット上に溢れていた事件現場のビデオ映像が消去され、弾道分析に有益な、弾を受けた盾やヘルメット、犠牲者の司法解剖結果の一部などが破棄された。そもそも弾丸が保存されていれば、警察隊が使用を許可されていたカラシニコフ小銃の弾かどうかはすぐわかり、また線条痕を調べれば誰が撃ったかもわかるはずである。

ユーロマイダン政権は、多くの犠牲者を出した研究所通りの街路樹を伐採させ、幼木に植え替えた。二〇一九年八月、私は研究所通りで、二〇一四年の伐採を免れた老木（五本に一本くらいである）をつぶさに観察したが、弾痕を見つけることができなかった。弾を受けた木を選んで伐採したと推察するのは行きすぎだろうか。

実際、弾道分析は重要である。デモ参加者が研究所通りにバリケードを築いていた警察隊から撃たれたのであれば、弾は正面から、地面に平行に体に入るはずである。ウクライナ・ホテルなどマイダン側が管理していた建物から狙撃されたのなら、背面または側面、しかも斜め上から体に入るはずである。カチャノフスキは後者の例が支配的と主張する。これは、幸いにして消去を免れたユーチューブ上の事件映像と合致している。そもそも、被害者たちはウクライナ・ホテルを指して「あそこから撃っている」と叫んでいたのである。

二〇一七年、スナイパー虐殺の実行者を自認するグルジアの元軍人・特務機関員が、イタリアのインターネットメディアに出演して証言した。そのビデオはいま（二〇二三年四月）でもユーチューブ上で見ることができる（https://www.youtube.com/watch?v=wR1NFI6TBH0）。内容のセンシティブさに鑑みて、機械的に要約すれば次の通り。

①自分たちは二〇〇三年薔薇革命に参加した。統一国民運動（サアカシヴィリ党）のオフィスに約二五人の元軍人・特務機関員が呼ばれ、マムカ・マムラシヴィリ（サアカシヴィリ政権下の国防大臣顧問、のちグルジア人部隊の司令官としてドンバス戦争に参戦）から、ウクライナで薔薇革命と同じことが起こっているから助けに行かなければならないと説得された。

②偽造パスポートを使って入国した。ウクライナ側の指揮者はセルヒー・パシンスキー（オレクサンドル・トゥルチノフ大統領代行下で大統領府長官、そののち最高会議議員）だった。指揮者の中には元アメリカ軍人もいた。実行者の中にはリトアニア人もいた。

③最初、自分たちの任務は、警察隊を撃って、彼らがデモ隊を撃つよう仕向けることだと思っていたが、ウクライナ・ホテルの現場では、カオスを起こすために誰でも無差別に撃てと命じられた。

④報酬は前金が一〇〇〇ドル、実行後に五〇〇〇ドルであった。

言うまでもないことだが、こうした暴露情報はすぐに信じてはならない。むしろウクライナ政府に近いメディアがどう反論したかが重要である。しかし管見では、反論は「証言者たちの身分証明書の英語のスペルに間違いがある」、「サアカシヴィリ政権は二〇一三―一四年にはすでに倒れていたのに、命令などできるはずがない」、「番組制作者は親露的な人物である」といった優れないものであった。

虐殺から間もなく、当時のエストニア外相とEU外務上級代表の電話会話がリークされた。エストニア外相は、デモ隊の犠牲者と警官の犠牲者から摘出された弾丸が同一であると検死医から聞いた、だから新政権は調査を真面目にしないのではないか、やったのはヤヌコヴィチではなくて、いま新政権を構成している人々ではないかと話したのである。

もし二月二〇日虐殺が自作自演であるとすれば、それは革命参加者にとって最大の屈辱であるから、二月二〇日虐殺の疑惑徹底究明というのは、当時は（真面目な）革命参加者の要求であった。ロイターが報道したように、犠牲者の遺族の中には、警官を冤罪で罰しても犠牲者は浮かばれないので、真犯人を捕まえてほしいという声もあった（文献27）。

もし、二月二〇日虐殺が革命側の自作自演だったと証明されていれば、マイダン政権がその後存続できたかどうか疑問である。なぜ真相解明の声が国の内外で下火になったかというと、ロシアがクリミアを併合したせいだと思う。「ウクライナの政権の言い分を疑うことは、プーチンの擁護である」という、今日まで続くマスコミや知識人の自主規制が始まったのである。

二〇一九年の大統領選挙において、ユーロマイダン革命に付随する諸事件の見直しは、ゼレンスキー候補の政策の一部であった。前述のルカシュ元法相の暴露にも示されるように、ゼレンスキー政権発足当初には、マイダン革命を見直そうとする清新な雰囲気があった。たとえば、二〇一四年二月一八日の地域党オフィスにおける職員殺人事件の捜査が始まった。

しかし、このような新しい流れは、ゼレンスキー政権がポロシェンコ踏襲に立場を変えるにつれ、立ち消えてしまったのである。

マイダン革命時の野党三羽烏（左からチャフヌィボク、ヤツェニュク、クリチコ）

ヤヌコヴィチの逃亡

二月二一日にも部分的に銃撃戦は続いた。政府側はやる気を失っていたが、マイダン側は武装した応援隊が続々と地方から到着した。すでに二〇日から、独・仏・ポーランドの仲介の下で、ヤヌコヴィチと野党三党代表――ヤツェニュク、クリチコ、チャフヌィボク――の間の交渉が夜を徹して続けられた。

二一日午後四時には、ヤヌコヴィチと野党代表が合意に調印した。キエフの中心部から警察隊を撤退させること、二〇〇四年憲法を復活すること、二〇一四年一二月までにヤヌコヴィチは辞任し、臨時大統領選挙を行うこと、マイダン派は武器を放棄・引き渡しすることを定めていた。ロシア代表は、部分的には交渉に参加していたが、仲介人として合意文書に署名することは拒否した。

ヤヌコヴィチは実際に警察をキエフ市中心部から退去させ、最高会議は、二〇〇四年改正憲法の効力を復活させる決議をあげた。最高会議が単独で憲法改正することをウクライナ憲法は認めていないので（事前に当該改憲案――この場合は二〇〇四年憲法への復帰――の合憲性に対する憲法裁判所の「結論」が必要である）、この改憲は違憲である。とはいうものの、体制側は合意を守ったのである。

ところが右翼セクターのリーダーであるドミトロ・ヤロシュは、合意文書がヤヌコヴィチの即時辞任を含んでいないことを不満として、武器の引き渡しを拒否した。

野党指導者との合意が自分の命の保証にはならないことを知ったからかどうかは定かでないが、ヤヌコヴィチは、二一日午後一〇時四〇分、キエフから逃亡した。口実は、翌日、ハルキウで開催される予定だった南東ウクライナ・クリミア各級代議員大会に出席することだった。しかし、彼はこの会議には姿を見せず、ハルキウからドネツクへ、ドネツクからクリミアへと逃げ回り、結局、ロシアの特殊部隊に救助された。

なぜ大統領執務室にとどまり、自決しなかったのか。理解に苦しむ。街頭暴力が憲法体制を覆そうとするとき、憲法に殉ずるのが大統領の任務ではないのか。

†一二月二二日、南東ウクライナ・クリミア各級代議員大会

ヤヌコヴィチ大統領が出席しなかった南東ウクライナ・クリミア各級代議員大会は、ハルキウ州知事ムィハイロ・ドブキンが一二月初めに開催を呼び掛けていたものである。これは、類似した地方代議員の大会がオレンジ革命中の二〇〇四年一一月二九日にルガンスク州のセヴェロドネツクで開催された効果の再現を狙っていたので、ここで歴史を遡る必要がある。

二〇〇四年大統領選挙後、中央選管がヤヌコヴィチの当選を発表すると、これを不正選挙とみなすハルィチナ諸州議会とキエフ市議会は、新大統領への不服従を決議した。これに対抗して、ルガンスク州議会は、自州を「南東ウクライナ自治共和国」に改編することを決議し、ロシアのプーチン大統領に援助を要請した。

セヴェロドネツクの各級代議員大会は、ユシチェンコが大統領になった場合には、南東ウクライナにオートノミーを樹立すると決議した。ドネツクとルガンスクの州議会は、自らを「ウクライナ連邦」の「自治共和国」に改組するための住民投票を行うこと、キエフに税を上納するのをやめること、警察・検察などを州議会に従属させることを決めた。

その後、一二月八日、最高会議において大統領選挙の決選投票をやり直すことでオレンジ派と反オレンジ派の妥協が成立したので、セヴェロドネツク大会やその他の地方議会の決議は実

行されなかったが、これらがユシチェンコ政権にとって良き警告になったことは間違いない。

一〇年前と違い、二〇一四年の南東ウクライナ・クリミア大会は殺伐としていた。会場となったスポーツ宮殿の周りには、千人以上のマイダン派も集結して、彼らが「分離主義」とみなす大会に圧力をかけた。

大会決議は、前日・前々日にピークを迎えたユーロマイダン革命を糾弾した。曰く、「違法暴力集団は武器を引き渡さなかった。中央政府諸機関の建物を占拠し続けている。非武装の市民や警官を殺し続けている。ウクライナ最高会議はテロルの条件下、武器による脅しの下で作業している。このような条件下で採択されている議会の決定は自由意思によるものか、正統で合法的なものか疑わしい」。

この認識に基づき、代議員大会は、ウクライナに「憲法秩序と法治主義が回復されるまでは、地方自治体が国家権力を掌握する」と決議した。勇ましいが、一〇年前の大会の決定と比べるとあまり内容がない。

実際、大会が示したのは、マイダン派にどう対応していいかわからない東部勢力の混迷ぶりと分裂であった。ドブキン・ハルキウ知事やヘンナージー・ケルネス・ハルキウ市長は、ウクライナの領土保全の重要性を訴えた。会場の横には、大会の結果を集まった市民にすぐに報告するためのステージまで設置してあったのだが、マイダン派に襲撃されることを恐れて、ケルネスなどは演説を終えるとそそくさと公用車で逃げ去った。

この大会には、クリミアの分離を防ごうと絶望的に闘うモギリョフ・クリミア首相が（クリミア分離派と一緒に）出席した。

他方、ハルキウの親露民族団体オプロト（防壁）のリーダーであるエヴゲニー・ジリンは、武装したマイダン派の東征に備えるために、東部自治体の予算で自警団を作ることを呼びかけて議場の喝采を浴びた。なお、オプロトのドネツク支部は、やがてオレクサンドル・ザハルチェンコ人民共和国元首の支持母体となる（第五章参照）。

†ユーロマイダン政権の成立

ヤヌコヴィチ大統領が二月二一日深夜にキエフを逃亡すると、最高会議の地域党会派は崩壊した。

二月二二日、最高会議議長ヴォロディムィル・ルィバク（地域党）と共産党議員の副議長は辞任した。新議長として、最高会議はトゥルチノフ（祖国党）を選出した。

さらに最高会議は、ヤヌコヴィチは大統領職を放棄したものと認定し、五月二五日に臨時大統領選挙を行うことを決定した。賛成票三二八票のうち三六は、地域党議員が投じた。ウクライナ憲法は、大統領解任の理由として、辞任、重病、弾劾、死亡の四つしか認めていないので、このヤヌコヴィチ解任は違憲である。

二月二三日、地域党会派は、ヤヌコヴィチとその取り巻きが、ウクライナの危機状況に責任があるという声明を発表した。同日、最高会議はトゥルチノフを大統領選挙が行われるまでの大統領代行に任命した。

前述の通り、二月二一日には、最高会議は二〇〇四年憲法（首相大統領制）を復活させていた。この憲法に基づき、二月二七日、最高会議は、祖国党のヤツェニュクを首相として選出した。支持した三七一議員のうち、マイダン諸派を結集した新会派「ヨーロッパ選択」が二五〇議員、地域党が九三議員（閣外協力）であった。

地域党が自壊し、マイダン派に事実上合流したことは、革命推進にとって有利な状況に見えるかもしれない。しかし、これにより、分離派をウクライナ国家に繋ぎとめていた脆い橋が落ちてしまった。

二〇一四年ウクライナ大統領選挙

最高会議は、二〇一四年五月二五日の大統領選挙と同時にキエフ市長選挙を行うことを決めた。これに向け、三月二九日、ポロシェンコとクリチコが、大統領選挙とキエフ市長選挙で相互を支持し、当選後は親欧的改革を促進するという協定を結んだ。翌日にはリョヴォチキン元大統領府長官が、この協定を称えた。リョヴォチキンの盟友のフィルタシュも、これに続いた。ユーロマイダン政治家と旧体制の指導者が、この時点で事態打開に向けて私的に接触していたことには注目しなければならない。

ポロシェンコとクリチコの選挙協定は、ライバルとして（二〇一〇年大統領選挙で次点であった）ティモシェンコを意識していた。ティモシェンコは、ポロシェンコ－クリチコのタンデムに太刀打ちできると考えていたわけではなかったが、その後に予想された繰り上げ議会選挙における祖国党のアピール力を考えると、大統領選挙に出馬しないわけにはいかなかった。

ポロシェンコとティモシェンコの選挙綱領に大きな違いはなかった。いずれも、反汚職、経済改革と生活水準向上、単一制国家の枠内でのリージョン分権、ウクライナの領土回復、ドンバス紛争の平和的解決を訴えた。

しかし対露姿勢においてはニュアンスの違いがあった。ティモシェンコはプーチンをウクライナの「最大の敵」と呼んだのに対し、ポロシェンコは、ウクライナの欧州接近と領土回復を前提としたロシアとの関係正常化を掲げた。両者ともにクリミアの奪還を掲げたが、ティモシェンコは、クリミアの「解放」とロシアの賠償金支払い、ポロシェンコは、クリミア返還に向けた「政治的・外交的闘い」を訴えた。ポロシェンコのスローガンは、「一つのウクライナ（ウクライナ語）、一つのウクライナ（ロシア語）」であった。

五月二五日に話は飛ぶが、ポロシェンコが第一回投票で有効票の五四・七％得票して、大統領に当選した。ティモシェンコは、一二・八％しかとれなかった。ウクライナの有権者は、この時点でより穏健で現実主義的とみなされたポロシェンコを選んだのである（文献4）。ポロシェンコは、大統領就任演説の一部でロシア語を使った。

野党に目を転じると、地域党は、三月二九日にキエフ市で党大会を開き、大統領選挙に向けた方針を討議した。ドブキン前ハルキウ知事、党の外様だが二〇一〇年大統領選挙で第三位の票を集めたチヒプコ、フィルタシュに近いユーリー・ボイコ、分離派に近く、後にドネツク・ルガンスク人民共和国連合の共通議会議長になるオレグ・ツァリョフの四人が立候補を表明していた。チヒプコは、現状において「ウクライナの連邦化」というスローガンを掲げることに反対だった。

大会はドブキンを公認候補と定めたが、その他三人も立候補を取り下げなかったので、地域党は、規律違反として除名した。ドブキン、チヒプコ、ボイコの得票を合わせても、九％にも満たなかった（ツァリョフは後に立候補を取り下げた）。

ポロシェンコがティモシェンコに対して全国的に優位にあり、地域党は壊滅状態にあるという事情で、候補者の得票率では顕著な地理的差異はなかった。しかし、だからこそ、投票率では明白な東西対立が表出した（表2－1）。

70%以上	リヴィウ（78.20）、テルノピリ（76.63）、イワノ・フランキウスカ（73.95）、ヴォルィニ（71.83）、リヴネ（70.97）
70-65%	フメリヌィツカ（69.61）、キエフ州（68.39）、ヴィンニツャ（66.04）、ジトムィル（66.02）、チェルカスク（65.50）
65-60%	ポルタワ（64.67）、チェルニヒウ（64.48）、キエフ市（62.70）、スムィ（62.16）、チェルノフツィ（61.54）、キロヴォフラド（60.25）
60-50%	ドニプロペトロウスク（55.47）、ムィコライウ（51.61）、ヘルソン（51.42）、ザポリジャ（51.14）、トランスカルパチア（51.08）
50-40%	ハルキウ（47.90）、オデサ（46.01）
40%未満	ドネツク（15.37）、ルガンスク（8.94）

表2-1　2014年ウクライナ大統領選挙における州別投票率
（括弧内が投票率、州を投票率が高い順に並べた）

投票率七〇％以上はハルィチナと旧ヴォルィニであり、同地における「これで理想のウクライナが生まれる」という高揚が見て取れる。

七〇—六五％は、右岸ウクライナである。六五—六〇％は、右岸ウクライナ東部、左岸ウクライナ北部、ルーマニア系マイノリティを抱えた西部のチェルノフツィである。

五〇％台は、南東ウクライナ中核部とハンガリー系マイノリティを抱える西部のトランスカルパチアである。南東ウクライナでかろうじて半数以上の有権者が投票所に足を運んだことが、ウクライナを最終的解体から救ったのである。「マイダン革命に不満はあるが、分離主義には見込みがない。現実主義的な政治家に混乱を収拾してほしい」と、この地域の住民多数は考えたのである。

四〇％台のハルキウとオデサの低投票率は、両州で分離派が武力鎮圧された後も、相当の不満が渦巻いていたことを示している。ドネツクとルガンスクでは、分離派が実効支配する郡では選挙は実施されなかったので、この投票率である。

4 失敗した沈静化の試み

†ハルキウ蜂起の失敗と「反テロ作戦」

話を四月に戻そう。六日、ドネツクとルガンスクにおいて、分離派が州議会・国家行政府建物を占拠した。翌日、ドネツクの分離派はドネツク人民共和国の成立を宣言した。ルガンスク州の分離派の「独立宣言」は遅れて、四月二七日となった。

四月七日、ハルキウの分離派も同様の「独立宣言」をして、州議会・国家行政府建物を占拠した。ボリス・リトヴィノフが起草したドネツクの宣言（第四章参照）と文面が酷似していたというから、分離派同士で連絡を取っていたのだろう。

しかし、ハルキウには内務大臣のアルセン・アヴァコフが分離派との交渉のため出向いており、たまたまスラヴャンスクに派遣される予定だった内務省特殊部隊が駐留中だったので、その武力を用いて、その夜のうちに建物占拠は解除された。

ドネツク、ルガンスクでは分離派による州政中枢の占拠が成功し、ハルキウでは失敗したという分岐が、東部ウクライナのその後の政治地図を決定した。

四月一一日深夜、それまで義勇兵として沿ドニエストル紛争とボスニア戦争に、職業軍人として第二次チェチェン戦争に参戦してきたイーゴリ・ギルキンが五〇名余の武装した仲間と一緒にロシア国境を越えた。彼らはドネツク州北部のスラヴャンスクにおいて武闘を開始、たちまちのうちに市警察署、ウクライナ特務機関の支庁を占拠し、同市はドネツク人民共和国の支配下に入ったと宣言した。

これに呼応して近隣のクラマトルスク市では一二日に、ドネツク州南部のマリウポリ市では一三日に分離派が市庁等を占拠して、ドネツク人民共和国への編入を宣言した。もはや軍事力以外の方法では南東ウクライナの分離運動を抑えることはできないと判断したトゥルチノフ大統領代行は、四月一四日、ウクライナ南東地域での「反テロ作戦」の開始を宣言する大統領令を発した。

当時ドネツク州知事であったセルヒー・タルータは、「反テロ作戦」は、事実上、ドンバス住民全体に対する宣戦布告であり、悪手であるとみなした。彼によれば、当時求められていたのは、クリミアや南東ウクライナの分離派リーダーをニュートラル化（殺害）する比較的小規模の特殊作戦だったのである。オデサでは、作戦だったかどうかは別として、結果的にはこの方法がとられた。

　五月に入り、人民共和国の独立を支持するかどうかを問う住民投票が迫ると、紛争はいっそう暴力性を増した。五月二日にはオデサ労働組合会館放火事件が、五月九日の対独戦勝記念日にはマリウポリ事件が起こった。

†オデサ労働組合会館放火事件

　これはユーロマイダン革命中の暴力事件の中でも最も残虐なものであり、公式の発表によっても四八名（街頭での衝突で六名、火災および付随するリンチで四二名）が死亡した。この事件が警察や消防の傍観の中で起こったこと、この事件の捜査にウクライナの司法が熱心でないことは、二〇二二年の露ウ開戦までは、欧州評議会や国連もかなり厳しく批判していた。正当かどうかは別として、この放火事件の「犯人を捕まえて裁判にかける」ことがプーチンの露ウ戦争目的のひとつになった。

　この事件の実態解明に貢献したのは、オデサ在住のジャーナリスト、ブロガーであるセルヒー・ヂブロフである。彼は、マイダン派、反マイダン派双方を集めて「五月二日グループ」というジャーナリストの事件調査団体を旗揚げし、調査結果をインターネット上で発表してきた。この団体ではメンバーが拒否権を有しており、一人でも反対があれば団体の名による発表はできなかった。

†分離主義には踏み込めないオデサ

オデサ州・市の経済は、世界的に有名な海港に依存している。オデサは、イサク・バーベリの『オデッサ物語』にも描かれるように、ロシア帝国とソ連のユダヤ文化の中心地でもあった。市民は多民族・多派閥共存を重んじ、ウクライナ民族主義が根付く余地はなかった。

同時に、港あっての地域なので、キエフの民族主義が嫌いだからといって、ウクライナからの分離を選択して非承認地域になることはオデサの自滅を意味していた。沿ドニエストルと隣接しているため、非承認状態がどれだけ地域経済と市民生活を困難にするかは承知していた。利に長けた海運業者や港湾業者は、ロシアがアブハジアを承認してから（当時で）六年経つのに、スフム港がまだ営業再開していないことを知っていたかもしれない。

ドンバスと違って、オデサ州は、ロシアと隣接していないどころか、最も近いロシア都市であるブリャンスクまで千キロ近くある。ウクライナを離脱しても誰も助けてくれないのである。こうしたわけで、マイダン革命に嫌悪を感じる市民が多い割には、オデサでは分離運動は盛り上がらなかった。三月初旬に反マイダン活動家が州行政府の建物を占拠したが、すぐに撤退した。

花が捧げられたオデサ労働組合会館（2016 年 8 月撮影）

ヤヌコヴィチ時代末期にオデサ知事に任命されたムィコラ・スコルィクは銀行家から国家行政に転じた人物で、ユシチェンコ時代はオデサ州議会議長であった。ユーロマイダン革命を強く批判し、他の州知事と同様、二〇一四年三月三日に解任された。

かわって知事に任命されたのは、州の有力実業家ヴォロディムィル・ネムィロフスキーであった。ヤヌコヴィチ時代、彼もまた大統領ファミリーによる略奪の危機にさらされた。ヤツェニュクの刷新戦線のオデサ州リーダーでもあり、ヤツェニュク首相の推薦で知事に任命された。ネムィロフスキーの方針は、マイダン派であるか反マイダン派であるかを問わず、州に騒擾を起こさないでくれということであった。

オデサ州の反マイダン運動の中心でありシンボルだったのは、市の南部（オデサ駅よりも南）にある労働組合会館前のクリコヴォ広場における座り込みテント村だった。

労働組合会館は、ソ連共産党州委員会として一九五八年に建てられたネオクラッシック様式の美しい建物である。一九八二年に州委員会は新築の安っぽい白いキューブビルに移った。そのとき、残された建物を買ったのが、ソ連時代は裕福だった労働組合だった。

広場の名はクリコフ家という、革命前の当該地の領主に由来している。社会主義時代は十月革命広場と呼ばれていた。この名が示すように、オデサ市の繁華街からはやや遠いのだが、市で最も大きく権威ある広場である。

四月末までに、オデサ州の反マイダン運動は、「ドンバスのように急進的にはとてもなれないが、矛を収めるのも嫌」ということで、袋小路に陥っていた。ネムィロフスキー知事は、反マイダン・リーダーたちと交渉して、クリコヴォ広場では五月九日の戦勝記念日のパレードをしなければならないので、市のはずれの別の広場に移って座り込みを続けてくれと説き伏せた。

オデサの反マイダン運動はいくつかのグループの集合体だったが、知事はそれぞれのリーダーに賄賂も払った。一つのグループは五月二日前には市の周辺に座り込み場所を移していた。

そのほかの反マイダン・リーダーたちにとっても、マイダン政府が任命した知事に、「対独勝利パレードのために土地を空けてくれ」と言わせただけで大勝利だし、お金も貰ったので言うことなしである。戦勝記念日前にはテント村を移動することで話はついていた。言い換えれば、オデサの反マイダン派が暴漢に殺害されるいわれはなかったのである。

†五月二日の惨劇

以下、「五月二日グループ」が発表したクロニクルおよびヂブロフとの面談に基づいて、当日を再現する。五月二日、オデサのサッカー競技場で、「黒海人」（オデサ）と「冶金者」（ハルキウ）の試合が行われることになっていた。いずれのチームの熱狂ファンもマイダン支持であることで有名で、その日もクリコヴォ広場の反マイダン派テント村を襲撃するのではないかと反マイダン派は警戒していた。

午後三時半くらいから反マイダン派と、マイダン派・サッカー熱狂ファンとの衝突が市街北部（競技場近く）のギリシア広場などで起こり、銃器も使われ、マイダン派二名、反マイダン派四名が死亡または致命傷を負った。

人数で劣る反マイダン派は、自分たちの本拠であるクリコヴォ広場に南下・退却した。リーダーたちは、危険なので散開しよう、少なくとも女性と高齢者は避難するようにと活動家たちを説得した。しかし、女性の活動家の多くがこれを拒否し、労働組合会館に立て籠ろうという話になった。

約三八〇人の反マイダン派が、会館正面入り口の鍵を壊して建物に入った。その際、自家発電機、発電機用のガソリン、火炎瓶、火炎瓶用の灯油などを建物に搬入した。マイダン支持派が会館に投げ込んだ火炎瓶だけで、四〇人以上が逃げ遅れて焼死・窒息死するような火災にはならなかっただろう。多量のガソリンや灯油が会館内に持ち込まれていたことが、爆発に近いような延焼につながったのである。

午後七時過ぎ、サッカーの試合が終わり、観戦していた熱狂ファンがマイダン派に合流した。彼らは、クリコヴォ広場に向かって南下した。七時二〇分頃から、クリコヴォ広場および労働組合会館内外で、激しい衝突が始まった。反マイダン派は、会館の三階や屋上から火炎瓶を投げた。マイダン派・サッカー熱狂ファンの一部は、会館に突入した。広場のテントはすぐにすべて焼けた。

七時半頃から、警察および多くの市民が火災の発生を消防署に通報したのだが、八時一〇分頃まで、消防署は言を左右にして出動しなかった（後にこの電話でのやりとりもリークされた）。七時四五分には、会館そのものの火災が始まった。七時五四分、会館中央部で爆発的炎上が発生し、吹き抜け階段が煙突のような役割を果たして建物全体に有毒ガスが充満した。

大規模な火災が発生すると同時に、広場から会館を攻撃していたマイダン派の行動は分化した（ヂブロフの表現によれば、「それぞれの良心に従って行動した」）。一部の者は、広場のステージに使われていた鉄骨を移動して梯子にし、反マイダン派活動家を炎上した会館から救出しようとした。

別のマイダン活動家は、窓から逃げようとした反マイダン派に向かって発砲し、外に逃げ出した反マイダン活動家をリンチにかけた。これら暴力的マイダン派は顔を隠してさえいなかったので、行為の多くが顔出しで録画されているが、その後、一人も逮捕・起訴されていない。炎上する会館からの落下、投身によっても死者が出た。

†不幸な事故か、計画殺人か

マイダン派はオデサ事件を「不幸な事故」とみなし、野党ブロックなど反マイダン派や犠牲者の遺族は、「周到に計画された権力犯罪」とみなしてきた。

ヂブロフ自身は前者の立場で、因果関係では説明できない偶然の連鎖が多かったと考える。計画犯罪だったと結論するには、計画作成者が、「危険を感じた反マイダン活動家は（散開せずに）労働組合会館に逃げ込むだろう」と予想可能だったと論証しなければならない。同様に、反マイダン派がガソリンや灯油を会館内に持ち込むだろうなどとどうして事前に予想できるのか。もちろん、ヂブロフのこうした意見に反対する人も多い。

ネムィロフスキー知事はこの事件後すぐに解任され、コロモイスキー・ドニプロペトロウスク州知事の盟友であるビジネスマン政治家のイホル・パリツャが後任に任命された。パリツャはコロモイスキー自身がポロシェンコ大統領と衝突して失脚するまで、約一年間オデサ知事を務めた。パリツャは、コロモイスキーに倣って、オデサに準軍事組織を作り、不穏な動きを取り締まった。

労働組合会館放火事件との関係では、パリツャ知事は徹底して忘却政策をとり、この事件の研究調査どころか慰霊活動でさえ妨害した。事故現場である労働組合会館に遺族が花を捧げると、その日のうちに掃除されたという。

私がオデサで調査したのは二〇一六年、パリツャの次のサアカシヴィリ知事の時代であったが、調査や献花に妨害があるようなことはなかった。

そのとき面談した地元のある政治学者（選挙制度の専門家）は民族愛国派だった。彼は犠牲者の遺族が欧州でオデサ事件の写真展などを活発に開いていることを批判して、「要するに遺族らは、ウクライナが犯罪者を処罰できない、火事があっても消防車が出動しない破綻国家だというイメージを広めたいのだ」と言っていた。

†ソーシャル・メディアの効果

実際、オデサ事件のひとつの帰結は、この事件の残虐写真やビデオが世界中に出回ったことである。当日、鎮火が終わる前から、マイダン派の活動家が会館に入り、死体のビデオや写真を撮影し、ソーシャル・メディアにアップロードした。

私が見たもののひとつは、折り重なった何体もの遺体をひとつひとつ撮影したものであった。窒息死したせいか、顔は二、三倍にむくみ、男か女かもわからない。これも鬱血したせいか、それとも煤のせいかわからないが、すべての顔が真っ黒であった。

紛争研究者であるため、これまでありとあらゆる残虐死体の写真やビデオを見てきたが、これほどひどいものを見せられたのは最初で最後である。

また、死体をパロディに使ったものもあった。骨が露出するほどの焼死体に、丸っこい漫画風の吹き出しで、「オデッサはロシアの都市」とつぶやかせるのである。やはりまともな神経ではない。

ソーシャル・メディアとスマートフォンの普及で、テレビではとても放映できないようなシーンを素人が容易に撮影し、それをユーザーに（有無を言わせず）見せられるようになったことが持つ政治的なインパクトを、政治学者はまだ十分に考察していない。クリミアとドンバスのウクライナからの分離は、スマートフォンの普及と無縁ではないと私は思う。

†五月九日、マリウポリ事件

ドンバスの分離派が人民共和国の樹立を宣言したからと言って、一元的な支配を確立したわけではない。彼らには統治能力がないので、ウクライナの行政機関や自治体に寄生し続け、二重権力が生まれた。

ドネツク人民共和国は、ドネツク州の「独立」の是非を問う住民投票を二〇一四年五月一一日に行うと宣言し、準備を進めていた。緊張が高まる中、五月九日（対独戦勝記念日）、州南部のマリウポリ市で大規模な衝突が起こった。

発端は警察人事であった。四月末、アヴァコフ内相は、ヴァレーリー・アンドルシュクという人物をマリウポリ警察署長に任命した。アンドルシュクは一九六〇年にチェルカスィに生まれ、一九八〇年代から二〇〇〇年代まで、マリウポリやザポリジャ州の警察で勤務してきた。ヤヌコヴィチ政権が成立したとき退職したが、年金生活者として、マリウポリ市における反分離運動に活発に参加した。これが内相の目にとまり、年金生活から警察署長の職に呼び戻されたのである。

これは分離派の憤激を呼び、メーデーには、群衆が市警察署に押しかけて、アンドルシュク署長が辞任すること、署長ポストは（住民投票を妨害しないと表明していた）副署長に譲ることを誓

破壊されたマリウポリ市警察署跡（2016年撮影）

う声明書を無理やり書かせた。

もちろん、このような紙には何の法的効力もないが、アンドルシュクは市の人民共和国支持者に対する憎悪を募らせたのである。

その後は、五月二五日大統領選挙に向けたポロシェンコ候補の選対事務所が破壊される、人民共和国支持者とアゾフ大隊の間で銃撃戦が行われるなど、市の情勢は過熱していった。

五月八日、アンドルシュクは、翌日の戦勝記念式典に対して（何らかの）抑圧措置をとると部下に意図を明らかにした。部下は服従を拒否しただけでなく、署長を人質に取り、警察署に立て籠った。この事態を収拾するために内務省軍が投入されたが、結局、戦闘は市街地にも拡大し、犠牲者を最低七人出す事態となった。

私が二〇一六年に面談したとき、事件当時、「強制力ブロック」に責任を負っていた元ドネツク州副知事は、「たとえ署長の命令に従えないとしても、警察官にできることは、警察手帳と拳銃を返納する（辞職する）ことだけであり、署長を人質にとって拷問することではないはずだ」と言っていた。

正当な意見だが、三月三日にタルータがドネツク州知事に任命されてから猛烈な警察官のパージをやって五月上旬までに確保できた警察の忠誠心がこの程度だったということだから、彼にも責任がある。

市自治体の執行部は、五月九日に何らかの挑発があるという連絡を事前に受けていて、高齢の第二次世界大戦参加者と共に記念碑に献花する恒例行事を朝六時に済ませていた。

翌一〇日、人民共和国支持者が、報復として、自分たちが立て籠っていた市庁舎に放火した。逆説的なことだが、九日の衝突は、マリウポリ市の諸政治勢力の間で、「このままでは本当に内戦になる」という危機感と、対立克服の機運を高めた。警察組織が崩壊してしまったため、製鉄所労働者、市自治体職員、人民共和国の準軍事組織が協力して、市内のパトロールを行った。多くの犠牲を出した市警察署の廃墟に、これら諸主体が一緒に献花する儀式が行われた。

こうした共同活動は、分離運動に対する市自治体の宥和主義と解釈することも可能である。実際、後にキエフの中央政府や地元のウクライナ愛国派は、マリウポリ市長らの「占領」中の姿勢を追及した。

ウクライナ南東部では、すでに三月時点で、マイダン革命への恐怖から分離に走るクリミア、ドンバスと、革命には不満だが分離にまでは踏み込めない、その他の南東六州の間で対照が見られた。後者は「非承認地域になるのは嫌だ、そんな運動には展望がない」と考えたのである。

オデサとマリウポリでのテロは、この分化を決定的にした。ドンバスの人民共和国はいっそう頑固になり、「死者への責任」というレトリックが分離運動に加勢した。南東六州は「マイダン派はここまでやるのか」と驚き、縮み上がってしまったのである。

5 ユーロマイダン後のウクライナ政治

†二〇一四年、最高会議選挙

新政権の正統性を確保するために、大統領選挙に続いて最高会議選挙を行う必要があった。二〇〇四年憲法上、大統領は自分のイニシアチブでは議会解散できない。そこで、二〇一四年七月二四日、改革民主連合（クリチコ）と「自由」（チャフヌィボク）が、ポロシェンコに最高会議解散の理由を与えるために、ヤツェニュク首相支持の議会多数派連合を脱退した。三〇日間、

党	党首	比例区得票率	総獲得議席	増減
人民戦線	ヤツェニュク首相	22.14	132	新党
ポロシェンコ・ブロック「連帯」	ポロシェンコ大統領	21.82	82	新党
自助党	アンドリー・サドヴィー・リヴィウ市長	10.97	33	新党
野党ブロック	ユーリー・ボイコ	9.43	29	新党
急進党	オレフ・リャシュコ	7.44	22	新党
祖国党	ティモシェンコ	5.68	19	▼24

表 2-2　2014 年 10 月最高会議選挙結果

代替連合が形成されなかったので、八月二七日、ポロシェンコは最高会議を解散し、一〇月二六日に選挙が行われた。

この選挙は、比例代表・小選挙区半々の並立制の下で行われた。クリミアとドンバスの一定部分がウクライナの支配を離れたため、本来の四五〇議席ではなく、四二一議席しか選ぶことができなかった。

選挙結果は表2-2の通りである。明らかに、ユーロマイダン革命と合致する方向で政界が再編された。まず、阻止線得票率(五%)を得た六政党のうち、「野党ブロック」を除く五党はマイダン派であった。共産党は、阻止線得票率を下回った。マイダン派五党の議席合計は、野党ブロック議席の約一〇倍に達した。

第二に、全六党のうち、前回選挙に参加したのは祖国党のみであり、そのほかは新党であった。しかも五新党のうち、二〇一二年末に結党された自助党以外は、すべてマイダン革命後に結成された党であった。

この議会選の勝者は、大統領の党(ポロシェンコ・ブロック)と首相の党（人民戦線）であった。比例区では人民戦線が第一党、総議席数ではポロシェンコ・ブロックが第一党になった。

人民戦線の政治家の多くは、かつては「統一野党・祖国党」のメンバーだったが、ヤツェニュク首相、トゥルチノフ前大統領代行、アヴァコフ内務大臣などマイダン革命のスターたちがティモシェンコと袂を分かち、議会選に向けてこの新党を旗揚げした。

人民戦線は、西へ行くほど多くの票をとる典型的な西部政党だったが、ポロシェンコ・ブロックの投票地理は、より恩顧主義的だった。同党は、ポロシェンコのチョコレート工場があるヴィンニツャ州と、伝統的に利益誘導に弱い西部の貧困州であるトランスカルパチアで多く得票した。

極めつきはドネツク州ヤスィヌヴァツキー郡における得票で、この郡の有権者の大半は、小選挙区ではユフム・ズヴャヒリスキー（クラフチュク大統領下の首相、元地域党幹部、当時野党ブロック）に、比例区ではポロシェンコ・ブロックに投票したのである。ポロシェンコは、東部におけるマイダン派（民族民主派）の実力に幻想を持たず、旧地域党を切り崩すことで東部に政権基盤を作ろうとしたのである。

大串敦や鳥飼将雅の研究が示すように、これはポロシェンコの片想いではなかった。そもそも地域党の政治家は、地域党が与党だったから帰属していた人が多いので、地域党崩壊後の与党であるポロシェンコ・ブロックが救いの手を差し伸べてくれるのならためらう理由はなかったのである（文献21、29）。

自助党は、リヴィウでリヴィウ市長をリーダーとして生まれた地域政党（市長党）で、NGO活動家や中小ビジネスマンにアピールした。言い換えれば、祖国党の票田を侵食した。急進党の党首リャシュコはポピュリストであり、農村住民や高専程度の学歴を持つ層で急速に人気者になった。

この選挙においては、祖国党は、「過去の党」、「ティモシェンコは過去の人」というイメージを克服できなかった。そのため、マリウポリのタルータ以外は富裕なスポンサーがつかなかった。ティモシェンコはマイダン革命中に釈放されてからも国家職には就かず、現職高官であったヤツェニュクやアヴァコフにマスコミ露出度で劣った。

そのうえ、大統領選と同様、ティモシェンコがロシアに対して強硬な言動を繰り返したことは、情勢平穏化を望む民意にあわなかった。それでは人民戦線はどうなのかと読者は思うかもしれないが、人民戦線が「戦争党」と呼ばれるようになるのは後の話で、この選挙においては、首相や高官の党として包括的な政策を掲げていたのである。

野党ブロックは、二〇一四年議会選挙に参加するために、九月に急遽結成された。南東ウクライナを票田としていたため、地域党の継承政党とみなされたが、必ずしもそうではない。既述の通り、地域党の残党の中には、ポロシェンコ・ブロックその他の与党に乗り換える政治家が多かった。

地域党が中道右派政党だったのに対し、野党ブロックは社会民主主義政党になり、マイダン後のウクライナにおける生活水準の低下に対する抗議票を吸収しようとした。私が二〇一五―一七年頃に野党ブロック党員と面談した限りでは、「自分はかつて地域党員ではなかった」という人がかなりいた。地域党と野党ブロックの関係は、ソ連共産党とロシア共産党の関係に似ている。

二〇一二年議会選挙の風雲児であった極右の「自由」は、五％の阻止線得票率さえとれなかった。「自由」党員たちは、自分たちはユーロマイダン革命の最大の功労者だと自認していたので、この結果はショックだった。ヤヌコヴィチを派手に批判しているうちは同党は票を獲得できたが、ライバルが自分と同じマイダン派ばかりだと、これといったメリットのない政党になってしまったのである。リヴィウ州の票田を自助党に奪われたのも痛かった。

†ヤツェニュク首相からフロイスマン首相へ

議会選の最大勝者が大統領の党と首相の党だったために、ポロシェンコはヤツェニュクをライバルとみなすようになった。連立形成に一カ月もかかったが、結局、マイダン派五党の大連

フロイスマン最高会議議長、のち首相

立が生まれ、ヤツェニュク首相を留任させた（三一五票）。最高会議議長にはポロシェンコ・ブロックのヴォロディムィル・フロイスマンが選ばれた。彼はヴィンニツャ市長を長く務めた地方行政の専門家である。同地にはポロシェンコのチョコレート工場があった。

マイダン革命後、ウクライナ経済は危機に見舞われた。工業地帯を失ったのでGDPを通時比較することは難しいが、インフレ率は、二〇一四年に二五％、二〇一五年には四三％だった。二〇一五年半ばまでに、通貨フリヴナの価値はマイダン革命以前の価値の四〇％以下になった。

経済危機と生活苦への不満を吸収する損な役割を担わされたのは首相だった。ヤツェニュク自身が軍需品生産に従事して戦時利得を得ているという批判も強かった。

連立与党である祖国党、自助党、急進党も、次第に政権から距離を置くようになった。二〇一五年八月には憲法改正問題から連立危機が生まれた（後述）。そのときまでには人民戦線＝首相党は非常に不人気になっており、一〇月の一斉地方選挙への不参加を決めるほどであった。

二〇一六年四月、ヤツェニュク内閣はフロイスマン内閣にとって替わられた。ポロシェンコ・ブロックと人民戦線の二党だけで連立与党を形成し、その他三党は下野した。実はこのとき、連立与党は議会過半数を切っていたという解釈が当時からあり、二〇一九年五月にゼレンスキー新大統領が最高会議を解散した論拠も、「実は二〇一六年以降、最高会議には多数派連合は存在していない」ということだった。

二〇一六年四月、成立したばかりのフロイスマン内閣は、IMFの求めに応じて、ガス料金と暖房料金を大きく引き上げる決定を下した。これは国民生活を直撃する不人気な決定であったばかりでなく、マイダン革命の正統性にもかかわる問題だった。マイダン革命のときは、「貪欲なオリガークが国民を搾取してきた」などと言われたが、マイダン以前は国民には公共料金を払う程度の所得はあった。今はそれもなくなり、貧富格差は革命前よりも広がったではないか、というわけである。

当時、私がマリウポリで調査していたときに、部屋を貸してくれた年金生活者の婦人から、「トイレの水洗は使わないでください。お風呂に水が溜めてあるので、手桶で汲んで流してください」と言われた。やってみればわかるが、これでは汚物は流れない。

†議会前テロ

ポロシェンコ政権は、二〇一四年八月のイロヴァイスクの戦いで敗れた結果として、人民共和国指導者との間で第一ミンスク合意、二〇一五年二月のデバリツェヴォの戦いで敗れた結果として、同じく第二ミンスク合意に調印せざるを得なかった。

その主要な内容は、①人民共和国支配地域に「特別な地位」を与えること、②人民共和国武装勢力の恩赦、③人民共和国支配地域におけるウクライナ法に基づく地方選挙の実施、④ドンバス・ロシア間国境管理のウクライナへの返還であった。①から④までをどういう順で実行するかも議論になる。

この内容がウクライナの右派勢力、極右だけではなくたとえば祖国党にとって受け容れがたいものであることは容易に理解できる。

しかし、ウクライナがイロヴァイスク戦の後で苦しかったときには、ミンスク合意に代替案はなかった。ウクライナ最高会議は、①③について、第一ミンスク合意（九月五日）のわずか一一日後、「ドネツク、ルガンスク州のいくつかの郡の地方自治の特別秩序について」の法を採択した。

この法は、ミンスク合意を反映して、ドンバスの政体が「人民警察」という名の準軍事組織を持つことさえ許している。ちなみに、ロシアに併合されるまでの人民共和国軍は、実際に「人民警察」と呼ばれていた。

しかし、二〇一四年一一月、両人民共和国は元首選挙、議会選挙を行った。ウクライナ側はこれをミンスク合意違反とみなし、九月一六日法は棚上げされた。その一方では、最高会議は、この法を定期的に更新してきた。最後の更新は、露ウ開戦後の二〇二二年一二月であった。ロシアがウクライナを侵略しても、ウクライナ側からの一方的提案としての「特別な地位」を取り下げていないことは評価できる。

ポロシェンコ政権下では、ウクライナの分権改革が大きな課題となった。二〇一五年八月、ポロシェンコは、分権改革のための憲法改正案を最高会議に上程するにあたって、憲法草案の過渡期条項の中に、「ドネツク、ルガンスク州のいくつかの郡の地方自治を実現するにあたっての特殊性は、特別法で定める」という一条を入れた。この「特別法」が前年九月一六日の法を指していることは明らかである。

ウクライナ憲法を改正するにあたって、自分たちが主権を有していると主張するドンバス特殊地域に関する過渡期条項を入れるのは当然である。

ところが、ウクライナの右翼勢力は、この一条が入ることによって、自分たちが反対しているミンスク合意の内容（ドンバスの「特別な地位」、分離指導者の恩赦など）が実施されるかのように解釈して反対を呼びかけた。与党連合の一部、はてはポロシェンコ・ブロックの一部さえ、人気取りのために右翼の妄論に迎合した。

当該改憲案が第一読会で承認された八月三一日、最高会議前で暴力的な抗議行動が起こった。抗議者の一人は、最高会議を警備していた国民衛兵隊（内務省軍）に手榴弾を投げ、四人殺害した。この日の衝突の負傷者の総数は一二〇人に及んだ。

内務省軍など亜流軍隊だろうなどと考えてはならない。二〇一八年四月三〇日にドンバスで展開する戦力の改組がなされる以前は、内務省軍こそがウクライナのドンバス戦線の主力軍であった。いきなり四軍人を殺害するなどということは、人民共和国軍の強者でもおいそれとはできない。

容疑者として逮捕されたのは、内務省管轄下の義勇兵としてドンバスで戦った経験のある「自由」党員であった。途中で容疑を否認し、裁判は二〇二二年時点で続いていた。

この八月三一日のテロ事件は、その後のウクライナのドンバス政策に悪影響を残したように思う。ウクライナ国家として調印したミンスク合意を実行しようとすると、その政治家の生命に危険が及ぶかもしれないということ、勤務中の警察官や職業軍人を殺傷できるほどの技術、武器、イデオロギーを持った活動家が野放しになっていることが明らかになったからである。

†脱共産法

ユーロマイダン後のウクライナにおいては、共産主義思想と共産党が非合法化され、ソ連時代が全否定され、それに代わってウクライナ史の独特の理解が国家イデオロギーになった。

共産党については、二〇一四年五月、トゥルチノフ大統領代行が、ウクライナ共産党が南東地域の分離運動に活発に参加していることを問題にし、政党として禁止する裁判手続きを始めると発表した。安全保障会議は、共産党を禁止するだけでなく、一部党員の刑事責任を問う可能性も示唆した。

七月には、最高会議自身が共産党会派の解散を決議した。共産党は、一〇月の議会選挙で阻止線得票率をとることができず、議会外政党になった。

二〇一五年四月九日、最高会議は脱共産化四法を採択した。そのうち最も問題が大きいのは、「ウクライナにおける共産主義的、ナチス的全体主義を非難し、そのプロパガンダとシンボルを禁止する法」である。これにより、「共産主義体制の犯罪」という歴史認識に疑義を表明することは刑事犯罪になった。ソ連国歌、ウクライナ共和国歌を公に演奏すれば五年から一〇年の懲役に服さなければならない。ちなみに、ウクライナ刑法が定める婦女暴行の量刑は懲役三年から五年である。

二〇一五年一二月、すでに議会外政党になっていた共産党そのものが禁止された。共産党員の一部は訴訟を起こした。露ウ開戦後、共産党は、他の野党と共に完全に禁止された。

二〇一五年以後、脱共産法に基づいて、地名、街路名の変更の嵐が始まった。この音頭を取ったのは、国民記憶研究所であった。この研究所は、ユシチェンコ時代に中央政府の一機関として設置されたが、ヤヌコヴィチ時代に純粋な学術研究所に改組されていた。マイダン革命後に再び国策機関になった。

ポロシェンコ時代は、この研究所のホームページから、地名・街路名変更の例を容易に知ることができた。ロシアを連想させる地名・街路名はすべて変更させられる。私見では、変更の方向性は三つあり、ロシア革命前の旧称に戻すか、ウクライナ文化人の名前にするか、バンデラのようなウクライナ民族史観から見た英雄の名前にするかいずれかであった。

住民の意向がしばしば無視されたという点を除いても、地名変更は不快で滑稽な運動であり、コメディアン時代のゼレンスキーに格好の風刺ネタを提供した。そもそもまともな年金も払えない国が、道路プレートの変更に膨大な予算を費やしていたのである。ゼレンスキー時代になると地名変更は減った。

二〇一六年、キエフ市議会は、脱共産化法に基づいて、モスクワ大通りを「バンデラ大通り」に改称した。一部の社会団体、住民がこれを不服としてキエフ地方裁判所で訴訟を起こし、二〇一九年六月にいったん勝訴した。

†二〇一五年の地方選挙

ソ連継承国の場合、選挙が市民の自発的選択というよりも、票の動員戦という色合いが強いので、与党政治家にとって支配党の建設は重要である。この動員戦の中で、地方行政府は重要な役割を果たす。ウクライナにおいて大統領による知事任命制が維持されてきたのも、大統領が知事・地方行政府という選挙媒体（政党代替物）を失いたくなかったからである。

歴史を振り返れば、クチマは人民民主党という大統領与党を育成しようとしたが成功せず、任期の最後二年間は、ドネツク閥を中核とする地域党に依存した。

ユシチェンコの「われらがウクライナ」は、政権を獲得するまでの挑戦者としては勢いがあったが、与党になった後に地方に根を張ることには失敗した。それどころか、傾向が似通ったティモシェンコの祖国党に票田を食い荒らされてしまった。

ヤヌコヴィチの地域党は、ユシチェンコ政権下、つまり野党時代に百万党になることに成功し、政権獲得後は安定支配党に近づいた。しかし、西部の拒絶反応という地理的限界は克服できず、また、オリガーク間の不和により団結力を失った。

ポロシェンコ・ブロックは、結党後最初の議会選挙（二〇一四年）の比例区で人民戦線に負け、首相職＝政府をヤツェニュクに譲った。翌年の地方選挙で挽回し、地方に支持基盤を広げる必要があった。

完全比例代表制に基づいて行われた二〇一五年一〇月の一斉地方選挙には、すでに不人気になっていた人民戦線が不参加を表明した。このため、二〇一四年に同党に投じられた票は、祖国党、「自由」、ポロシェンコ・ブロックに流れたと推察される。おかげで、祖国党と「自由」

は、前年の惨めな状態から回復した。

人民戦線の不参加のおかげで、マイダン政権の中核であったポロシェンコ・ブロックは、西部では安定的な得票が見込まれた。問題は東部である。旧地域党勢力が解体状態であった前年と違い、野党ブロックがすでに党勢を整えていた。ポロシェンコの東部選挙政策の要点は次の三点であった。

①マイダン派（民族民主派）に期待するのではなく、旧地域党を切り崩すこと。

②ポロシェンコ・ブロックだと東部では受けないので、企業家や自治体指導者を結集して実務家の親大統領政党「われらが地方」を旗揚げすること。

③ドネツク州とルガンスク州のウクライナ支配地域で自治体選挙を断固行うこと（ただし州議会選挙は行えない）。

③につき敷衍すると、両州のウクライナ支配地域の民族民主派は、「うちでは、どうせ野党ブロックが勝ち、旧地域党の復権につながるので、地方選挙を行うな」と要求していた（ただし口実は選挙実施に伴う安全問題）。ポロシェンコはこの意見を拒み、政党制と選挙で東部ウクライナを再統合する姿勢を貫いた。

表2-3は、二二の州議会選挙において、各党がどの州議会で第一党になったかを示している。ポロシェンコ・ブロックが一〇州議会でしか第一党になっていないことは、支配党として

第一党	州				州数
	南東	左岸	右岸	極西部	
野党ブロック	ドニプロペトロウスク、ザポリジャ、ムィコライウ、オデサ、ハルキウ				5
ポロシェンコ・ブロック	ヘルソン	ポルタワ、チェルニヒウ	ジトムィル、キエフ州、キロヴォフラド、チェルカスィ	リヴィウ、リヴネ、チェルノフツィ	10
祖国党		スムィ	ヴィンニツャ		2
「自由」				イワノ・フランキウスカ、テルノピリ	2
地方政党			フメリヌィツカ	トランスカルパチア	2
その他				ヴォルィニ	1

表2-3　2015年州議会選挙結果（第一党による分類）

は不十分であろうが、地理的にはウクライナの諸地方をバランスよく覆っている。

南東六州のうち、ポロシェンコ・ブロックがヘルソンでしか第一党になっておらず、他方、マイダン革命の正統性を認めない野党ブロックが五州で第一党になったことは、国家統合上も危険に感じられるかもしれない。しかし、その五州中四州では、ポロシェンコ・ブロックか、第二大統領党である「われらが地方」が第二党になっているのである。

南東六州で大統領政党がトップ2に入っていないのはドニプロペトロウスク州のみである。ここでは第二党は、地元オリガーク・コロモイスキーの再生党である。

南西以外では、ポロシェンコ・ブロックが第二党である例は、スムィ、ヴィンニツャ、フメリヌィツカ、ヴォルィニ、トランスカルパチア、イワノ・フランキウスカ、テルノピリ七州に及ぶ。このような州では、ポロシェンコ・ブロックは、イデオロギーが近い祖国党、「自由」、地方政党と連立することになるので、影響力の確保はより容易だっただろう。

祖国党は、二州で第一党になったが、このほか五州で第二党になり、復調傾向が顕著である。

地方政党にも注目しよう。トランスカルパチアの地方政党は、統一中道党である。これは元州知事でユシチェンコの大統領府長官だったヴィクトル・バローハの党である。

フメリヌィツカ州の地方政党は「具体的実務のために」という奇妙な党名であるが、これは、地元の企業家・慈善家が自分の慈善事業団体をそのまま政党に転化したからである。この人物は、マイダン革命以前は最高会議議員として地域党に属し、マイダン革命のときに離党し、二〇一九年選挙ではポロシェンコ候補の州代理人を務めた。政治姿勢としては節操がないが、逆に言えば、地方政党を旗揚げできるような政治家は自力で選挙に勝てるので、どんな中央勢力とも組めるのである。

†ポロシェンコの苦境

表2－3が示すように、二〇一五年時点でもウクライナは政治傾向の地理的分化が著しい国であり続けていた。「ロシアがクリミアを併合し、ドンバス戦争が始まったおかげで単一のウ

クライナ国民が生まれた」などと言う人が当時いたが、投票地理はそうなっていない。

そうした政治的両極化の中でも、ポロシェンコ大統領は、マイダン革命の既成事実に依拠しつつも実務的アピールを織り交ぜながら、南東ウクライナばかりでなく、ドンバスのウクライナ支配地域にさえ浸透した。自治体の議会にポロシェンコ・ブロックの会派が生まれ、党員数は増えていた。

しかし、この傾向は、二〇一九年の大統領選挙に向けて発展しなかった。まず、二〇一六年の公共料金大幅値上げが生み出した政権の不人気があった。ヤツェニュクが首相だった頃と違い、野党に移った祖国、自助、急進三党の批判は、大統領のイエスマンであるフロイスマン首相よりもむしろ大統領自身に向けられた。

二〇一五年末、知事の公募制が導入され、ウクライナの支配党建設にとって決定的な意義を持つ大統領の知事任命制が停止された。EUが、ウクライナ市民に対する査証を免除する代わりに、大統領の知事任命権に縛りをかけることを要求したと言われる。知事公募制は、二〇一七年末、大統領選挙を前に敗色濃厚なポロシェンコが強引に任命制を復活するまで続いた。

ちなみに、二〇二一年三月、ゼレンスキー大統領は、知事公募制を再度導入した。彼は強力な支配党を建設することには関心がなかったし、そもそも分権改革の結果として、知事が地方指導者に選挙運動をやらせる力も落ちていた。

二〇一八年には、各種世論調査は、翌年におけるポロシェンコ大統領再選の可能性について悲観的な見通しを発表していた。決選投票に進むのはティモシェンコと南東野党のボイコであろうとの予測さえあった。

唯一、ポロシェンコが再選されるシナリオは、親欧米的、民族主義的アピールでティモシェンコから票を奪い、なんとか決選投票に進んでボイコと対決することだった。クリミアとドンバスを失ったウクライナでは、ボイコとポロシェンコが対決すればポロシェンコが勝つ可能性が高かった。

†「軍、言語、信仰」

ティモシェンコから票を奪うため、大統領選挙の半年前(二〇一八年九月)、ポロシェンコは「軍、言語、信仰」運動を始めた。彼は議会に向けた教書演説で次のように述べた。

「軍、言語、信仰――これらはスローガンではない。これらは、現在のウクライナのアイデンティティの公式化である。軍は我々の土地を守る。言語は我々の心を守る。教会は我々の魂を守るのである」。

国民が貧困に苛立っているときに政治家がアイデンティティ政治ばかりやっていると大変なことになるということが本章の基本思想だが、それがこの一節に(悪い例として)見事に表現されている。それにしても、「一つのウクライナ」を掛詞に任期を始めた大統領が、なんと遠くまで来てしまったことか。

もちろん、「軍、言語、信仰」は、パッケージとして打ち出されたのが二〇一八年九月というだけで、個々の政策としては長い歴史を持っている。

ポロシェンコからゼレンスキーに継承される言語政策は、ヤヌコヴィチ時代、二〇一二年に採択された「国家言語政策の基礎に関する」法の否定の上に成り立っている。この法は、あるリージョンで人口の一〇%以上が母語として認める言語は、そのリージョンにおいては、法が定める領域において国家語（ウクライナ語）と同等に使用されてよいと定めた。

ウクライナ二七リージョン中一三リージョンのロシア語、トランスカルパチアのハンガリー語、チェルノフツィ州のルーマニア語がこのステータスを享受できる。

この二〇一二年言語法は、採択と同時に、「ウクライナ語を唯一の国家語とする憲法に反している」としてウクライナ民族派の激しい批判を浴びた。

二〇一四年にマイダン革命が成就すると、最高会議が最初にやった仕事のひとつは、二〇一二年言語法を廃止することだった（二月二三日に廃止）。しかし、そんなことをすれば南東地域の分離主義をいっそう燃え上がらせてしまうことは目に見えていた。欧州からの助言も受けて、トゥルチノフ議長は、二〇一二年言語法廃止の決議に署名することを拒否した。

しかし、同年中には憲法裁判所が二〇一二年法の合憲性を審査し始め、二〇一八年には違憲判決が出た。

二〇一二年法に替わって、二〇一九年四月二五日に最高会議が採択した「国家語としてのウクライナ語の使用の保障に関する」法は、国家行政、選挙と政治、マスコミ、教育、科学、文化、広告、サービスなど社会生活の三〇以上の領域にわたって、ウクライナ語使用をほぼ義務付けた。ただし、すぐにこれを実現するのは無理なので、分野ごとに最長二〇三〇年までの移行措置が定められた。

二〇一四年に選挙された、マイダン派が圧倒的に強い議会だったので、新言語法への反対は三八票しかなかったが（うち三二票は野党ブロック）、南東部の小選挙区選出の議員にとっては、賛成はしたくない法案だっただろう。所属議員の賛成投票率が高い順に並べると、急進党（一〇〇％）、自助党（八四・〇％）、人民戦線（八二・五％）、祖国党（八〇・〇％）、ポロシェンコ・ブロック（七八・五％）であった。なお、再生党（コロモイスキー）議員のうち一六・七％しか賛成しなかった。

新言語法は、ロシアだけでなくハンガリーからも強い批判を呼んだ。露ウ戦争が始まってからハンガリーがウクライナに対して同情的でないのは、ウクライナ国内のハンガリー系マイノリティの人権状況に腹を立てているからである。

ルーマニア政府は、安全保障を優先して（黒海をＮＡＴＯの海にするためには、ウクライナにクリミアを奪還してもらわなければならない）、ウクライナのルーマニア語話者の運命にあまり言及しないが、ルーマニアの右派やインテリは、ウクライナの言語政策に憤りを隠さない。

†ウクライナにおける正教会の統一問題

独立後のウクライナには、①ロシア正教会内の自治教会としてのウクライナ正教会、②ロシア革命時にロシア正教会から独立宣言したウクライナ独立正教会、③ソ連崩壊後にロシア正教会から分裂したキエフ総主教座——という三つの正教会があった。

ウクライナ民族主義者は、①はロシアの手先とみなしている。しかし、正教においては、母教会の承認を受けないままに一方的に教会独立宣言すると、使徒継承性が絶たれるため偽教会になってしまう。つまりウクライナには、合法的（canonical）だがロシア正教会から完全には自立していない①と、独立を自称しているが教会法上の地位を持たない②③しかなかったのである。

ロシア正教会が将来的にウクライナ正教会の独立（autocephaly）を承認するとすれば、単に①の独立を承認するだけだから、②③の合法化は、たとえ一世紀待っても無理である。

そこでウクライナの民族主義政権（ユシチェンコ政権、のちポロシェンコ政権）は、コンスタンチノープル世界総主教座の権威を借りて、②と③を合同させ、しかも合法化する政策を追求するようになった。

なぜそんなことが可能かと言えば、単にコンスタンチノープル世界総主教座が正教のリーダー的な存在だからではない。一七世紀までは、こんにちのウクライナに該当する地域は世界総主教座の管轄下にあったからである。

モスクワ国家は、一七世紀中葉のコサック反乱を応援して、ポーランドからキエフと左岸ウクライナを獲得した。その後、正教会の管轄も変えるため、左岸コサックの統領とモスクワ大公が、オスマンのスルタンにロビー活動した。その結果、一六八六年、コンスタンチノープル世界総主教が、キエフ府主教（管轄領域は西ルーシ、こんにちでいうリトアニア、ベラルーシ、ウクライナ）をモスクワ総主教座の管轄下に移すという証書を発した。

二〇世紀に入ると、世界総主教は、一六八六年の証書は教会法に違反していたので無効である、したがって自分には西ルーシの教会管轄権はまだあると主張するようになった。この認識から、世界総主教は、一九二四年には、ポーランド正教会のロシア正教会からの独立を認めるトモス（布告）を出し、二〇一九年には、ウクライナの民族派正教会を合法化するトモスを出したのである（文献24）。

しかし、カルケドン公会議（四五一年）カノン一七は、主教間で教区の移管があった際に、不利益を受けた側が三〇年以内に抗議しなければ、その移管は抗弁されえないものになるとしている。教会法は、いわば時効取得を認めているのである。

私は寡聞にして、世界総主教座やウクライナの民族派教会が自分の主張とカルケドン公会議カノン一七の間の矛盾を説明する資料を見たことがない。

†民族派正教会の合法化

二〇一八年一二月一五日、キエフのソフィア大聖堂において、バーソロミュー世界総主教とポロシェンコ大統領は「統一会議」を開催した。ここでキエフ総主教座とウクライナ独立正教会は自己清算して、ウクライナ正教会(OCU)を旗揚げした。この会議は、弱冠三九歳のエピファニー(ドゥメンコ)を首座主教に選んだ。老舗のウクライナ正教会の百人近い高位聖職者のうち、「統一会議」に合流したのは二名のみであった。

翌一九年一月六日、世界総主教座は、OCUの独立を認めるトモスを発した。と言っても、このトモスはOCUの首座主教を世界総主教座の府主教職にとどめ置いた。OCU主教の叙任には世界総主教の按手《あんしゅ》が必要とされ、機密(教会儀式)に不可欠な聖油をOCUが自力で生産することも許されず、世界総主教座から供給されることになった。

ウクライナ独立正教会やキエフ総主教座が海外に持っていた教区は、世界総主教座の管轄下に移された。世界総主教座は、突如として金持ち教会になった。

同月一七日にウクライナ議会が採択した法により、教区民の三分の二の署名によって、当該教区はウクライナ正教会からOCUに移籍できることになった。早速、全国各地の郡・市国家行政府が署名運動を展開した。その際、「あなたはキリスト教徒ですか」、「教会に通っていますか」といった無粋な質問はしなかったので、毎週教会に通っている熱心な正教徒の憤激を買うことになった。

ウクライナ正教会からOCUに教区が移るという現象は、ゼレンスキー政権下では沈静化した。トモス後の一年間で約六〇〇の教区がウクライナ正教会からOCUに移ったが、二〇二〇年にはそれが五教区にまで減ったという。

こうしてウクライナ正教会は、世俗権力による迫害を耐え抜いたかに見えたが、プーチンが侵略戦争を開始したことで、さらに激しい迫害にさらされることになった。

†露ウ開戦後のウクライナ正教会

露ウ戦争下のウクライナ正教会が経験している弾圧や苦境については、高橋沙奈美『迷えるウクライナ』（扶桑社新書、二〇二三年）を参照されたい。これは非常に優れた研究である。ここで指摘したいのは四点である。

①ウクライナ正教会首座主教のオヌフリー（ベレゾフスキー）府主教は、開戦当日、祖国支持を表明し、キリル（グンジャエフ）モスクワ総主教に対しては戦争に反対するよう、プーチンに対しては攻撃停止するよう要求した。

②プーチンが戦争を始めたことよりも、キリル総主教がプーチンを擁護し、戦争を礼賛したことの方が、ウクライナ正教会への打撃は大きかった。ロシア正教会の高位聖職者の中にも、イラリオン（アルフェエフ）府主教・教会間関係局長のように戦争礼賛しなかった人もいたが、彼は解任されてブダペストに左遷された。

③二〇二二年五月二七日、ウクライナ正教会は公会を開いて、ウクライナ正教会がロシア正教会からの「完全な独立と自律性を有している」ことを明確にする規約改正をすることが決定された。しかし、これはゼレンスキー政権の弾圧を和らげなかった。

④二〇一四年にロシアがクリミアを併合した後も、ドンバスで分離政体が成立した後も、モスクワ総主教座は、クリミアやドンバスの主教座をキエフ府主教座（ウクライナ正教会）の管轄下に残していた。つまり、ロシア正教会の構造上は、クリミアやドンバスはウクライナであり続けていたのである。しかし、開戦後、キエフ府主教座は、クリミアの三主教座に対し、モスクワ総主教座管轄下に移る判断の自由を与えた。ドンバスに対しても同じ措置が取られるだろうと予想されている。

†野党ブロックの盛衰

ポロシェンコ政権末期の国民分断的な政策の効果を測ることは難しい。ポロシェンコは、国民分断的な選挙運動がユシチェンコ大統領を救ってくれなかった一〇年前の教訓を忘れたのか。それとも、マイダン革命、クリミアとドンバスの離脱がウクライナ政治の人口構造を変えてくれたおかげで、自分の政策だけはうまくいくと思ったのか。

ポロシェンコの誤算は、最大ライバルがティモシェンコではなく、ゼレンスキーになったことである。ポロシェンコが分断政治を演出すればするほど、それに嫌悪を感じる有権者の票は、ゼレンスキーに向かった。

しかし、第一回投票でゼレンスキーに粉砕されたのは、ゼレンスキーに政策が近い南東野党であった。

野党ブロックは、二〇一五年の地方選挙において南東地域での底力を見せつけた。この年には脱共産法により共産党が禁止されたので、それまでの左翼票が野党ブロックに流入したかもしれない。

野党ブロックは、メディア使用において革新的だった。「NewsOne」、「112」などの南東野党系ニュース専門局が現れ、ユーチューブで二四時間ニュースや討論番組を垂れ流しにした。

私の記憶では、ウクライナの野党が始めたメディア革新を、ロシアやウクライナの体制派メディアが追ったのである。

二〇一六年から一八年頃までのNewsOneは本当に面白かった。政府系のテレビが大本営発表で視聴率も低いので、相当の右翼論客でもむしろNewsOneに出演したがった。当時、ウクライナ市民の生活は苦しく、汚職は蔓延、ドンバス和平の見込みもないという条件下、政権批判のネタには事欠かなかった。

南東野党のエヴゲーニー・ムラエフ、ワヂム・ラビノヴィチ、ユーリー・ボイコなどは、雄弁でテレビ映えのする政治家で、メディアでの勢いだけを見ていれば、この政治家たちが二〇一九年にポロシェンコを退治するだろうという気にさせられた。

ロシア大統領府が二〇一九年まではミンスク合意を実施しよう（ドンバスをウクライナに押し戻そう）としていたのは、ウクライナのテレビを見て南東野党の力を過大評価していたからではないだろうか。

二〇二一年二月、ゼレンスキー政権は、NewsOne、112など野党系テレビ局三局の放送免許を剝奪した。当時の日本のマスコミは、ロシアのナヴァリヌィ逮捕で大騒ぎしていたが、それを上回るこの言論弾圧は全く報道されなかった。

ムラエフの「ナーシ（我々）」がウクライナに残された唯一の野党系テレビ局となったが、露ウ戦争の直前（二〇二二年二月）、同局の放送免許も剝奪された。

大統領選挙直前の二〇一八年一一―一二月、野党ブロックは、リョヴォチキン、ボイコなどのガス・トランジット派と、ムラエフ、オレクサンドル・ヴィルクル、ワヂム・ノヴィンスキーなどのアフメトフ派に分裂してしまった。前者は、ラビノヴィチやヴィクトル・メドヴェドチュクと合流して、「生活のための野党プラットフォーム」（以下、生活党）を結成した。

南東野党から二人の候補が立ったのでは、第一回投票も通過することはできないだろうと支持者さえ思った。彼らは白けてしまい、ゼレンスキーに票が流れたと思われる。

野党ブロック残部よりも生活党の方が親露的であり、大統領選挙第一回投票の直前、同党候補であったボイコがモスクワを訪問してメドヴェジェフ首相と会い、ロシアからウクライナへのガスの直接輸出と大幅値下げを約束してもらった。しかし、このようなロシアの応援も、選挙戦の行方には影響を及ぼさなかった。

†ゼレンスキー旋風

ゼレンスキーは、一九七八年、ドニプロペトロウスク州の工業都市クリヴィーリフに生まれた。子供の頃から大志はあったようだが、自分の父親が教授をしているキエフ経済大学クリヴィーリフ分校に入学した。KVNというソ連圏で盛んな学生グループ・コントで才能を開花させ、ほぼモスクワに住んで旧ソ連中を巡業していた。

そのまま俳優になり、KVN以来の「九五番地」という劇団を率いた。テレビ局のインテル（フィルタシュ）や1＋1（コロモイスキー）に出演するだけでなく、番組のプロデューサーも兼ねた。

当たり役として、二〇一〇年代の後半に、『公僕』というテレビドラマを三シーズン提供した。これは、普通の高校教師がウクライナ大統領になるという設定で、『スミス都へ行く』（一九三九年）の現代版である。ネットフリックスで世界に配信され、劇場版も作られた。

このドラマを地で行っているのが、二〇一八年以後のゼレンスキーの人生である。彼の政党の名は、ドラマの題から来ている。なお、彼は単なる俳優ではなく、かなりの実業家である。

ゼレンスキーを大統領候補として引っ張り出したのは、ポロシェンコと対立して国際的に迫害されたドニプロ・オリガークのコロモイスキーと言われる。ゼレンスキーの選挙綱領は、「ロシア語話者の権利」から「ミンスク合意の見直し」まで、人気が出そうなスローガンの羅列であった。

第一回投票の得票は、ゼレンスキーが三〇・二四％、ポロシェンコが一五・九五％、ティモシェンコが一三・四〇％、ボイコが一一・六八％であった。第一回投票の結果を見る限りでは、さほど異常ではない。決選投票に現職のポロシェンコが進んだことがゼレンスキーに顕著に有利に働き、得票率七三・二％という驚異的数字を生んだのである。

第一回投票の地理を見ると、ポロシェンコがハルィチナと（例によって自分の工場がある）ヴィンニツャ州の一部でトップをとっている。ティモシェンコは、ハルィチナとヴォルィニの一部、チェルニヒウ州の一部でトップである。ボイコは、ドンバスのウクライナ支配地域全域、ハルキウ州とオデサ州の一部でトップである。それ以外の全地域でゼレンスキーがトップ得票である。

地図を見る限りでは、東西対立が維持される一方、一九九一年大統領選の「ハルィチナの突出」（前出）も思い出させる。

†大統領と首相

大統領に就任するとすぐに、ゼレンスキーは、議会多数派連合は二〇一六年以来存在していないと主張して最高会議を解散した。議会選は七月二一日に並立制の下行われ、公僕党二五四議席、生活党四三議席、祖国党二六議席、欧州連帯（ポロシェンコ）二五議席という結果だった。こうして、独立ウクライナ史上初めて単独過半数政党が生まれた。そのため連合政治は必要なくなった。

二〇〇四年憲法によれば、議会過半数の支持を失わない限り、大統領と政治傾向が違っても首相職を続けることができる。したがって、ポロシェンコから任命されていたフロイスマンは、しばらくは首相であり続けた。彼も新党を結成して議会選に臨んだが、無議席に終わった。

二〇一九年八月、ゼレンスキーは、弁護士だったオレクシー・ホンチャルクを首相に任命した。彼は、数カ月間仕事らしい仕事もしなかった。翌年の一月には、ホンチャルクが、財務大臣と国立銀行総裁との会談（ロシア語）において、「自分は経済について冒瀆的に無知（profane)」と開き直り、ゼレンスキーの経済認識についてはもっとひどい言葉で表現した盗聴データがリークされた。

ホンチャルクは辞任し、アフメトフ系の企業の経営者だったデニス・シュミハリが後任に任命された。

ユーロマイダン革命の公式目標のひとつは、大統領議会制憲法を改正して首相大統領制（二〇〇四年憲法）に戻ることだった。しかし、ポロシェンコ、ゼレンスキー下では、大統領議会制的な制度運用がなされている。具体的には、①大統領が首相を指名し、議会は承認するのみである。②大統領は政治課題、首相は経済という大統領議会制的な分業が成立している。③大統領は首相を解任してトカゲの尻尾切りをする。

†分権改革と二〇二〇年地方選挙

戦争が始まるまでのゼレンスキー政権は実績も乏しく支持率もどんどん下がっていた。唯一、目立った実績といえば、分権改革であった。

一九九〇年代、ポスト・ソヴェトの地方制度改革の中で、ロシアやリトアニアが市と郡を地方自治体としたのに対し、ウクライナは基層自治体（市・町・行政村）を自治体とした。ウクライナの郡議会、州議会は執行機関を持たず、郡・州国家行政府がその役割を代行した。

基層自治体（特に町村）を自治体とするのなら、それらは人口的、財政的に一定の規模を持っていなければならないはずである。ところが二〇一四年のウクライナの下層行政単位の平均人口は、一三七二人であった。自治体を形成するためには、これは明らかに少ない。

これは中欧諸国にも共通する問題であった。中欧諸国は、郡・県・州に広域自治体を再導入することによって、基層自治体が極端に小さいことの弊害を和らげた。ウクライナは、郡の自治体化よりも町村合併を選んだ。

町村合併法案は、ユシチェンコ政権下でも、ヤヌコヴィチ政権下でも検討された。ユーロマイダン政権は、過去検討された法案を借用したのである。

実際の町村合併に着手したのはポロシェンコ政権だったが、最初は自発的合併が追求された。

合併に刺激を与えるために二〇一四年末に財政構造が分権化された。予算・租税法典が改正され、合併した町村は、所得税収入の六〇％を受け取ることができるとされた。そのほか、町・村の社会発展計画に、中央政府が予算を直接配分できるようになった。言い換えれば、州・郡は迂回されるようになったのである。

財政分権化の結果、地方歳入は二〇一四年の六八六億フリヴナから二〇一八年の約二〇〇〇億フリヴナへ増大した。地方自治体の財政に占める地方税率は、〇・七％から二六・一％へ増大した。

ゼレンスキー大統領になると、二〇〇〇年地方選挙を期限として、義務的合併が断行された。自治体数は、改革前の約一二〇〇〇から一四七〇に激減した。歴史的に言えば、フルシチョフが行った郡合併以前の小規模郡が復活したようなものだった。

基層自治体が大きくなったので、それを統括する郡も合併・巨大化しなければならなかった。郡議会数は四九〇から一三六へと激減した（文献25）。こちらは、帝政期の（ソ連期よりもずっと巨大だった）郡が復活したようなものである。

他方、中欧諸国のように、州・郡議会に自前の執行機関を持たせて自治体化する改革も提案されたが、こちらは実現されなかった。独立後のウクライナで分権改革と言えば、町村合併よりもむしろ州・郡の自治体化が意図されることが多かったのだが、マイダン革命後は逆転したのである。

町村合併が完遂された後では、そもそも州、郡自体が行政上の意義を相当失っているので、それらを民主的に改革する意味もあまりなくなったのである。

†市長党の時代

独立以来のウクライナ恩顧政治は、大統領が知事へ、知事が郡長・市長へと資源を分配しつつ、その代償として、下位の指導者が上位指導者のために票を動員することで成り立っていた。マイダン革命以後の分権改革のおかげで、基層自治体が財政および人事における自主性を獲得した。特に力を増したのは、州都市長であった。かつての州知事や郡長に替わって、州都市長がウクライナ恩顧政治の要になった。

州都市長たちは、二〇一五年と二〇二〇年の地方選挙において、自分の地方政党を作った。ハルキウ市長ケルネスが作った「ケルネス・ブロック」、オデサ市長ヘンナージー・トゥルハノフが作った実務信頼党などが有名である。イデオロギーとは無縁の、典型的な恩顧政党ばかりである。

二〇一五年地方選挙で野党ブロックから当選した議員の会派も、全国的な与野党対決から距離を置くために、純地域内的な会派に改称する例もあった。

二〇二〇年地方選挙においては、市長党はさらに力を増して、市議会選挙で過半数を押さえるだけでなく、しばしば州議会にも進出した。しかし、たとえ市長党が州議会第一党になっても、州議会議長職は公僕党に譲る場合もあった。ゼレンスキーの顔を潰して、中央から予算が来なくなると困るからである。

大串敦は、ウクライナの政治体制の以上のような変化を、マイダン革命前の「求心的多頭競合体制」から革命後の「中央・地方遊離型ポピュリスト体制」へとまとめている。

†本章のまとめ

ウクライナの現代史を概観すると、社会を分断し、紛争を暴力化しようとする力と、具体的な争点に取り組み、紛争のイデオロギー化を避けようとする力の相克であったという印象を受ける。

ウクライナの最大問題は経済の後退であり、そこから様々な社会問題が生まれている。しかし、そこに目を向けず、「正しい」地政学的選択をすれば、経済危機も汚職も宗教問題も憲法問題も一挙に解決すると信じている人々がいる。

錯綜して相互に相殺していた争点軸が地政学的対立に一元化され、非常に危険な社会状況がユーロマイダン革命の前夜には現出していた。

政治亀裂の地政学化に、暴力という第二のファクターが加わる。それは、情勢を人工的に不安定化するための暴力であるかもしれないし、敵対者を怖気づかせるための暴力であるかもしれない。

「スナイパー虐殺やオデサ労働組合放火事件は、ドンバス戦争や露ウ戦争の暴力に比べればたいしたことはないではないか。昔の小さな暴力になぜそんなにこだわるのか」と言う人もいるかもしれない。私は、一つ一つの暴力事件を事実解明せず、司法的な決着をつけないから、暴力規模が等比数列的に大きくなってきたと思う。

他方では、紛争のイデオロギー化を避け、現にある問題に目を向けようとする力学も存在する。ウクライナの有権者が、二〇一四年にポロシェンコ、二〇一九年にゼレンスキーに投票したのは、それぞれが対立候補よりも穏健で現実的だと思われたからだった。

実際に、ゼレンスキー政権の初期には、地名変更運動やウクライナ正教会への迫害が止められ、ユーロマイダン革命関連事件の捜査が始まった。残念ながら、これらの流れは長続きしなかった。

分権改革の中で市長党が成長し、指導者の実務能力が強調されたのも、一方では単に地方恩顧政治を正当化するためだが、他方では、イデオロギーの衝突で統治が混乱し、ライフラインが最終的に破壊されることを防ごうとする国家理性の現れだった。

分権改革で、新幹線建設のような全国家的なインフラ整備はなくなったが、露ウ戦争前でも、ウクライナはそれどころではなかったのである。

第三章

「クリミアの春」とその後

二〇一四年以降のウクライナ危機の源泉は、クリミアとドンバスの分離紛争である。本章ではクリミアを、次章ではドネツク州を扱う。両地間の分離主義の性格は一様ではない。

①ウクライナRSRに帰属した長さが違う。クリミアは一九五四年にロシアSFSRからウクライナRSRに移されたが、ソ連のウクライナ東部で露・ウ共和国間の境界線が確定されたのは一九二八年であった。

②ドネツク州は人口でウクライナの十分の一、地域総生産で四分の一を占めた。この比重ゆえに、ドネツクのエリートはウクライナから分離するよりも、ウクライナの全国政治に積極的に進出することで自分の発言力を強めようとした。クリミアのリージョナリズムはより遠心的だった。クリミアにおいては、二〇一四年のマイダン革命がもともとあった分離主義に再点火したのである。

③ドネツク人は、ドネツク工業の収益をウクライナ中央政府が吸い上げ、それを西部ウクライナへの補助金に使っていると考えていた。ドネツクにも、ロシアに移りたいと願うコアな住民グループがいたのは事実だが、それはだいたい住民の二割程度で、大多数は、ウクライナが連邦化され、中央政府がドネツク州を収奪することをやめるのならば、ウクライナに残ってもよいと考えていた。

④クリミアではロシア帰属願望の強さにおいて社会階層間の違いはなかったのに対し、ドネ

ツクではオリガーク層のウクライナ帰属意識が強かった。これは愛国心云々とは関係がなく、ウクライナ分離などして非承認地域になれば、国際貿易からも国際決済からも排除されて、企業経営が成り立たなくなるからである。

社会階層間でウクライナ国家への忠誠心の強さが違ったということは、庶民の親露志向が社会矛盾への不満と結びつき、彼らが政治の前面に出てくれば、分離主義が一気に強まることを暗示していた。

⑤民族籍がウクライナ人である人々の多数派がロシア語話者なのはドンバスとクリミアで同じだが、クリミアの方がその程度が著しい。クリミアでは、ロシア人とウクライナ人を区別しない「スラブ人」という集団名がよく使われる。これは、言語状況と合わせ、クリミア多数派住民にとっての「他者」がクリミア・タタールであったことの反映である。

1 二〇〇九年以前のクリミア

†諸帝国の真珠

クリミアの面積は約二万七〇〇〇平方キロメートルである。クリミアは、ウクライナ時代もロシア編入後もクリミア自治共和国とセヴァストポリ市の二つの行政単位からなり、ウクライナやロシアで「クリミア」というと、この二つを合わせたクリミア半島全体を指すことが多い。しかし、セヴァストポリ市を特に扱わない本書では、特に注記がない限り、「クリミア」はクリミア自治共和国を指すものとする。

二〇二一年時点での人口は、クリミア自治共和国が約一九三万人弱、セヴァストポリ市が約五五万人である。

クリミアは温暖だが、植生的には南ウクライナのステップ地帯に属す。年間降雨量は三五〇―四五〇ミリメートルにすぎず、農業を発達させるためには灌漑に力を入れなければならない。

古代ギリシア人は、クリミアにフェオドシヤやヘルソネス（今のシンフェロポリ）などの植民都市を建設した。その後、スキタイなどイラン系遊牧民支配を経て、紀元後にはローマ帝国の版図に入った。ローマ帝国が衰えると、クリミア半島はゴート人やフン族などの民族大移動の通過点となり、やがてビザンツ帝国とユダヤ系のハザールの間の係争地になった。

八世紀にこの二大勢力が衰えると、オペラ『イーゴリ大公』で有名なポロヴェッツなど遊牧民が再び黒海北岸を支配するようになり、一三世紀にはモンゴルに席巻された。モンゴル支配下で旧来・新参の住民が融合して、クリミア・タタールの原型が形成されたと言われる。

このようにビザンツ帝国が後退した後の黒海北岸は遊牧民世界であり、キエフ・ルーシやリトアニア大公国の支配はそこまで届かなかった。しかし、十字軍の後に欧州勢力が地中海の制海権を回復すると黒海にも進出し、ジェノア人やヴェニス人がクリミアの沿岸部に拠点を作って交易した。

一五世紀、モンゴル系のキプチャク・ハン国（金帳汗国）は、カザン、アストラハン、シベリア、クリミアの諸ハン国に分裂した。このうち前三者は一世紀くらいしか存続できず、一六世紀後半にロシアに次々に征服されてしまった。しかし、バフチサライを首都にしたクリミア・ハン国だけは、ロシアとも激しく競いあい、一八世紀にロシア帝国に征服されるまで続いた。黒海北岸がそれだけ遊牧世界の中核的な地域だったということと並んで、クリミア・ハン国がオスマン帝国の庇護下にあったことが大きかった。

エカテリーナ二世は、露土戦争でオスマン帝国を破り、一七七四年のクチュク・カイナルジ条約で、クリミア・ハン国への宗主権をオスマン帝国に放棄させた。ロシア帝国は、さらなる南下と黒海艦隊の建設を進め、一七八三年、ついにクリミアを併合した。併合後、クリミアの多くのムスリムはオスマン帝国領に移住してしまったが、このときクリミアに踏みとどまった先住民の子孫がクリミア・タタールである。チュルク語族であり、イスラームのハナフィー法学派に属する。

一九世紀初頭の行政区画改革で、クリミア半島と大陸部（こんにちのヘルソン州とザポリジャ州の南部）をあわせてタウリーダ県が成立した。

ロシア革命後の内戦期、クリミアは白衛軍（デニキン・ウランゲリ軍）の最後の拠点になった。ソ連の成立後、クリミアはロシア・ソヴェト連邦社会主義共和国（ロシアSFSR）内の自治共和国（クリミア・自治ソヴェト社会主義共和国、クリミアASSR）になった。ロシアSFSRの本体部分とは陸上で接していなかった飛び地であった。なお、帝政期のタウリーダ県とは異なって、クリミアASSRの領域は半島部のみとなった。

第二次世界大戦中、クリミアはソ連とナチス・ドイツの間で激戦地になった。クリミアのドイツ人は開戦直後に強制移住させられていたが、解放後、占領中にドイツ軍に協力したとして、クリミア・タタール、ギリシア人、アルメニア人、ブルガリア人が強制移住させられた。基幹民族であるクリミア・タタールを失ったため、一九四五年、クリミアASSRは、ただの州に格下げされた。

一九五四年、政権を獲得して間もないニキータ・フルシチョフのソ連指導部は、ロシアとウクライナ・コサックの合同を決めた一六五四年ペレヤスラフ条約三〇〇周年を祝賀して、クリミアの帰属をロシアSFSRからウクライナ・ソヴェト社会主義共和国（ウクライナRSR）に移すことを決めた。これは一九五四年二月五日のソ連最高会議幹部会決定として実行され、周知の通り、その後の火種になった。

クリミアの移管に批判的な人々は、その理由を、フルシチョフがウクライナRSRにおもねるポピュリズムだったと考える。他方、飛び地は一般に経済政策上の障害になるので、クリミアをロシアSFSRの飛び地でなくしたことは合理的だったと考える人もいる。

クリミア人の多くは、ソ連の一九六〇—七〇年代がクリミアの黄金時代だったと考えている。当時のクリミアは、国を代表する観光・保養地だった。アメリカのハワイにあたるものは、ソ連ではクリミアであった。クリミアはしばしばソ連映画の舞台になり、観光シーズンになると映画祭、音楽祭、歌謡祭が開催され、ソ連の大衆文化の震源地の一つになった。

ただし社会主義は「観光業だけでも食っていける」という考え方を嫌った。セヴァストポリ軍港を抱えるクリミアでは軍需産業も発達し、観光業には有害なはずの化学工業さえ導入された。

ソ連は巨大灌漑施設を作るのは得意だったので、天水の不足を克服して、クリミアでは農業も盛んだった。それら水利施設の多くは、今日では廃墟となり、無残な姿をさらしている。

ポスト社会主義のクリミア経済の落ち込みはウクライナ全体よりも著しかった。そこから、「ロシアに帰りたい、ロシアに帰れば昔の繁栄が戻ってくる」という素朴な願望が生まれた。

以上に見たように、クリミアなどというと世界の辺境だと日本人は考えがちだが、クリミアの歴史は、古代ギリシア、スキタイ、ローマ帝国、ビザンツ帝国、モンゴル、ジェノア、ヴェニス、オスマン帝国、ソ連、ナチス・ドイツなど、そのときどきのヨーロッパや中東やユーラシアの覇者が、この地を欲しがったことを示している。

二〇一四年以降、ロシアはケルチ海峡に橋を架け、シンフェロポリに空港、病院、金曜モスクを建て、クリミアに湯水のように金を注ぎ込んできた。クリミア人はそれに感謝しつつも、内心では「それが当たり前」と思っているように感じる。

クリミア人が住民投票でロシア編入を支持した直後、私はウクライナのリベラルな（民族主義的でない）友人に、「タタルスタンの分離主義を抑え込むのに、エリツィンやプーチンがどれだけ気を遣ったか知らないのか。同じ一九九〇年代のクリミアの分離主義を克服するのに、クチマ大統領らのやり方は工夫を欠いていたのではないか」と尋ねた。

彼は、「タタルスタンは石油を産出し産業も発達し、ロシアの国庫に貢献しているのだから、気を遣うのは当たり前だ。補助金受給地域のクリミアを、なぜロシアがタタルスタンを扱うように扱わなければならないのか」と答えた。正論だが、これではウクライナがクリミアに愛されるのは難しいのではなかろうか。金を使う覚悟がない、またはそもそも金がないのなら、真珠のように扱われて当たり前と思っている異性を口説くべきではないだろう。

ただし後に述べるように、クリミア住民の大半がロシアに移ると決めた動機は経済的なものではなく、自分自身の安全への配慮である。

†クリミア自治共和国の復活

ウクライナがソ連からの分離傾向を強める中、クリミアは、一九四四年に失った自治共和国の地位を回復しようとした。一九八九年一〇月にウクライナ最高会議が採択した言語法がウクライナ語のみをウクライナRSRの国家語と定めたため、翌年一月、それまで慎重だったソ連共産党クリミア州委員会も、自治共和国復活を要求することを決めた。

一九九〇年七月、ウクライナ最高会議はウクライナRSRの主権宣言を採択した。これに対抗して、同月、クリミア州ソヴェトに、ソ連共産党クリミア州委員会第二書記のレオニード・グラチを委員長とする、クリミアのステータス問題に関する組織委員会が設置された。その検討結果として、九月、グラチは、住民投票により自治共和国のステータスを回復するのは最低線で、一九五四年のウクライナRSRへのクリミアの移管も再検討する必要があると報告した。

その住民投票は一九九一年一月二〇日に行われ、八一・四%の投票率で有効投票の九三・三%が、「ソ連の連邦主体として、また連邦条約参加主体として」クリミア自治共和国の復活を支持した。ここで、新しいクリミアをウクライナRSRの構成主体ではなく、「ソ連の構成主体」と定義しているところがミソである。

クリミアの州への格下げは、クリミアがまだロシアSFSRに帰属していた時代の出来事なので、この投票結果はウクライナとロシア双方の共和国最高会議に送られた。

この住民投票内容に反対したのは、クリミア・タタールとクリミア人民戦線（いわゆる民主派）であった。クリミア・タタールは、自分たちが自治共和国の基幹民族と規定されていないことに不満だった。実際、この時点での住民投票は、クリミア・タタールが強制移住先の中央アジアから帰還して、これ以上人口比率を増やす前に、民族的にはニュートラルな自治共和国を作ってしまうことも狙いとしていたのだった。

クリミア人民戦線は、ウクライナの民族民主団体ルフよりも、ロシアの民主派に近かった。彼らは、ウクライナRSR内でクリミアのステータスを上げるよりも、一九五四年のソ連最高会議幹部会決定を取り消して、クリミアをロシアSFSRに戻すことを要求していた。

ウクライナ最高会議がクリミア自治共和国の復活に同意しないと、クリミア州ソヴェトが「ウクライナRSRを離脱する」だとか「ソ連に残る」だとか言い出すのは目に見えていた。だからクラフチュク・ウクライナRSR最高会議議長は代議員に働きかけて、早くも二月の最高会議でクリミア自治共和国を復活させるウクライナ側の法制を整えた。これにより、クリミアの州ソヴェトはクリミア最高会議に、ソヴェト執行委員会は政府に格上げされた。

このような自制と妥協の精神は、まだソ連があるうちに内戦が起こってしまったカラバフや南オセチアとは大きく異なる。当時のグルジアのガムサフルディア政権であれば、クリミアがやったような住民投票に対しては懲罰隊を派遣していただろう。

クラフチュクとクリミア最高会議議長だったニコライ・バグロフ（一九九一年四月まで州党第一書記を兼任）は、同じウクライナ共産党という政治環境の中で育った同僚だった。バグロフが党職を辞してクリミア最高会議議長に専念すると、より左派的なグラチ党第一書記との間に役割分担が生まれ、それがクリミア最高会議をますます穏健化させた。

†ウクライナの独立と一九九二年クリミア憲法

八月クーデタの失敗後、ウクライナでもソ連共産党は禁止された。クラフチュクはウクライナの独立に舵を切ったが、クリミア最高会議はこれに対して効果的な対策を打ち出せなかった。クリミア最高会議が主に取り上げたのはウクライナとの間の資産分割問題であった。たしかに、ソ連共産党がクリミアに保有していた多数の保養施設は、うかうかしているとキエフの省庁や労組に簒奪されてしまう。

一九九一年一二月一日、ウクライナの独立を問う国民投票と大統領選挙が行われた。クリミアにおける住民投票の投票率は六七・七％、独立支持は有効票の五四・二％であった。全ウクライナの結果が投票率八四・二％、独立支持率九〇・三％だったので、クリミアの世論がかけ離れていることは明白である。

ウクライナの独立とともに、中央政府は集権化政策をとったが、それによって最も大きな被害を被ったのはクリミアだった。一九九二年四月二九日、最高会議は、クリミアの自立性を厳しく制限する「クリミア自治共和国のステータスに関する」法を採択した。クリミア最高会議は、これに対抗して、五月六日にクリミア憲法を採択、そこにおいては、クリミア自治共和国は、「条約と合意に基づいてウクライナ国家に参加する」と規定された。

これに対しウクライナ最高会議では、クリミア議会指導者の刑事責任を問う代議員さえ現れ、クリミア側は折れた。両最高会議の協議の結果、一九九二年九月にはウクライナとクリミアの間の権限分割条約が結ばれ、政府間関係は正常化した。これにあわせて五月に採択されたばかりのクリミア憲法も、クリミアのウクライナ帰属を明確化する方向で修正された。

上記の紛争中、一九九二年五月二一日、ロシア最高会議は、クリミアのウクライナ帰属の法的根拠を否定した。具体的には、クリミアをウクライナRSRに移管した一九五四年二月五日のソ連最高会議決定は、当時のロシアSFSR憲法その他の法に違反していたので、採択時に遡って無効であると決議したのである。ただし、一九九〇年一一月一九日に、当時のロシアSFSRとウクライナRSRが共和国間の行政境界線の不変について協定を締結しているので、この問題についてはクリミア代表も交えて話し合うと同決議は述べた。

つまり、クリミア移管は違法であったが、だからといって一方的にロシアの主権を主張するのではなく、クリミアも交えてウクライナと話し合うという方針を定めたのである。

†一九九四年大統領選挙

一九九三年九月一七日、クリミア最高会議は、翌年一月にクリミア大統領選挙を行うことを決め、選挙法も採択した。過半数を取った候補がいない場合に決選投票を行う社会主義時代以来の二回投票制（フランスの大統領選に似た制度）をやめ、一回の投票で最多得票者が勝つ仕組みにした。

バグロフ最高会議議長は、自分が大統領選で当然勝つと思っていたが、念のため、知名度のある候補に有利な一回投票制にしたのだろう。

同日、最高会議は自らの改選のための選挙法も採択した。ソ連時代の完全小選挙区制を改めた並立制であった。通常の並立制では、小選挙区でも比例区でもマイノリティに不利であるということで、クリミア・タタール組織メジリス（後出）が激しく抗議した。

一〇月、バグロフ議長は妥協し、最高会議選挙では、強制移住の犠牲になった五民族に民族選挙区を導入すること、特にクリミア・タタールには（人口比率からいえば過大な）一四議席を与えることを約束した。民族選挙区を付設するため、最高会議議席数は、当初予定された八〇から九八に増やされた。これは明らかに、三カ月後に迫った大統領選挙でクリミア・タタール票を獲得するための餌であり、スラブ系住民はバグロフに幻滅した。

クリミア最高会議選挙が迫る中、クリミア・タタールの活発化はスラブ系住民の組織化を刺激し、ロシア人政党が複数生まれた。また、八月クーデタ以来の活動禁止を解かれた共産党が、ウクライナ共産党として復活した。ソ連末期にクリミアの党第一書記であったグラチが、再びクリミアの共産主義者のリーダーになった。

一九九四年一月一六日、クリミア大統領選挙が行われた。投票率は七八・九％で、クリミアのロシア編入を主張する勢力の代表であるユーリー・メシュコフが三八・五％得票して当選した。バグロフ最高会議議長は一七・六％、「ロシア党」のセルゲイ・シュヴァイニコフが一三・六％、共産党のグラチが一二・八％得票した。

経済危機への無策、キエフへの妥協的姿勢、クリミア・タタールへの宥和などからバグロフ最高会議議長は負けるという下馬評はあったが、平代議員のメシュコフに二倍以上の差をつけられたのは予想外だった。抗議票がメシュコフに集中したわけだが、決選投票をやっていれば有権者が冷静になって、バグロフが勝っていただろうと考えることはできない。三位のシュヴァイニコフもロシア編入派で、メシュコフと合計すると有効票の五〇％を超えている。明白なロシア編入派でなければ、まず勝てない時代状況だったのである。

二カ月後、三月二七日に行われたクリミア最高議会選挙でも、メシュコフ与党の「ロシア・

ブロック」が九八議席中の五四議席を獲得した。第二勢力は無所属議員で二一議席、共産党二議席、ロシア党とクリミア経済再生党（企業家政党）が一議席ずつとった。そのほかは民族選挙区でそれぞれの民族が自分に割り当てられた議席を獲得しただけだった。クリミアの有権者は、自分の運命をメシュコフに白紙委任したのである。

†メシュコフ時代

一九四五年生まれのメシュコフは、一九七七年にモスクワ大学法学部を卒業後に故郷のクリミアに帰り、警察、検察、南極探検、弁護士と、かなり自由な人生を送ってきた人物である。行政経験は全くないし、一応共産党員だったが、ペレストロイカ以前は政治活動の経験もなかった。

一九九〇年の民主化選挙でクリミア州ソヴェトの代議員になり、自治共和国昇格やロシア編入をめざす運動の中で頭角を現した。政治経験がない割にはすでに五十男で、ペレストロイカ的なプロテスト政治以外のアイデアが湧いてくることもありそうになかった。

彼の与党である「ロシア・ブロック」の代議員も似たり寄ったりで、議員に必要な資質・経歴を欠いた人が多かったと言われる。

大統領に就任してすぐ、メシュコフは、修正前の一九九二年五月九日憲法の復活などについて「諮問的住民投票」を行った。これに対してクラフチュク大統領は、警察はじめクリミアの強制力機構を大統領直属にした。怒ったクリミア最高会議は（ウクライナとの関係を条約的関係とする）一九九二年五月六日憲法を復活した。

メシュコフは、最高会議の過半数を押さえていたにもかかわらず、ロシアから首相と経済閣僚を招いて政府を構成するという奇妙な方針をとった。クリミア人で自分に考えが近い活動家は、自分の潜在的なライバルであると考える傾向が彼にはあったようだ。

組閣時に無視された「ロシア・ブロック」の多数派は、事実上、メシュコフ野党になった。九月には、メシュコフは、最高会議と地方自治体議会の活動を停止する大統領令を出し、実際に議会建物を封鎖した。一〇月にはクリミアのロシア人首相は辞任し、メシュコフと紛争中のクリミア最高会議は、後任首相としてクチマの親戚でもあるアナトーリー・フランチュクを承認した。

それにやや先立って、九月、ウクライナ最高会議は、クリミア法とウクライナ法の間の不一致をすべて解消するようクリミア最高会議に命じていた。これに対しクリミア最高会議は、最終段階を迎えているウクライナの新憲法制定過程にクリミアも参加したいと決議した。ウクライナ最高会議は、そのようなみせかけの恭順では満足せず、一一月、ウクライナ法に反するとみなす四〇のクリミアの法規を廃棄し、そのような違法法規に基づいて導入されていた諸機関への国費支出を停止した。

一九九五年三月一七日、ウクライナ最高会議は、クリミアの五月六日憲法と大統領職をついに廃止した。クリミアの議員も、地方自治体も、住民も、これ以上メシュコフに振り回されるよりは、キエフと関係改善した方がよいと感じていたので、街頭抗議行動は起こらなかった。要するに、一九九〇年代半ばのクリミア分離運動は、キエフに潰されたというよりも自滅したのである。

クリミアにとって不運なことに、一九九四―九五年は、ロシアの支援を頼める時期ではなかった。ロシア最高会議は、エリツィンにより文字通り物理的に潰された後で、在外同胞問題に関心があるロシア共産党が下院選で大勝するのは一九九五年一二月だった。

二〇〇〇年大統領選挙に出馬意欲があったユーリー・ルシュコフ・モスクワ市長が、CIS諸国研究所を旗揚げさせ、特にクリミアと南オセチアに活発に関与し始めたのは一九九六年だった。

つまりメシュコフの反乱は、ロシアでクリミアを支援してくれる勢力が弱体化した空隙に起こったのである。

クリミアのロシア編入運動のイデオローグであるアレクサンドル・フォルマンチュクは、メシュコフの失敗の後は、クリミア人は「ロシアに移るのは諦めてウクライナの中で生きてゆこう」と心から思ったと私に語った。彼によれば、それを変えたのがオレンジ革命だったのである。

メシュコフ時代の混乱は、クリミア人の心に深いトラウマを残した。ソ連末期からクリミアの自主性を高める運動を営々と続け、ついに大統領という自分たちのリーダーを直接選挙できるチャンスを得たときに、全く不適格な人物を選んでしまった。この苦い事実から、クリミア人は自分自身の統治能力をあまり信用しなくなった。

また、クリミア土着の指導者に能力も責任感もないとわかったときに、自分たちでその指導者を更迭するのではなく、キエフ、ドネツク、あるいはモスクワから辣腕官僚を送り込んでもらって事態を正そうとする姿勢も、こののち何度も現れることになる。

†クリミア・タタールとメジリス

ここでやや時代を遡って、クリミア政治の重要アクターであるクリミア・タタールにつき概観しよう。

ペレストロイカが始まると、クリミア・タタールは、強制移住先の中央アジアからクリミアへ、場合によっては無許可で帰還し始めた。

一九九一年一月、クリミアは自治共和国の地位を回復したが、クリミア・タタールは、以前の基幹民族の地位を回復できなかった。実は、このギャップがクリミア・タタールの団体の在り方を規定した。

クリミアが自治共和国の地位を回復した直後の一九九一年六月、クリミア・タタールの第二回クルルタイ（大会）は、獲得しそびれた民族領域自治の代替物、または将来の民族領域自治の祖型として自分たちの民族団体を樹立した。

その執行機関は、大会により選ばれた三三名の委員によって構成され、これはメジリス（会議）と呼ばれた。大会は五年に一回開催され、執行委員と議長を改選しなければならなかった。

メジリスは自分たちを社会団体とは定義しなかったので、ウクライナ法務省に法人登録することもなかった。法人登録しないことで自分を別格化し、クリミア・タタールの別の派閥が第二団体、第三団体を作ることを防ぐという意味もあった。

こうして、メジリスはウクライナにおいて法的根拠を持たない団体になった。ところが中央政府・クリミア政府の双方が、政府が民族問題委員会を作る際の人選、補助金の分配などをメジリスに任せたため、メジリスの狙い通り、メジリスはウクライナの政策過程で半ば公法団体のような役割を果たすようになった。

メジリスの議長は、設立から二〇一三年まではムスタファ・ジェミレフ（一九四三年生）、二〇一三年から一八年までがレファト・チュバロフ（一九五七年生）であった。

ロシア語話者が圧倒的多数であるクリミアにおいては、メジリスの自然な同盟者はウクライナ民族主義者であった。これは、たとえばレバノンにおいて、シーア派が多数派であるスンナ派に対抗するためにしばしばキリスト教徒と同盟するのに似ている。メジリス議長ジェミレフは、ウクライナ民族主義運動ルフの創設者ヴャチェスラフ・チェルノヴィル（故人）の友人であった。いずれもソ連時代、一五年を超える獄中生活を経験した。

ジェミレフもチュバロフも教養があり、信念と威厳をもった人物であったが、メジリスの指導部がウクライナ民族主義者に同調して、ウクライナのNATO加盟を支持したり、ウクライナ大統領選挙でユシチェンコ候補やティモシェンコ候補を支持したりすることは、民族自治団体にあるまじき過度の政治化として、クリミア・タタール内の反対派は批判していた。

たしかに、強制移住先から帰還したばかりのクリミア・タタールにとって、最重要の課題はウクライナをどのような国にするかではなく、自分たちの経済的な生存であり、第二に、帰還者が助け合えるコミュニティの建設であった。

独立したばかりのウクライナは、クリミア・タタールを満足に財政援助することも、彼らの新しい居住地にインフラ建設することもできなかった。クリミア・タタールは、斧一本から始めて、家と村、学校など公共施設を自力で建設していった。動乱が起こった二〇一四年、彼らのクリミア人口比率は一二・六％であった。

†クリミア・ムスリム宗務局

一九九五年、クリミア・タタールはトルコのディヤネトの援助を得て、クリミア・ムフティー局（ムスリム宗務局）を再興した。ディヤネトとは、イスラーム宗務を管理する省相当の国家機関である。公式には正教など他宗教も管理することになっている。

クリミアをオスマン帝国から奪ったロシアは、オスマン帝国のシェイヒュルイスラーム制を真似て、一八三一年にクリミアにムフティー局を設立した。なおロシア帝国においては、ムフティー局はシンフェロポリのほか、ウファ、チフリス＝トビリシに置かれた。これらムフティー局は、ソ連時代の弾圧で機能しなくなっていた上に、クリミアでは信者そのものが強制移住させられた。クリミア・タタールの帰還と共にムフティー局が復活したわけである。

ロシア帝政時代、ソ連時代のムフティー局は国家機関であったが、独立ウクライナにおいては社会団体であり（これはロシアでも同様）、ムスリムの別グループが第二、第三のムスリム団体を設立して挑戦してくる危険性を孕んでいた。実際、ウクライナの世俗政府は、ムフティー局を弱めるために第二団体を応援した。

いずれにせよ、メジリスがクリミア・タタールの世俗的利益を、ムフティー局が宗教的利益を代表するという唇歯輔車の関係ができた。この聖俗協力は、二〇一四年まで続いた。

ただしメジリスの管轄対象がクリミア・タタールであるのに対し、クリミア・ムフティー局の管轄対象は、クリミア・タタールだけでもクリミアのムスリムだけでもなく、クリミアおよび（マリウポリなど）南ウクライナ全体のムスリムであった。クリミアがロシアに編入されたとき、クリミア外のムスリム共同体は、クリミア・ムフティー局の管轄から外れた。二〇二二年にロシアがウクライナ南部を征服すると、それらはクリミア・ムフティー局の管轄下に帰ってきた。

トルコのディヤネトがクリミア・タタールを援助したのは偶然ではない。トルコ人とクリミア・タタールは、ハナフィー法学およびアル・マトゥリディ神学を共有し、通訳なしで会話ができるほど言語も近い。

クリミア・ムフティー局がアラブ諸国よりもトルコを提携相手として好む理由として、国家に管理されたトルコのハナフィー派イスラームの方が穏健であり、イスラーム急進派の影響を受けにくいと考えていることもあげられる。クリミア副ムフティーのエイデル・イスマイロフは、二〇一三年八月に私と面談したとき、「アラブ諸国に若者を留学させると、九〇％がサラフィー主義者（イスラーム急進派）になって帰ってくる。まるでゾンビだ」と言っていた。

†正常化の時代

メシュコフが失脚した後のクリミア最高会議には、キエフと関係改善しようとするクリミア経済再生党を中心とした企業家グループと、親露的な立場を保持しようとする「ソユーズ」という二大会派が生まれた。

一九九六年六月二八日、ウクライナ憲法が採択された。その一章は、クリミアに自治共和国の地位を保障することに割かれた。しかし、将来的に意味を持ったのは、「ウクライナの領土変更に関する諸問題は、ウクライナ全国規模の国民投票でのみ決められる」と定めた第七三条であった。その結果、たとえばスコットランドとは違って、ウクライナ全体で承認されなければクリミアはウクライナを離脱できないということになったのである。

中央政府との調整の上、一九九八年には新しいクリミア自治共和国憲法が採択された。特に重要なのはクリミア首相の任命方法だが、ウクライナ大統領がクリミア最高会議に首相候補を推薦し、最高会議が承認した場合に首相になるという手続きになった。最高会議は首相を不信任することができたが、ウクライナ大統領が同意しない限り、実際に辞めさせることはできなかった。この手続きは、二〇一四年二月、クリミア最高会議がキエフのユーロマイダン政権を無視してセルゲイ・アクショノフを首相に選ぶまで守られた。

分離主義を一応克服したウクライナの中央政府にとって、この時期はクリミアの犯罪への対策が重要課題となった。一九九〇年代の旧ソ連圏では、どこでも犯罪組織が跋扈したが、南岸に著名な観光地を抱えるクリミアでは、犯罪組織の最高会議や地方自治体への浸透が著しかったのである。

†グラチとクニツィンの左右連合

一九九八年三月のクリミア最高会議選挙は、当時のウクライナ全体の政治傾向と同じく、共産党の大勝に終わった（表3－1参照）。

このような左派が強い議会の下では仕事ができないと判断したフランチュク首相は辞任した。実際、共産党のグラチが議長になったが、共産党が過半数を有していたわけではなかったので、このときに非公式の連立交渉が行われたらしく、グラチは人民民主党（クチマ党）のセルゲイ・クニツィンを首相に推薦した。

クニツィンは、一九六〇年代生まれで当時はまだ三〇歳代であった。一九八〇―九〇年代は生産現場で労働者・技術者として働き、クリミアのある自治体の指導者から最高会議代議員になった。アフガニスタンで従軍経験がある。最後のソ連世代でもあり、最初の資本主義世代でもある。

一九九九年ウクライナ大統領選挙までは、老練な政治家グラチと若い実務家クニツィンの左右連合政権は、うまく機能した。ソ連解体後、初めてクリミア経済が上向いた。かつてソ連共産党の重要会議がクリミアで開かれたように、クリミアでCISの首脳会談が行われるようになり、十年近く途絶えていたインフラへの投資も再開した。

クチマ大統領にとっては、グラチをクリミアで与党の地位において手を縛っておくことは、翌年に迫った大統領選挙において、クリミアを共産党の対立候補ペトロ・シモネンコの票田にしないために重要であった。これはグラチの願望にもかなっていた。というのは、グラチはウクライナ共産党内でシモネンコのむしろライバルだったからである。

政党	獲得議席数
共産党	33
ソユーズ（親露会派）	4
人民民主党（クチマ党）	4
農業党	4
クリミア経済再生党	2
社会党	1
無所属	45
議席合計	93

表3-1　1998年クリミア最高会議選挙結果

実際、一九九九年ウクライナ大統領選挙決選投票でのクリミアでの得票率は、クチマが四三・九%、シモネンコが五一・二%であった。二〇〇四年の大統領選挙決選投票でユシチェンコがクリミアで一二・九%しかとれなかったことを考えると、これはクチマの善戦である。

二〇〇〇年前後からロシアが経済的・政治的に復活し、それにつれてロシアの有名政治家の干渉発言が増えてきた。グラチはそれに呼応したが、それは干渉発言をキエフへの圧力として利用するためであり、本気でクリミアのロシア編入を考えていたわけではない。

共産党の政治家を議長とする最高会議が、分離運動が荒廃させたクリミアとキエフの間の関係の正常化に寄与したのは、読者には奇異に思われるかもしれない。しかし、共産党の理想はソ連の再建であって、クリミアのロシア編入ではない。クリミアがロシアに強引に帰還すれば、露ウ関係が悪化し、ソ連の再建が妨げられる（実際にそうなった）。

二〇〇〇年に入るとクリミア最高会議と首相の間の対立が前面に出るようになり、クニツィンは職務の遂行が難しくなって二〇〇一年に辞任した。

二〇〇二年のクリミア最高会議選挙では、当時の東ウクライナ全体と同様、ヤヌコヴィチの地域党が中核をなすクチマ支持ブロック「統一ウクライナのために」が共産党の票田を奪って第一党になった（表3－2参照）。その結果、グラチは地域党の議員に議長職を譲り、首相としてクニツィンが復活した。クニツィンは、敗北した共産党にも大臣級職を与え、クリミア・タタールも政権に招き入れ、大連合内閣を形成した。

政党	獲得議席数
「統一ウクライナのために」（地域党）	39
グラチ・ブロック（共産党）	20
われらがウクライナ（ユシチェンコ党）	6
ロシア・ブロック	5
社会委員会「透明性のある権力」	5
統一社会民主党	3
無所属、諸派	15
議席合計	93

表3-2　2002年クリミア最高会議選挙結果

クリミアでは、オレンジ革命中の大統領選挙の三回の投票のすべてにおいて、ヤヌコヴィチがユシチェンコを圧倒していた。たとえば、ユシチェンコが勝つと予想されたやり直し投票でさえ、クリミアではヤヌコヴィチの得票が八一・一％だったのに対し、ユシチェンコは一五・四％しかとれなかった。

有権者とは対照的に、オレンジ革命中のクリミア指導者の行動は穏健だった。ドンバスの地方指導者は自州を「自治共和国」にするなどと息巻いていたが、クリミアは一九九六年憲法でオートノミーをすでに獲得していたので、自分の方からキエフや西部ウクライナに喧嘩を売る必要はないと考えたのである。

ただし、オートノミーが犯されれば、クリミア指導者は断固として反撃した。たとえば、二〇〇六年四月、ユシチェンコ新政権は、クリミア首相として、よそ者のアナトーリー・マトヴィエンコ（ティモシェンコ派）を任命したが、最高会議は、わずか五カ月間で彼を不信任して追い出してしまった。

マトヴィエンコは、社会主義時代にウクライナの共産主義青年同盟の第一書記、一九九〇年代末に人民民主党（クチマ党）の党首を務めたほどの人物で、全国的知名度はあった。しかし一九九〇年代にヴィンニツャ州知事を二年間務めた以外は地方行政の経験はなく、クリミアのような難しいリージョンに外から送り込まれて首相が務められるような人物ではなかった。

マトヴィエンコの早々の退出により、ようやく「われらがウクライナ」(ユシチェンコ党)のクリミア指導者に首相の地位が回ってきた。この政治家もクリミアではマージナルだったので、オレンジ派だけではなく、地域党、ソユーズ(親露会派)、メジリス、クニツィン派などから閣僚を招き入れる大連合内閣を形成した。

†クリミアの多極共存型デモクラシー

一九九五年にメシュコフが失脚した後のクリミア政治においては、共産党が勝った一九九八年、地域党が勝った二〇〇二年、オレンジ革命後の二〇〇五年と過大規模連合政権を繰り返す中で、多極共存型デモクラシーが定着した。

多極共存型デモクラシーとは多数決デモクラシーの対語であり、選挙結果にかかわらず、個々の集団が一定数のポストや利権を得る制度である。

そもそもソ連の多民族地域では指導的ポスト分配において民族枠を固定するなど、多極共存政治の伝統があった。それが、域内平和と妥協を重んじる過大規模連合政治の中で定着したのである。クリミアでは、たとえば強制移住・民族間問題国家委員会の委員長(大臣級職)はメジリス、最高会議内の宗教問題委員会の委員長職はスラブ系議員の固定職になっていた。

多極共存型デモクラシーは、民族・宗教間の平和を実現する上では力を発揮するが、しばしば能力主義に反し、社会改造を実現するような大胆なリーダーシップを阻害してしまう。

たとえば、ソ連という観光客の巨大な源を失ったクリミアは、ロシアがソチ・オリンピックをきっかけに黒海東岸で行ったように、ウィンタースポーツや狩猟向けの施設を充実させて、通年型リゾートを目指すべきであった。しかし、クリミアの指導者には、それを可能にする活力も創意工夫もなかった。クリミアの観光業にとっては衛生的な海が何より大切なはずだったが、二〇一〇年までクリミアには下水浄化設備がなく、汚水はそのまま海に投棄されていた。

地域党の一党優位が確立すれば、過大規模連合は必要なくなり、政策による競争が強まるはずである。しかし、地域党の躍進は、地域党がクリミア土着エリートをそのまま地域党に入党させたことによって実現されたものだった。その結果、非能率な多極共存型デモクラシーが地域党内に入り込んだ。

2 マケドニア人支配下のクリミア(二〇〇九―二〇一四年)

†継続する多極共存政治

二〇〇四年のオレンジ革命の結果、政権に就いたユシチェンコ大統領は、それまでクリミア人が有していた、行政機関や裁判所でロシア語を使う特権を剝奪した。裁判するために高額な露・ウ通訳を雇わなければならなくなったロシア語系住民は、オレンジ革命に反対した地域党とヤヌコヴィチをいっそう強く支持するようになった。

同時にクリミア人は、無能な土着エリートとその談合政治への苛立ちを募らせた。その結果、全国選挙では地域党に投票するが、クリミア共和国選挙ではそうしないという投票行動が目立つようになった。たとえば、二〇〇六年ウクライナ議会選挙において地域党はクリミアで五八％得票したが、同日に行われたクリミア最高会議選挙では、ヤヌコヴィチ・ブロック（地域党とロシア人政党の連合）は、三三％しか得票できず、一〇〇議席中の四四議席しか獲得できなかった。

ジャルティ・クリミア首相

地域党中央からクリミア党組織の監督役を任されていたアントン・プリゴツキーは、ドネツク州の大富豪アフメトフの仕事仲間であり、半島南海岸部の風光明媚な土地を買い漁ってゴルフ場を作っていた。クリミア地域党組織の名目上の指導者（最高会議副議長）は、「ヤヌコヴィチがクリミアを犯罪者集団に委ねてしまった」と糾弾して党職をやめた。その際、自分がクリミアの支配派閥から殺人予告を受けていたことを暴露した。

こうしたスキャンダルが続く中、ロシア人政党である「ロシア・ブロック」は地域党との連立を解消した。クリミアは、二〇一〇年大統領選挙での勝利を目指すヤヌコヴィチにとって、「取手のとれたスーツケース」（運ぶには大変だが、捨てるには惜しすぎる）になってしまったのである。

このような状況を変えるため、二〇〇九年四月、大統領選挙のわずか半年前にヤヌコヴィチは自分の右腕であったヴァシーリー・ジャルティを、前出プリゴツキーに替えて、クリミアの地域党組織・選対本部の監督役として任命した。それまでジャルティはヤヌコヴィチの全国選対本部の副本部長だった。クリミアの位置づけの高さがわかる。

†ジャルティの辣腕が多極共存政治を解体

ギリシア系のジャルティは、一九五八年にドネツク州の農村部に生まれ、一七歳のときに工場で働き始めた。一九八一年にドネツク工科大学を卒業、ドネツク市に隣接するマケエフカ市でビジネスを始めた。二〇〇〇年にマケエフカ市長に当選、二年後には州政に抜擢されて副知事になった。

クリミアに赴任したとき、ジャルティはクリミアの土着エリートへの軽蔑心を隠さなかった。曰く、

遺憾なことに、クリミアでは、地域党は共和国の現政権からの連想で受け止められている。

その結果、人々は自分たちが蓄積した否定的イメージを地域党に投影するのである。少し前であれば、私がその気になれば状況を変えることができただろう。こんにちでは大統領選挙を目前に控えているので、それはできない。

二〇一〇年の大統領選挙は、クリミアではヤヌコヴィチの大勝に終わった。クリミアの決選投票では、ヤヌコヴィチが七八・二％、ティモシェンコが一七・三％得票した。

功績が大きかったジャルティィは、少なくとも中央政府の副首相にはなるだろうとクリミア人は噂した。予想に反し、ヤヌコヴィチは、ジャルティィをクリミア首相としてクリミア最高会議に推薦した。同じクリミアの野党の選対監督役から地方政府首相へ、単なる横滑りである。

出世の見込みが外れた屈辱が、ジャルティィをいっそう強硬なクリミア改革主義者にした。クリミアを「ウクライナの真珠」にすることで、ヤヌコヴィチの鼻をあかしてやりたかったのである。

ジャルティィは首相として再度クリミアに乗り込むにあたって、約一五人の腹心の部下をマケエフカ、ドネツクから連れてきた。この「一五人」は、クリミア土着幹部との良好な関係を維持するために気を遣ったが、土着幹部が無能と判断した場合には、ドネツク州から人材を呼んで、容赦なく土着幹部に替えた。極端な例では、墓地管理人をドネツク出身者に替えた。

侮辱されたクリミア土着エリートは、外来幹部の出身地である「マケ」エフカ、「ドネ」ツク、そしてクリミア人を見下す植民地主義的な態度を揶揄して、外来幹部を「マケドニア人」と呼ぶようになった。

二〇一〇年三月一七日、クリミア最高会議は新議長としてウラジミル・コンスタンチノフを選出し、ヤヌコヴィチ大統領によるジャルティィの首相任命を承認した。

承認を求める議会演説の中で、ジャルティィは、自分は（一九四四年強制移住を経験した）ギリシア系なのでクリミア・タタールの苦しみがわかると述べた。また、九人にまで肥大していた副首相職を削減すると公約した。実際、副首相職は、行政管理上の必要よりも、諸グループにポストを行き渡らせるために過剰に導入されていた職であり、クリミアの多極共存型デモクラシーの弊害を象徴していた。二〇一〇年一〇月のクリミア最高会議選挙で地域党ジャルティィ派が大勝すると、副首相職は五名にまで縮小された。

コンスタンチノフ・クリミア最高会議議長

この議会選挙は並立制の下行われたので、比例区の候補者名簿の順位を決める作業と、一人区の候補者を決める作業が重要であったが、地域党ジャルティィ派がこの作業を独占した。

クリミア最高会議選挙は、現存する派閥間の力関係を受動的に反映する儀式であることをやめた。この選挙の結果、与党地域党は四四から八〇に議席を倍増した。もっと重要なことに、まさに与党議員の大多数が入れ替わった。前最高会議の四四人の地域党議員のうち、再出馬し再選されたのは一五人にすぎなかった。

ジャルティはヤヌコヴィチに、二〇一四年までにクリミアを黒字リージョンにすると約束し、中央からの積極的な財政援助を引き出した。

二〇一〇年からの一、二年が、ウクライナ支配下のクリミアの黄金時代となった。首都シンフェロポリと観光地ヤルタを繋ぐトロリーバスは便利であるにもかかわらずソ連解体後は廃止されていたが、運行再開された。ヤヌコヴィチはしばしばクリミアを訪問して同地を「ウクライナの真珠」と称えた。ウクライナの独立後初めて、クリミア人は、分離主義者として疑いの目で見られるのではなく、中央政府から大切にされていると感じた。

†ジャルティの死とマケドニア人支配の継続

二〇一〇年一〇月議会選挙の後、ジャルティはドイツで二カ月間入院した。癌であった。噂だが、ジャルティが不治の病にあることを知って、クリミア土着エリートは形勢逆転を試みた。二〇一一年前半の反汚職闘争は、土着エリートとのジャルティの最後の戦いであった。

ジャルティは二〇一一年八月一七日に五三歳の若さで死んだ。その後三カ月もの間、ヤヌコヴィチは次のクリミア首相を決めることができなかった。クリミア土着エリートは、ヤヌコヴィチに、地元指導者のコンスタンチノフ最高会議議長を首相に任命するように働きかけた。マケドニア人は、彼らの中からジャルティの後任を任命するように工作した。一一月、ヤヌコヴィチは、マケドニア人で当時ウクライナ内務大臣だったアナトーリー・モギリョフをクリミア首相として派遣した。

モギリョフは一九五五年、カムチャツカ生まれ、農村教師が最初の仕事であった。一九八二年、ドネツク州の警察で働き始め、二〇〇〇―二〇〇五年には、マケエフカ市の警察署長を務めた。この頃、同市市長であったジャルティとつながりができたのだろう。二〇〇七年に短期間クリミアの内務省組織（警察）を指導した後、おそらく休職して、クリミアでヤヌコヴィチの選対本部長を務めた（その監督役がジャルティ）。ヤヌコヴィチの勝利後、報奨でウクライナ内務大臣になった。

モギリョフがクリミア首相になったとき、東部ウクライナはヤヌコヴィチが大統領選挙に勝った二〇一〇年の楽観的雰囲気をすでに失っていた。実際、ウクライナ政府は、ジャルティ時代のように気前よくクリミアを財政援助することはもはやできなかった。

飴が少なくなれば鞭を緩めるしかない。モギリョフ首相は、二〇一〇年以来マケドニア人が担ってきた観光・経済担当副首相職に地元出身のタタール人（ただしクリミア・タタールではない）

であるルスタム・テミルガリエフを任命した。クリミアの地域党組織は、二〇一二年のウクライナ最高会議選挙に際しては、二〇一〇年の地方選挙の際よりも、より多くの地元出身者を候補として立てた。

ヤヌコヴィチ大統領としても、自分の再選を賭けた二〇一五年の大統領選挙を前にして、票田であるクリミアでマケドニア人と地元エリートの間の紛争が激化するようなことは避けたかったのである。

二〇一四年までに、マケドニア人は、どこまでクリミアに土着化していただろうか。ユーロマイダン革命の数カ月前である二〇一三年八月に私が現地調査したとき、クリミア土着エリートの大半は、マケドニア人が行政管理能力にたしかに優れており、中央政府から補助金を取ってくるのに長けているからということで、マケドニア人支配を甘受しているように見えた。

ユーロマイダン革命のような激烈な歴史体験の結果、当事者の記憶自体が変わってしまうということはよくあることである。クリミア人とマケドニア人が宿命的に敵対していたと考えるのは後知恵であろう。

そもそもクリミアでは、先住民であるクリミア・タタール以外はすべて外来者である。ソ連時代は、功績のあった年金生活者や退役軍人は、クリミアに住宅を支給されて第二の人生を送った。クリミアは、外来者を急速に同化する不思議な力を持っているのである。ウクライナの平和があと十年続いていたら、マケドニア人も良きクリミア人になっていたかもしれない。

†ジャルティのクリミア・タタール政策

クリミアにおいて多極共存型デモクラシーがとりわけ強固に機能していたのは民族政策においてであった。クリミア・タタールについては、土地占拠、メジリスの代表権、シンフェロポリ金曜(中央)モスク建設という三つの懸案があった。

(1)土地占拠

ソ連末期から一九九〇年代にかけてクリミアに帰還したクリミア・タタールは、生活を維持するに足る農業用地を支給されないことが多く、貧困に喘いでいた。二〇〇〇年前後からロシア、ウクライナ、クリミアの経済がようやく上向くと、観光開発が始まってクリミアの土地がますます希少化した。

二〇〇二年、クリミア東部にある、クリミア・タタールが住民多数派であるスダク郡で、ある村自治体がモスクワの企業に、保養施設建設のための土地を販売すると、激怒したクリミア・タタールが抗議運動を始め、やがて土地を実力占拠した。

クリミア・タタールによる土地占拠は、燎原の火のようにクリミアに広がった。彼らは風光明媚な土地（たとえばシンフェロポリ・ヤルタ間の幹線道路わき）を占拠し、そこに石やレンガを使って一辺一メートル程度の立方体を無数に作った。実用目的の全くない示威行為であり、立方体が多数置かれた野原は「抗議の野」と呼ばれるようになった。

私も当時目撃したが、これはショッキングな風景であり、テロと民族紛争を何より嫌う国内外の投資家のクリミアへの投資意欲を殺ぐのに十分だっただろう。

クリミア・タタールの土地占拠問題は、適法性と歴史的正義のどちらを優先するかという難しい問題であり、ジャルティも手を触れることはできなかった。土地占拠が解消されるのはロシアに移ってからである。これは、占拠地の所有権を認めるか、占拠をやめてもらう代わりに金銭保証をするという形でクリミア・タタールの主張を通すもので、スラブ系住民の怒りを呼んだ。

(2) メジリスの代表権問題

この問題は、「社会団体として法人登録しなかったおかげで半公法団体になれた」というメジリスのトリックから生まれている。

クチマ大統領は、一九九九年五月一八日付大統領令で、「大統領付属クリミア・タタール協議会」を設立した。そのときから二〇一〇年まで、メジリスが、この協議会へのクリミア・タタール人代表を推薦する権利を独占していた。逆に言えば、メジリス反対派のクリミア・タタールは大統領と接触する機会を奪われていた。

二〇一〇年大統領選挙の第一回投票においては、メジリスは特定候補を支持しなかった。決選投票では、ヤヌコヴィチの支持要請にもかかわらず、メジリスはティモシェンコへの投票を呼びかけた。二〇一〇年三月一七日、クリミア最高会議でジャルティ首相候補が承認される前夜にも、地域党は、ジャルティ候補を支持してくれるようメジリスに頼んで断られた。

五月一四日、ヤヌコヴィチ大統領、ジャルティ・クリミア首相とメジリス指導者――ジェミレフとチュバロフ――の間で会談がもたれた。ヤヌコヴィチは、ジェミレフとチュバロフが、クリミア最高会議において地域党会派に入るようもちかけた。

ジェミレフとチュバロフは、先日の大統領選挙でティモシェンコに投票を呼び掛けたばかりなのに、地域党に合流したのでは有権者への誠実性が問われる、またNATO加盟、セヴァストポリからのロシア黒海艦隊の退去問題などで地域党とメジリスでは意見が違うと拒絶した。

地域党会派加入拒絶に対する報復として、ヤヌコヴィチは、クリミア・タタール協議会の委員推薦の仕組みを変えた。それまでタタール代表はすべてメジリスが推薦していたが、メジリス推薦枠が九名、メジリス反対派の推薦枠を一一名としたのである。この後、メジリスは同協議会をボイコットし、機能停止させた。

(3)シンフェロポリの金曜モスク問題

一九九五年のクリミア・ムフティー局の再建後、同局に付属するモスクがシンフェロポリ市の金曜モスクの役割を果たしてきた。この建物は手狭で建築物としても美しくなかった。

しかし、市の中心部に新金曜モスクを建てるとアザン(礼拝の呼びかけ)がうるさいと言って、スラブ系住民が反対した。これは旧ソ連のムスリム、キリスト教徒混住地域でしばしば起こるトラブルである。しかしジャルティ首相は、新金曜モスクを市の中心部に立てることに同意し、スラブ系住民を激怒させた(後に用地の不足から、郊外に建てることになった)。

†モギリョフのクリミア・タタール政策

ジャルティの跡を継いだモギリョフは、クリミアの警察官僚だった頃に、クリミア・タタール人の違法バザール市場を強制撤去した経歴を持つ。第二次世界大戦中のクリミア・タタールの強制移住につき、「言われているほど深刻ではなかった」と発言したことさえあった。

しかし首相になると、モギリョフはクリミア・タタールにすり寄るようになり、メジリス指導者ジェミレフと会談した。この会談がたまたまジェミレフの誕生日と近かったため、モギリョフの上役、つまりヤヌコヴィチ大統領は、会談を援護するために、ジェミレフに祝電を送った。

電報中、ヤヌコヴィチはジェミレフのウクライナ国家建設への貢献を称え、健康を祈願した。ある地方新聞は、「ヤヌコヴィチの取り巻きは、クリミアで彼らに抵抗できる唯一の組織勢力はメジリスであるということを、突然理解したようだ」と揶揄した。

ジャルティとモギリョフにとっては、クリミア・タタールの発言力を維持することは自己目的ではなく、クリミア・タタールが抱える社会問題を具体的に解決し、紛争を緩和し、クリミアの投資環境を改善することが目的だった。そのためには、金曜モスク問題に見たように、スラブ系住民を怒らせることも厭わなかったのである。

これとは対照的に、ヤヌコヴィチ大統領のメジリス対策は、クリミア・タタール内反対派を使ってそれを掣肘したかと思えば、すぐに懐柔に走るなど、ただの党派操作であった。屋根に上らされて後ろから梯子を外されるような体験を何度もした結果、タタール内反対派はヤヌコヴィチを信用しなくなった。

†ロシア人政党の苦境とアクショノフの台頭

メジリスがクリミア・タタールから敬われていたか、少なくとも畏怖されていたのとは違って、ロシア人政党は四分五裂していたばかりでなく、クリミアでの地域党の覇権が確立されるにつれて、さらなる苦境に陥った。

地域党は、自らの思想的敵であるウクライナ民族主義政党よりも、票田を共有するロシア人政党をより厳しく抑圧した。ヤヌコヴィチが大統領になってから、クリミアの地域党政府は、ロシア人政党の集会申請などをしばしば拒否するようになったばかりでなく、様々な口実で、その選挙参加をも阻もうとした。

二〇一三年八月、クリミアのロシア人運動のあるイデオローグは、私との面談で、セヴァストポリ市当局は、ユシチェンコ政権時にはロシア人政党のデモ・集会の許可申請の約半分を許可していたが、ヤヌコヴィチ政権になってからは、申請総数の約一割しか許可しなくなったと述べた。彼は、「東ウクライナにおけるロシア人政党の苦境は、東西ウクライナの力関係が変わらない限り変わらないだろう」と嘆いた。

同月の三〇日、私は、新手のロシア人政党であるロシア統一党の党首セルゲイ・アクショノフ（後のクリミア首相）にインタビューした。彼は、前出のイデオローグと違い、楽観的な見通しを語った。アクショノフによれば、マスコミが四分五裂していると描くロシア人諸政党は、実際には政党よりも社会団体に近いものだった。二〇〇六年にウクライナのリージョン選挙に完全比例代表制が導入され、二〇〇九年に地域党が「ロシア・ブロック」との連立を解消したことによってはじめて、クリミアのロシア人は、生粋のロシア人政党の必要性を理解したのである。

アクショノフは、まさにこのチャンスをとらえてビジネス界から政界に転身し、二〇一〇年一〇月のクリミア最高会議選挙に参加するために、ロシア統一党を旗揚げしたのである。

クリミア法務局は、アクショノフの新党が選挙に参加できないよう、その登録を妨害した。ロシア統一党がこの妨害を克服して選挙戦に参加したときには、投票日まで四〇日を切っていた。こうした悪条件の中で同党が（アクショノフ自身も含め）三議席獲得したことは、「クリミアのロシア人が生粋のロシア人政党を待望していることの証明」なのである。

半年後にはクリミア首相になってクリミアのロシアへの編入を主導することになるこの人物は、「クリミアのロシアとの再統一などというロマン主義的なお喋りをしていても仕方がない」と私に語った。アクショノフによれば、いま大切なのは、ロシア語話者の具体的な人権を守ることである。

アクショノフ・クリミア首相

そのような人権擁護活動の代表的なものは、ロシア語話者・その企業が訴訟に直面したとき、法廷専門の安価な通訳を紹介したり、通訳料を肩代わりしたりすることであった。
オレンジ革命以前のクリミアは、ウクライナのリージョンの中では唯一、法廷言語や訴訟関連書類でロシア語を使ってもよい特権を有していた。ユシチェンコ政権がこの特権を剝奪したため、訴訟になった際に、ロシア語系住民は不利な立場に置かれていた。皮肉なことに、そのようなウクライナ化政策は、ロシア人政党の追い風になったのである。

アクショノフは、地域党は「クチマのシナリオを繰り返した」と批判した。つまり、ロシアとの関係改善、ロシア語の第二国語化を掲げて選挙に勝ちながら、ヤヌコヴィチ政権はウクライナのEU加盟に執心している。ヤヌコヴィチもアザロフ首相もテレビに出るときにはウクライナ語で話す。地域党に幻滅したクリミア人は、生粋のロシア人政党を求めているのである。

アクショノフによれば、当時（二〇一三年）の彼に対する世論認知度は、モギリョフ首相、コンスタンチノフ共和国最高会議議長に次いで、クリミア政治家中、第三位であった。二〇一〇年のクリミア最高会議選挙のときは、彼の認知度は約一〇％であったが、このときまでに七〇％に達していた。

このように、クリミア共和国指導部が多極共存型デモクラシーを拒絶したことは、ロシア人政党を苦境に追い込む一方、それらを地域党から自立させる可能性を開くものであった。その先進例は、アクショノフのロシア統一党であった。そして、この党が「クリミアの春」で重要な役割を果たすのである。

3　ユーロマイダン革命とクリミア

†革命がエリート内対立を激化させる

ユーロマイダン革命はマケドニア人とクリミア土着エリートの意見対立を激化させ、それが、マケドニア人の追放と、ロシアへの編入を目指す地元指導者政権の成立につながった。

二〇一三年一二月二日、クリミア最高会議は、マイダン運動を取り締まり、ウクライナに秩序を回復するために、ヤヌコヴィチ大統領が非常事態宣言をするよう要求した。

この後、コンスタンチノフ議長はモスクワに招かれ、ニコライ・パトルシェフ・ロシア安全保障会議書記と会った。このときコンスタンチノフが、「ヤヌコヴィチ政権が転覆されるようなら、クリミア指導部は、ウクライナを去ってロシアに行く用意がある」などと言ったものだから、パトルシェフは驚き喜んだ。

クリミアに戻るとコンスタンチノフはますます大胆になり、ユーロマイダン運動を「バンデラ運動」、ファシズム、ネオナチなどと罵って、それを禁止するための非常事態法の制定を要求した。これはロシアで類似言説が広がるよりも前であり、コンスタンチノフというクリミアの田舎政治家がロシアの操り人形ではなく、むしろロシアの世論を動かしたことを示す。

年が明けると、クリミアの若者の間で「ストップ・マイダン」運動が盛り上がった。クリミア最高会議やアクショノフのロシア統一党は、自警団を組織し始めた。

一月二二日、クリミア最高会議は、キエフの政治情勢を批判する宣言を採択した。討論の中で、何人かの代議員は、クリミアの「自決」を要求した。議会がクリミアの自決権を要求するのは、約二〇年ぶりのことであった。コンスタンチノフ議長は、この要求を「ファンタジー」、「挑発」として退け、「ウクライナの領土保全がこんなにちほど重要になったことはない」と強調した。

一月末、コンスタンチノフはモスクワを再訪し、ロシアの連邦議会議員やリージョン指導者たちと交流した。同時に、ロシアのテレビに出演し、その朴訥な語り口で、たちまちロシアのマスコミの寵児になった。

一月末から二月初めにかけて、ロシア指導部はモギリョフ・クリミア首相とも接触しようとした。最初の使者としては、アトス山修道院から「賢者の贈り物」をクリミアに運ぶという名目のもと、ドミトリー・サブリン上院議員（国防・安保委員会委員）、ロシア正教会の施主である富豪のコンスタンチン・マロフェエフ、数名のロシア正教会聖職者がシンフェロポリを訪問した。モギリョフが会うことを拒否したので、コンスタンチノフ議長とテミルガリエフ副首相が対応した。

テミルガリエフはサブリンに、キエフがカオス状態になったらクリミアはどうすべきか尋ねた。サブリンは、「独立か、完全なオートノミーを考えるべきだ」と答えた。テミルガリエフは、「その場合、クリミアに駐留している二万人のウクライナ軍はどう反応するだろうか」と質問を重ねた。コンスタンチノフは、クリミアの分離を前提としたようなこの過激な会話を、目を白黒させながら聞いていた。もちろん、これは驚いたふりである。

第二の使者として、ロシア大統領府は大統領補佐官のウラジスラフ・スルコフをシンフェロポリに送った。さすがにこのレベルの使者と会うことを断ることはモギリョフにはできなかったが、会談は両者にとって不調に終わった。

カムチャツカ生まれのモギリョフは、ウクライナの欧州参入には懐疑的だったが、親露であることとウクライナ国家に対する自分の忠誠宣誓を反故にすることとは別問題である。祖国が危機にあるときに外国とイチャイチャすることは、警察官僚であり国家主義者であるモギリョフにはできないことであった。

二月一〇日頃、コンスタンチノフ議長、テミルガリエフ副首相、アクショノフの三名は、「ドネツク政府」を打倒するしか道はないという結論に達した。こうして、「クリミアの春」を指導するトロイカが生まれたのである。

ロシアから上述のような働きかけがあったからといって、後に実行されたシナリオが、すでにロシア指導者たちの頭の中で書かれていたと考えるのは正しくない。なぜなら――

①クリミア併合はヤヌコヴィチ政権への死刑宣告になる。ロシアに敵対的なユーロマイダン革命の只中でヤヌコヴィチ政権を自ら率先して倒す動機がプーチン政権にあったとは思えない。

②ヤヌコヴィチ政権が不法に倒されない限り、クリミアを併合する口実がない。

③ロシア指導部は、ヤヌコヴィチがその気を出せば、マイダン運動を蹴散らせるのではないかという幻想を依然抱いていた。

④ロシア指導部には、クリミア内政に関する知識がほとんどなかった。たとえば、モギリョフに替わるべき首相候補の腹案すらなかった。

†暴力の激化とクリミア人の変化

それまでばらばらに存在していたにすぎないクリミア防衛の諸理念が合流し、奔流のように動きだしたのは、ユーロマイダン革命の暴力が絶頂に達した二月一八日―二〇日であった。二月一八日は「平和攻勢」、二〇日はスナイパー虐殺が起こった日であったが、クリミアの場合はこれにコルスン・ポグロムが加わった。

一八日の「平和攻勢」の結果、クリミアから派遣されていた警察官のうち三名が死んだ。シンフェロポリの「ストップ・マイダン」の活動家は、殉職した三人の警官の胸上写真を入れた立て看板三枚を、レーニン（中央）広場に立てた。すると市民が立て看板の前に花を置き始め、その日のうちに立て看板が隠れてしまうほどの高さになった。これは、クリミア指導者もストップ・マイダン活動家も予想しなかった、市民感情の発露であった。

テミルガリエフ副首相は、殉職警官のうち一人の葬儀に出席したが、膨大な数の参列者が涙を流しながら「なぜこんなことに」と自問しているのを見た。副首相は、「クリミア人は攻勢に転じた。もはやできないことはない」と確信した。

「平和攻勢」の翌日である一九日、クリミア最高会議が緊急に招集された。この会議は殉職警官への黙禱で始まった。クリミア内務省とウクライナ保安庁クリミア支所の代表者が、クリミアにとって民族間・宗教間の敵対関係を作り出そうとする試みほど危険なものはないと強調した。メジリスのチュバロフは、そのような敵対関係にクリミア・タタールを巻き込もうとする挑発を退けるため、メジリスはあらゆる策を講じるだろうと宣言した。

ここまではよかったのだが、続けてチュバロフが、マイダンでは警察側がユーロマイダン活動家に対して特殊武器を使ったことが衝突を激化させたと述べたものだから、議場内にやじが飛んだ。

テミルガリエフが反論して曰く、「『平和攻勢』の目的は、ウクライナ最高会議を占拠することであった。最高会議まで行進する途中で、彼らは地域党のオフィスを占拠し、党職員に暴行を働き、そのうち二名は撲殺した。我々が直面しているのが、国家権力を反憲法的方法で、あからさまな流血のうちに掌握しようとする試みであることについて、我々の間には何の幻想もないと私は考える」。

アクショノフは、憲法秩序を回復するための法的措置を緊急にとることなしには、ウクライナの一体性は危機に瀕するだろうと警告した。ウクライナ最高会議のある地元議員（地域党）は、ウクライナの状況が安定化しない場合、クリミアはロシアに帰ることもありうると提案した。

すかさずコンスタンチノフ議長が訂正した。クリミア人はヤヌコヴィチ政権を防衛するために全力を尽くすべきだ。キエフで展開しているのは本物の戦争であり、我々にはこの戦争に負ける権利はない、と。

こうして、この日のクリミア最高会議は、自決権云々に踏み込むのではなく、「クリミアの自治共和国としてのステータスを強化するための住民投票を行う」と決議するにとどめた。

†コルスン・ポグロム（集団暴行）

一月中旬から、クリミアは、ストップ・マイダン活動家（ヤヌコヴィチ支持者）を、ローテーションを組んでキエフに送り込んでいた。二月二〇日に独立広場とその周辺でスナイパー虐殺が始まると、クリミア人がこれ以上キエフにとどまることは危険なだけで無意味になった。約三〇〇人のクリミアの活動家が八台のバスに分乗して故郷に向かった。

ところがバスがチェルカスィ州のコルスンにさしかかったとき、右翼セクターやその他のマイダン活動家がバスを止め、焼き討ちにし、乗客つまりストップ・マイダン活動家を約六時間集団リンチにかけた。暴行者は、自分たちの仲間がキエフでヤヌコヴィチ大統領の警察隊によって集団狙撃されたと信じていたので、ヤヌコヴィチ支持者に報復したわけである。『クリミア・プラウダ』二〇一四年四月七日付は、死者が七人、行方不明が約三〇人出たとしている。これはクリミア側の言い分であり、少なくとも私は、こんにちまで死者、行方不明者の名簿を見たことがない。ウクライナ検察によるこの事件の捜査は、二〇一七年に打ち切られた。

この集団暴行事件は、クリミア危機をロミオとジュリエット風に描いたロシアのアクション・メロドラマ映画『クリミア』(二〇一七年)でも重要なエピソードになった。

問題は、オデサ事件と同様、加害者の側が、暴行・発砲シーンの多数のビデオをユーチューブ上にアップロードしたため、事件が一瞬で有名になったことである。まだヤヌコヴィチ政権は倒れてはいなかったのに、警官が遠巻きにして、全く助けに入ろうとしないシーンもしっかり撮影されていた。これらビデオを見たクリミア人の多くは、ウクライナに帰属し続ければ、明日は自分がそのような目に遭うと感じたのである。

†ヤヌコヴィチの逃亡とプーチンの決意

二月一九日の最高会議の後、コンスタンチノフは再びモスクワを訪れ、ロシア連邦議会の上院・下院議長と会った。おそらく大統領府高官とも会い、モギリョフ首相の後任問題も話し合っただろう。しかし、ヤヌコヴィチ政権が存続している間は、分離派がクリミアの政府を手中にするという選択肢は、いくつかある作戦の中の一つにすぎなかった。

しかし、二月二一日深夜にヤヌコヴィチがキエフから逃亡したことで、プーチンは腹を固めた。モスクワ郊外のノヴォ・オガリョヴォの大統領別荘にショイグ国防相、パトルシェフ安全保障会議書記、アレクサンドル・ボルトニコフ連邦保安庁長官、セルゲイ・イヴァノフ大統領府長官を招集し、クリミアを併合する意思を伝えたのである（このような重要な会議に、ラヴロフ外相が招かれていないことは注目される）。

プーチンは、これら高官に対し、ウクライナ情勢の展開は、「クリミアをロシアに取り戻す作業を開始する」ことを余儀なくさせたと述べた。なぜなら、「そのテリトリーと住民を恣意的な運命、ナショナリストの肉挽機に任せることはできないからである」。長年にわたるお喋りにもかかわらず、クリミアを併合するプランは立てられていなかった。そのため、これら指導者は、「状況に応じて動く」ことを決めた。

現地責任者としては、ショイグ国防相の右腕、オレグ・ベラヴェンツェフ海軍中将（併合後のクリミア連邦管区長）が選ばれた。ベラヴェンツェフは翌二三日には現地に飛んだが、クリミア内政について何も知らなかったため、一九九〇年代におけるウクライナ共産党のクリミア指導者グラチにクリミア首相になることを打診するような浦島太郎ぶりであった。

驚くべきことに、グラチはこれに同意した。この話はすぐに立ち消えになったが、ロシアがクリミアに介入してきたときにいかに現地情勢について無知であったかを示すものとして、クリミア人は好んでこの逸話に触れる。

二月二四日の深夜、ロシア連邦議会下院のCIS・ユーラシア統合・在外同胞委員会委員長であるレオニード・スルツキー（ロシア自由民主党。モスクワ大学政治学部教授で、二〇二二年のジリノフスキーの没後、同党党首になった）を団長とする議員団がシンフェロポリを訪問した。

公式の訪問目的は、ウクライナ住民のロシア国籍取得を容易化することであったが、本当の目的は、クリミア分離派（土着指導者）との当面の作戦についての意見交換であっただろう。それは、モギリョフの次の首相候補の首実検も兼ねていたかもしれない。

そのモギリョフ首相は、二五日の記者会見で、ロシアの下院議員団のシンフェロポリ訪問についてどう思うかと問われ、彼としては珍しく感情的になって答えた。

外国外交官とのいかなるコンタクトも、ウクライナ外務省の権限だと思う。もし誰かが誰かと会い、何かについて話したいのなら、それは法治領域の外にある。だから、その会合は、彼らの良心の問題である。我々のところには、クリミアの状況をもっと沸騰させようとするのぼせ上った頭がたくさんある。ポピュリスト的なスローガンを弄ぶのは止めようではないか。そうでないと、数年間、我々がリゾートシーズンについて忘れてしまうような紛争に巻き込まれるかもしれない。

二月二六—二七日の政変

ヤヌコヴィチ逃亡の直後、二月二三日は、祖国防衛者の日（かつてのソ連建軍記念日）であった。クリミア・タタールにとっては、ロシア革命時のクリミア・タタールの初代ムフティー（イスラーム指導者）だったノマン・チェレビジハンが一九一八年の同日にボリシェヴィキ水兵に殺害されたことを想起する日であった。

スラブ系住民は祖国防衛者の日を祝うために、メジリスはチェレビジハンを想起するために、それぞれレーニン広場と最高会議前で集会を開いた。メジリス集会は、キエフで成就したユーロマイダン革命の精神に沿って、クリミア政府を改組することを要求した。

二四日深夜、スルツキーの議員団がシンフェロポリに到着したのと同じ頃、コンスタンチノフ議長は、クリミア最高会議を二六日に招集した。翌日、メジリス議長チュバロフは、議会開催はもう少し後にしてくれとコンスタンチノフに頼んだ。というのは、メジリスは、彼らの二三日集会の精神に基づいて、クリミア政府改組のための政策パッケージを準備中だったからである。同時にチュバロフは、クリミアのオートノミーを強める件については賛成だと付け加えた。

コンスタンチノフは同意せず、モギリョフ首相を解任するために二六日に議会を招集すると狙いを開示した。チュバロフは、モギリョフの解任にはもちろん賛成だが、次の政府の構成も考えないうちに解任するのは無意味だと主張した。コンスタンチノフは再び二六日議会開催を主張した。

コンスタンチノフ議長の奇妙な強情ぶりに、チュバロフは、「コンスタンチノフはモギリョフ首相を解任してより親露的な政府を作り、プーチンにクリミアへの軍事介入を要請するつもりなのではないか」と疑い始めた。

最高会議招集日の二月二六日午前、モギリョフ首相は、自分を支持する議員たちを前に、クリミアのロシアへの編入には反対と表明した。分離派には最後まで屈しない姿勢を鮮明にしたのである。

メジリスは、議会開催＝モギリョフ解任を阻止するために、最高会議前に数千人の活動家を動員した。老若男女が参加した三日前（二三日）のメジリス集会とは違って、屈強な青壮年が集合し、普通の集会のために集まったのではないことは一目瞭然だった。

対照的に、スラブ人側で最高会議前に結集したのは、アクショノフの自警団約二千人以外は、これから何が起こるか知らない女性、子供、高齢者であった。午後二時頃、セヴァストポリから約五千人の応援が駆けつけ、クリミア・タタールとスラブ系の動員数はほぼ同じになった。チュバロフもアクショノフも、クリミア・タタール群衆とスラブ人群衆の間に回廊を作り、衝突と流血沙汰が起こらないように必死で努力した。しかし両陣営の群衆は次第に興奮し、統制不能になった。コンスタンチノフは、最高会議建物前に立ち、絶叫した。

今日の最高会議では、クリミアのウクライナからの分離は議題に含まれていない。これは、クリミア自治共和国最高会議の信用を傷つけ、正統性を奪おうとする挑発だ。残念ながら、この挑発は、クリミア政府によって組織され、実行されている。クリミア政府は、自分の権力を維持するためなら、半島の社会的・政治的安定を犠牲にすることも厭わないのだ。彼らにとって、クリミアは他人の土地なのだ。クリミア人よ！　同郷者よ！　クリミアは私たちの共通の家だ！　平和をわが家に、平和をわが手に！

かくして、四年間クリミアを成功裏に統治したのちに、モギリョフとマケドニア人は、地元出身でないことを糾弾されているのである。

コンスタンチノフの反論は建前で、実際には、トロイカ（コンスタンチノフ、テミルガリエフ、アクショノフ）は、モギリョフの解任だけではなく、クリミアのロシアとの再統一の「可能性」を問う投票も、その日の議会で行うつもりだった。しかし、首相解任もロシア編入決議のいずれも、代議員の身の安全が保障されなければ無理である。

チュバロフと著者（2014年3月、シンフェロポリ）

最高会議前での押し合いの最中、トロイカは、キエフのマイダンからシンフェロポリに転戦したクリミア・タタールのある百人隊長を議会建物に入れて交渉した。彼は、もし最高会議指導部がロシアとの再統一問題を取り上げるなら戦争になると警告した。

午後三時になっても代議員定数（一〇〇代議員中の五一代議員）は満たされなかった。代議員がメジリスの実力行使を恐れたからだけではない。モギリョフ首相は代議員の一定の信頼を集めていたし、いきなり解任というコンスタンチノフのやり方も反感を呼んだからである。自分の代議員室に籠って、風向きを見計らっている代議員も多かった。

チュバロフは、「もう（議会前の）群衆を抑えられない」と言って、最高会議開会を延期するようコンスタンチノフを説得した。コンスタンチノフは拒否した。チュバロフは、普段は優柔不断なコンスタンチノフの頑固さに、自分自身の判断からではなく、自分が恐れる誰かとの約束に従って動いているのではないかと感じた。

代議員定数が満たせないので、コンスタンチノフは、午後四時まで休会を宣言して、上の階の議長室に向かった。おそらくモスクワに電話をかけに行ったのだろう。メジリスとルフ（ウクライナ民族主義者）の代議員は、議場に残った代議員に帰宅するよう説得した。「あんたたちは世界をひっくり返す決議をあげる気か」と言って。

やがて議場に戻ってきたコンスタンチノフは、代議員定数割れのため最高会議は流会にすると宣言した。以上は、チュバロフから私が直接聞いた話だが、テミルガリエフの回想は、このような議会指導者間のやり取りには触れず、単にクリミア・タタールが最高会議建物に乱入したので、代議員が身の危険を感じて流会にしたとしている。

いずれにせよ、メジリスは勝利感に溢れて最高会議前広場を去った。しかし、この勝利は、典型的なピュロスの勝利であった。

二人のスラブ系住民が衝突の犠牲となった。一人は心臓麻痺、一人は圧死であった。この二六日の夜、シンフェロポリは恐慌状態に陥った。多くの住民が、スラブ人とクリミア・タタールの間の本格的な衝突が始まる、自分と家族の命を救うためには、車でケルチ海峡まで行って、フェリーでクラスノダル辺区（ロシア）に逃げるしかないと思ったのである。

住民の目には、マイダン勢力が、クリミアの分離主義を抑えるためにクリミア・タタールを動員し、民族間紛争を人工的に作り出して犠牲者を出したように見えた。これは、多民族地域であるクリミアに対して、絶対にやってはならないことである。

シンフェロポリ在住の政治学者ウラジミル・ジャララは、たとえキエフの右翼セクターが懲罰隊をクリミアに派遣していたとしても、これほどの恐怖は呼び起せなかっただろうと私に語った。

二六日の夜、地域党のクリミア支部は会議を開いた。クリミア支部長であるモギリョフ（地方行政の長が支配党の地方支部長を兼ねるのはロシアと同じ）と土着指導者（コンスタンチノフ、テミルガリエフなど）とは、あからさまに罵り合った。

ベラヴェンツェフ海軍中将が、衝突をすぐにプーチンに報告した。おそらくコンスタンチノフ自身もプーチンと電話で話しただろう。プーチンに主導権があったことは間違いないが、他方、もしコンスタンチノフが「代議員の安全さえ確保してくれれば議員定数を集めてみせる」と約束していなければ、プーチンがシンフェロポリでの軍事行動を決意したかどうかは疑問である。

二七日午前二時、「緑の小人たち」（身長が非常に高いことを皮肉ったもの）、「礼儀正しい人々」（外国での侵略行動中の割には馬鹿丁寧な言葉で話すことを皮肉ったもの）などと後に綽名されることになるロシアの特殊部隊が、最高会議と政府の建物を占拠した。午前四時、ウクライナ保安庁（特務機関）のクリミア支所長がチュバロフに電話してきて、「身元不明の勢力が最高会議を占拠したので、それらと衝突を起こさないように」と警告した。

夜が明けた。最高会議建物を占拠したロシア特殊部隊は、代議員と議会職員のみを建物内に通した。政府建物を占拠したロシア兵は、モギリョフ首相を建物に入れず、慇懃に追い返した。メジリスは、もはや抗議行動を組織しなかった。

五三名の代議員の出席で最高会議は成立し、モギリョフは解任された。新首相を選ばなければならない。コンスタンチノフ議長はアクショノフを推薦したが、キエフ政権のトゥルチノフ大統領代行のクリミア特使であるセルヒー・クニツィン（元クリミア首相）も立候補を表明していた。分離派が首相候補を統一しなければ、かなりの接戦になる危険性があった。

コンスタンチノフは、別室にアクショノフとテミルガリエフを呼び、テミルガリエフが立候補しないように説得した。「いまはチェ・ゲバラ（アクショノフ）が必要だ。後で必ず、実務派（テミルガリエフ）が必要なときも来るから」と。

†三月一六日住民投票

アクショノフを首相に選出した二月二七日のクリミア最高会議は、クリミアとウクライナの関係を国家連合化することを問う住民投票を（ウクライナ大統領選挙が予定されていた）五月二五日に行うという決議をあげた。三月三日、最高会議幹部会は、この住民投票を三月三〇日に繰り上げて行うことを決定したが、質問内容に変更はなかった。同日のテレビ演説で、コンスタンチノフは、「我々はウクライナの憲法と法の枠内で行動する」と述べた。

ところが、三月四日、プーチンはノヴォ・オガリョヴォの大統領別荘に二〇人程度の報道陣を集めて記者会見を行い、コソヴォ人と同様の自決権を行使する権利がクリミア人にはあるのではないかと示唆した。

三月六日、クリミア最高会議は、住民投票の実施日をさらに繰り上げて三月一六日（つまり、たった一〇日後）にすると同時に、質問項目を根本的に変えた。変更後の質問項目は二つで、①

クリミアがロシアに移って、その連邦構成主体になることを支持するか、②（クリミアのオートノミーを定めた）一九九二年クリミア憲法が復活することを前提にウクライナにとどまることを支持するかというものだった。

この二項目から、「現状の単一制のままのウクライナに残りたい」という選択肢をクリミア最高会議は住民に与えなかったとする解釈が当時からある。しかし、二項目の両方に否と答えれば、それは事実上、「今のウクライナに残りたい」と意思表示したことになる。たとえば「トルコに移りたい」などという選択肢は、当時は真面目なものとは考えられていなかったからである。

つまり、この住民投票は、「今のウクライナに残りたい、ウクライナが連邦化するのなら残ってもいい、ウクライナがどうなるかに拘らずロシアに移りたい」の三肢択一であった。

クリミア分離運動の著名なイデオローグから、私が当時、また本書執筆中に重ねて確認したところでは、投票日の三月一六日への繰り上げと質問項目の変更は、分離運動指導者たちに対してプーチンが提案したものである。

クリミア住民の中には、最終的にロシアに移るにしても「移行期間」が必要ではないかと考える人たちもおり、分離運動の指導者たちはこの意見は無視できないと考えていた。しかし、プーチンは、安全保障の観点から一気に結論を出すことを提案した。クリミア・タタールなどのロシアへの編入反対論者が「意思表示の機会を奪われた」と後に批判するのを防ぐ保険として、「ウクライナを連邦化させてウクライナに残る」という、当時のメジリスの主張に近い中間的な選択肢を加えたのである。

クリミア人としては、プーチンに焚きつけられてロシアへの編入を問う住民投票を行った後でロシアが怖気づくという展開が一番困る。そんなことが起きれば、クリミアは、アブハジアや南オセチアのような非承認国家になってしまうからである。

クリミアを編入すれば、ロシアは、かなりの財政負担増を強いられるわけだが、ロシア政府にその覚悟があるのかどうかという問題も、住民投票に向けた一〇日間のテレビ討論で論争点となった。

三月初め、クリミア最高会議は、インテル、1+1、ICTVなどのウクライナのテレビ局をクリミアの地上波から排除し、第一チャンネル、ロシア24などのロシアのテレビ局に切り替えることを決定した。ロシアのテレビ関係者は、クリミア自治共和国の国営局「クルィム」を援助して、プロパガンダをより洗練されたものにしたかったようだが、私が当時、現地で視聴した限りでは、あまりうまくいかなかったようだ。

面白いことに、住民投票に向けたキャンペーン期間中、国営クルィム局は、ロシアのタタルスタンのタタール語番組をしばしば放送した。ヴォルガ流域のタタール語はクリミア・タタールルにとっても理解可能であるし、ロシアに移れば、タタールの言語、文化が、いまよりもっと尊重されるとアピールしたかったのだろう。

ユーチューブによる報道番組のリリースがまだ普及していない時代であったが、もしクリミアの有権者がウクライナ政府の見解を知りたいと望めば、クリミア・タタールのテレビ局ATRか、ケーブルテレビを見ることで可能だった。

ウクライナの中央選挙管理委員会が、クリミア有権者のデータベースへのアクセスをブロックしたので、クリミア共和国選挙管理委員会は、二〇一二年議会選挙時の有権者名簿を更新して使った。

住民投票が行われた三月一六日、私はシンフェロポリのあちこちの投票所を回って過ごした。私は国際的な選挙監視団には入っていなかったが、投票所の選挙管理委員に頼み込んで、投票所の中で観察することもできた。その程度の観察では、ロシアへの編入に反対する人々の監視権がどの程度保証されているのかはわからなかったが、投票所が開く朝八時には投票所前に長い行列ができていたのは事実である。

また、武装した自警団はもとより、迷彩服を着た人も市内で全く見かけなかった。聞くところによると、住民投票のイメージを壊さないために、自警団員にも、当日、迷彩服を着ないように指示が出されていたそうである。

投票を済ませたコンスタンチノフが涙を抑えられない様子でテレビのインタビューに答えていた。「クリミア人は素晴らしい！　もし私の両親が生きていたら、クリミア人がやったことを誇りに思うだろう。そして私のことも誇りに思ってくれるだろう」。田舎のおじさんの感情的発言にすぎないが、このセンチメンタリズムの方が、マケドニア人の冷たい合理主義よりも、クリミア人の心の琴線に触れたのである。

†住民投票結果の法的含意

クリミア自治共和国選挙管理委員会の発表によれば、同共和国での住民投票の投票率は八三・一％、有効票のうち「①ロシアに連邦構成主体として参加」の支持が九六・八％、「②ウクライナの連邦化を前提としてウクライナに残る」を支持した者が二・五％であった。セヴァストポリ市の投票結果も、投票率がより高い（八九・五％）のを除けば同様であった。

この結果に基づき、翌一七日にはクリミア最高会議がクリミア自治共和国の独立を宣言し、ロシア大統領がそれを承認する大統領令を出した。セヴァストポリ市に関しても同じプロセスが進み、三月一八日、クレムリンにおいて、ロシア大統領とクリミア・セヴァストポリ指導者は、両「国」のロシアへの編入条約に調印した。

この手順は、ウクライナ憲法に定められた領土変更手続きを蹂躙している。国連も、三月一六日の住民投票の法的効力は否定している。ただし、ウクライナのソ連からの独立も、当時のソ連の離脱法を蹂躙して行われたので、因果応報という印象は禁じえない（第一章参照）。

ところで、なぜクリミアとセヴァストポリがいったん独立国になるという体裁をとらなければならなかったかというと、こんにちの国際法は、他国からの領土併合を認めないからである。この問題に関する著名な判例は、コソヴォの一方的独立を国際法に違反しないとした国際司法裁判所の二〇一〇年七月二二日付「助言的意見」である。

この「意見」は、国境線不変更原則は国家間関係にのみ適用されるもので、一つの国家の中から新しい国家が独立すること（すなわち分離）を妨げるものではないとした。その上で、新国家の一方的独立が許されるのは、暴力が不法に行使されたか、強行規範（奴隷取引、ジェノサイドなどの禁止など）が破られた場合であるとした（https://www.icj-cij.org/en/case/141）。「親国家に違法暴力や強硬規範違反があった場合には分離は許されるが、併合はいかなる場合にも許されない」という国際法の解釈は常識的なものである。アゼルバイジャンからの独立を宣言したカラバフがアルメニアとの合同には踏み切らなかったことには、国際法上の配慮があった。現在、世界の国家の約半数がコソヴォ独立を承認しているが、コソヴォのアルバニアとの合同を支持する国はかなり少ないだろう。

その反面、「分離は認められるが併合は認められない」という国際法解釈には現実離れした一面がある。

①分離運動の相当数は、いま帰属している国家と別れた後に別の国と合同することまで含めて運動目的としているのである。トランシルヴァニアのハンガリー人、トランスカルパチアのハンガリー人が、それぞれルーマニア、ウクライナから分離するとすれば、それはハンガリーに合流したいからであって、永遠に独立国家にとどまるためではない。また、もしいずれかの国がこれら分離運動を支持するとすれば、「分離の後はおそらくハンガリーと合同するだろう」ということを織り込み済みで支持するのである。

②分離運動一般を批判する有力論拠は、「分離運動の結果として生存能力のない極小国家が増え、国際社会の手に余る」というものである。この議論は一九九〇年代にカラバフなどの非承認国家が旧ソ連圏に出現したときに活発になされたもので、近年では、カザフスタンのカシムジョマルト・トカエフ大統領が繰り返した。

しかし、もし分離政体が永遠の独立国家になるのではなく、自らよりも豊かでそこそこの防衛力を持った国と再婚してくれるのならば、「極小国家が増える」、「世界の国家数が多くなりすぎる」などの問題の防止のためにはかえって良いはずである。ルーマニアのように豊かでない国は（豊かになるまでは）モルドヴァやブコヴィナを併合しようとはせず、魅了することもできないから、併合そのものにも合理的ハードルが課される。

しかし、「一定の条件を満たせば分離も、それに続いて国家合同も許される」という国際法の解釈をとれば、侵略的な国家は、隣国の分離運動を育成しながら、次々と侵略を行いかねない。それは、まじめな分離運動をやってきた人々の国際的信用も失墜させてしまうだろう。

住民投票で独立が支持されたにしても、本来は、その後、国有財産分割などをめぐって親国家政府との長い交渉を経なければならない。親国家との合意の下に行われた二〇一四年のスコットランド独立の住民投票の場合は、独立支持の結果が出たとしても二年程度の連合王国政府との交渉期間が想定されていた（実際には、独立支持は過半数に達しなかった）。

管見では、住民投票結果が独立に直結した例はエリトリアと南スーダンであるが（それぞれ一九九三年、二〇一一年独立）、いずれも親国家の了承のもとに、国連管理下で住民投票は行われた。つまり、親国家はみずからの現領土保全につき、住民投票以前にギブアップしていたのである。

4　ロシア支配下のクリミア（二〇一四―二〇二二年）

†ロシア編入を後悔していないクリミア人

ワシントンDCを拠点とするシンクタンクであるピュー研究所の二〇一四年四月の調査によれば、クリミアの回答者の九一％が、三月一六日住民投票は「自由で公正」だったと答え、八八％が、ウクライナ政府はこの結果を承認すべきであると答えた（文献22）。

ヴァージニア工科大学のジェラルド・トールとコロラド大学のジョン・オローリンは、ロシアのレヴァダ・センターという定評のある調査会社と協力して、二〇一四年一二月と二〇一九年に、クリミアで世論調査を行った。

「二年後にあなたの生活は良くなっていると思いますか」という質問に対して、ロシア系回答者で「良くなる」と答えた人は、二〇一四年一二月の九三％から二〇一九年の七一％に減少した。他方、クリミア・タタール回答者の中では、「良くなる」と答えた人は、二〇一四年の五〇％から二〇一九年の八一％まで上昇した。ウクライナ系では、二〇一四年には七五％が「良くなる」と答えたが、その比率が二〇一九年までほぼ維持され、七二％弱がそう答えた（文献22; *Foreign Affairs*, April 3, 2020）。

この調査が示す併合直後のロシア系回答者の期待感は明らかに過剰で、多幸症とも言うべき状況だが、冷静になった五年後の七一％もかなり高い数値である。日本で同じ調査をすれば、何％の回答者が「二年後に生活は良くなる」と答えるか想像してみるとよい。

トール、オローリンが注目しているのは、二〇一四年にロシアへの編入に懐疑的だったクリミア・タタールの状況評価が顕著に肯定的になっていることである。

経済的には、クリミア・タタールはロシア支配の最大の受益者と言われる。ロシアへの編入で成長が刺激された観光業、都市近郊農業、小建設業などは、クリミア・タタールが得意な経済分野である。そのほか、メッカ巡礼のクリミアへの割当が十倍化されるなど、経済外の特権も大きい。

トール、オローリンも述べているが、普通、所得が低い国から比較的高い国に移った後に、元に戻りたいとは思わない。ただし、「ウクライナに戻りたい」とまでは思わなくても、「ロシアに移って、予想したほど良くはならなかった」「かなり幻滅した」と感じている住民がクリミアには相当いる。ここに注目することは、併合後のクリミア政治を理解する上でカギになると私は考える。

†ウクライナによる兵糧攻め

クリミアがロシアに編入された結果最初に起こったことは、ウクライナの諸銀行のクリミアからの撤退とクリミア住民の銀行預金の事実上の没収であった。これについては、銀行通帳などで失った預金額を証明すれば、ロシアの国庫から補償された。

これも併合直後、ウクライナ政府は、ドニプロ川下流、ヘルソン州のカホフカ・ダムの貯水湖から北クリミアに引かれていた用水路を堰き止めた（八六頁の地図参照）。年間約七億立方メートルの水の供給が止まったことによりクリミア農業は大きな打撃を受け、稲作などは不可能になった。

クリミアの農業者は地下水を汲み上げることで部分的に対応した。しかし、海に囲まれたクリミアで過剰に汲み出したため、地下水の塩化が始まった。ウクライナによる水封鎖があと数年続けば、土壌の塩化も進んで、農業のみならず生態系の破局が訪れただろうと言われる。二〇二二年二月にウクライナに侵攻したロシア軍が最初にやったことは、堰を爆破して北クリミア用水路に再び水を通すことだった。

クリミアは、ウクライナからの分離後も二〇一五年頃まではヘルソン州から農産物を買っていた。ウクライナとの商取引が難しくなるにつれ、農産物の購入元をロシアのクラスノダル辺区にかえたが、ウクライナよりも農産物が高い上に、まだクリミア橋もできていなかったので輸送コストがかさんだ。二〇二二年三月にロシア軍がヘルソン州を占領したおかげで、ヘルソン州から再び安い農産物が入ってくるようになり、二〇二二年の夏には、たとえばキュウリは前年の二、三分の一の価格になったという。

ちなみに同じことはドンバスでも起こった。ウクライナ時代は、工業地帯のドネツク州を養っていたのはザポリジャ農業だった。分離後、ウクライナとの商取引が難しくなるにつれ、ドンバスはロストフ州などロシア南部から農産物を買うようになったが、それにより物価は高騰した。

ロシアへの併合後もクリミアはウクライナからの電力供給を受けていたが、二〇一五年一一月下旬、何者かがヘルソン州南部で高圧電線を爆破し、クリミアは数日間停電した。ロシアは海底送電線を急遽引き、一二月二日以後、クリミアはロシアから直接電力供給を受けるようになった。同様の突貫工事で海底ガス・パイプラインが建設され、クリミアはクラスノダルからガス供給を受けるようになった。

ウクライナ人にとってクリミア人は裏切り者なのだから仕方ないのだが、以上の経過は、ウクライナがクリミアを兵糧攻めにし、住民のライフラインを危機にさらしているようにしかクリミア人には見えなかっただろう。そして彼らは、ウクライナの攻撃に対してロシアが相当の予算を使って護ってくれていると感じただろう。

クリミアをロシア内地に直結させる最大のプロジェクトは、クリミア橋の建設であった。ケルチ海峡に橋を架ける構想はソ連時代にも、ウクライナ時代にも何度も浮上したが、技術的な難しさと資金難ゆえに着工されなかった。

ロシアのセヴァストポリ軍港使用期限を二〇四二年まで延長したハルキウ会談（二〇一〇年四月）において、メドヴェジェフ、ヤヌコヴィチ両大統領はケルチ海峡に橋を架けることに同意し、政府レベルで具体化が進んでいた。

ロシアがクリミアを併合したことにより、ケルチ海峡に橋を架ける事業は、ロシアとクリミア双方にとって死活の意義を持つようになった。ロシアがクリミアを併合した翌日、二月一九日には、プーチン大統領が交通省に構想を具体化するように早くも命じた。

二〇一五年一月、橋の建設が、レニングラード出身でプーチンに近いと言われる大富豪アルカージー・ローテンベルクの建設会社に発注された。橋の道路部が二〇一八年までに、鉄道部が二〇一九年までに竣工した。この橋の建設は、ウクライナ、欧米、国連が厳しく批判し、ローテンベルクは国際制裁を受けた。

†観光の復興

ソ連時代のクリミアは年間約八〇〇万人の観光客を受け入れていたが、ウクライナ時代には、それがいったんひどく落ち込んだ後、年間約六〇〇万人にまで回復した。ロシア政府としては、ウクライナ時代並みの観光客を来させることは絶対条件であり、できるだけ早くソ連時代の記録を破ることが目標になった。

二〇一一年のデータで観光客の内訳をみると、ウクライナからが六三％、ロシア、ベラルーシなどＣＩＳ諸国からが三五％であった。主力であるウクライナからの観光客が落ち込むことが予想された二〇一四年、ロシア政府は「クリミアで夏季休暇を過ごそう」と、国民に向け旗を振った。ロシア国民も愛国心と（クリミア人への）義侠心からこれに応えたが、当時は交通の条件が悪く、二〇一四年のクリミア観光客数は約二五〇万人にまで落ち込んだ。私自身の体験でも、二〇一四年八月のシンフェロポリのレストランやカフェは閑古鳥が鳴いていた。

当時、東部ウクライナは内戦のピークだったので車で横断できず、鉄道輸送はまだあったがクリミアとの境界上でハラスメントがあるかもしれないと旅行者は危惧した。ケルチ海峡のフェリー輸送はギリシアなどロシア制裁参加国に牛耳られていたので運航数がかなり減った。

結局、ドンバス上空を避けてかなり東に迂回する不便な航空輸送のみが交通の生命線になった。しかし、当時のシンフェロポリ空港は本当に惨めな田舎空港で、毎日二〇〇回、飛行機を発着させるという無茶をやっても需要に応えることはできなかった。

二〇一五年に向けては、ロシア政府がシンフェロポリ空港を大急ぎで改修・拡張し、ロシア自前のフェリー輸送も充実したので、キエフからの鉄道旅客輸送が廃止されたにもかかわらず、年間観光客数は約四五〇万人にまで回復した。

シンフェロポリ空港の本格的な建て替えは、二〇一六年から二〇一八年にかけて行われた。制裁のため二〇一四年以降は国際空港の地位を失っていたにもかかわらず、「連邦的意義の空港」として年間一〇〇〇万人の利用客を見込む破格の空港が建てられた。

歴史的偉人のうち誰の名前を借りるかにつきインターネット投票が行われ、クリミアにゆかりの深い、一九世紀のアルメニア人風景画家のイワン・アイヴァゾフスキーの名が付与された。つまり、「I・K・アイヴァゾフスキー記念シンフェロポリ空港」になった。

ちなみに、ウクライナ時代にこの空港が尊名を借りていたのは、第二次世界大戦の英雄で、一九七一年に新型のツルポフ16の飛行実験中に事故死したクリミア・タタール人飛行士のスルタン・アメトーハンであった。彼はクリミア・タタールの名誉回復を訴えた著名人でもあった。

クリミア橋も完成した二〇一九年、クリミアの年間観光客数は約七八七万人となり、ソ連時代の実績を回復した。面白いことに、ウクライナからの観光客も一〇〇万人を超えた。COVID19の流行のせいでロシア人の海外渡航が難しくなった二〇二〇年の後、二〇二一年にはクリミアの年間観光客数は約九五〇万人に達した。

クリミア人は、右のような観光の量的発展ではなく、質的発展を強調する。年金生活者がアルバイトで行う民宿、相手を見て値段を決める民宿ではなく、観光のプロ化が進み、西側のスタンダードにかなったホテル、レストラン、カフェが増えたというのである。これは自画自賛ではない。

私は、たとえばヤルタはウクライナ時代しか知らないが、世界史の舞台にもなったほどの有名観光地でありながら、バスターミナルに降りると老婦人がわっと寄ってきて民宿を売り込む、カフェに入ると女性だけのテーブルでウォッカを飲んでいる、そんな飾り気のなさが好きだった。しかし、国際的に有名な観光資源をバックパッカー向けの値段で売るのは営業力の欠如であると、政治家や経済人が考えても無理はない。

†建設ブーム

クリミア橋のような巨大プロジェクトを別にしても、ロシア支配に移ってからの八年間、クリミアに建設ラッシュが起こったのは事実である。道路、空港、観光客の目につくところ、ガス管などインフラが整っていなかったクリミア・タタール集落などが恩恵を被った。

シンフェロポリの中心を流れるサルギル川の畔は、もともと市民にとって憩いの散歩道であったが、歩道がタイル張りされたのをはじめ美しく整備された。ただし川底までコンクリートで固められ、東京の石神井川《しゃくじい》のようになってしまい、環境意識が高い市民を怒らせている（ただ川底のコンクリートに凹凸がつけられ、自然の川底のように見せてあると聞く）。

この一例もそうだが、ロシア経済と日本経済は実は似ており、本当に効率化するのは苦手だが、箱モノを作って一時的に所得水準を上げるのは得意である。

ウクライナは、医療が有料なわりに劣悪な国である。これが市民の不満を呼んでいることを知るプーチンは、直々に指示して、現代的な医療機器を備えた共和国立病院をシンフェロポリ郊外に建てさせた。そのほかプーチン自身が旗を振った大規模事業としては、シンフェロポリの金曜モスク建設があげられる（後述）。

†統一ロシア党の一党優位

ロシアに併合されて以降のクリミア政治は多元性を失った。たしかにウクライナ時代も末期になると地域党の一党優位が確立され、二〇一〇年選挙の結果、クリミア最高会議一〇〇議席のうち八〇議席を同党が独占したのは前述の通りである。しかし、だからといって議会内の討論が沈滞するなどということはウクライナ時代はなかったし、地域党自体にマケドニア人と土着エリートという二大派閥があって隠然と対立していた。

二〇一四年四月、プーチン大統領はアクショノフをクリミア首長代行に任命した。クリミア最高会議も、ロシアの一斉地方選挙にあわせて二〇一四年九月に改選された。議会の名称はクリミア国家会議に変わり、選挙制度は、比例区五〇議席、小選挙区二五議席の並立制であった。正統性の観点からは議会改選は望ましかっただろうが、併合後わずか半年間で新しい政党組織を発足させ、選挙準備を進めることは与党側にしかできなかった。

二〇一四年四月から五月にかけて、統一ロシア党のクリミア支部が形成された。旧地域党のクリミア支部（土着エリート派）が中核となり、アクショノフのロシア統一党やコサック組織が合流した。共和国支部長になったのはアクショノフである。

旧地域党員が統一ロシア党に楽に移れたわけではない。クリミアの地域党には約六万人の党員がいたが、統一ロシア党のクリミア党員数は一万五千人にまで絞り込まれた。不活発な党員、出世狙いで地域党に帰属していた党員の横滑りを許さなかったのである。統一ロシア党に移りそびれた旧地域党政治家の中には、公正ロシア党や自由民主党（ジリノフスキー党）など、それ以外のロシアの政党に入党する者もいた。

選挙の結果、統一ロシア党が七五議席中七〇議席を獲得した（残りは自由民主党）。統一ロシア党の得票率は七〇・二％だったが、阻止線得票率（五％）を超えられた政党が二党しかなかったので、比例区だけでも四五議席（九〇％）獲得したのである。

小選挙区では全勝であった。小選挙区での強さは、ロシア全国と同様、クリミアでも統一ロシア党が地域ボスの政党であることを示している。

統一ロシア党圧勝の理由は簡単で、クリミアのロシア帰還をリードした政治家を揃えて、「クリミアの春」の正統性を独占したからである。クリミア人の目には、この党は、アクショノフ、コンスタンチノフ、そしてプーチンの党であった。

†共産党の苦境

他方、最大野党であるはずの共産党は議席を失って、史上初めて議会外政党になった。セヴァストポリ市でも同様であった。ウクライナ時代のクリミアは、ヘルソン州などと並んで「赤いベルト」に属していた。共産党は二〇〇二年まではクリミア与党であり、二〇〇二年に地域党に負けて以降も大臣級職を保持してきた。

クリミアのロシア編入に伴って、ウクライナ共産党のクリミア支部は、ロシア共産党のクリミア支部へと衣替えし、ロシア法務省に登録しなおさなければならなかった。その過程でグラチ派が離脱した。多数派はロシア共産党に移ったが、多くの党員が脱落し、クリミアでの党員数はウクライナ時代の約五千人から約二千人へと半分以下になってしまった。

ウクライナ時代の共産党の政策は、社会経済的な要求と並んで、ロシア語の第二国語化、ウクライナのNATO加盟反対、ユーラシア関税同盟加入など特殊東部的な要求を含んでいた。クリミアがロシアに移ったことで、それらが自動的に達成されてしまったのである。これにより共産党員の多くは、活動を続ける意味を見失った。

有力政党として一目置かれるのに慣れてきたクリミアの共産党にとって、共和国議会に一議席も取れなかったことはショックであった。二〇一七年のクリミア党協議会で、党の若返りを図るために、それまでセヴァストポリ市で主に活動してきた、一九七八年生まれのセルゲイ・ボガティレンコをクリミア共和国委員会の第一書記に選出した。

ロシア編入当初の多幸症が去ると、住民の幻滅も露わになってきたので、左翼に巻き返しのチャンスは大いにあった。ボガティレンコ第一書記に言わせると、「ロシアに戻ったとき、住民はソ連に帰ったのだと思って喜んだが、戻った先はブルジョア・ロシアであることにすぐに気づいた。ウクライナの資本主義よりもロシアの資本主義の方が、より獰猛《どうもう》（зубастый）でさえある」。たとえば中小ビジネスに対しては、ロシアの方が規制が厳しいとボガティレンコは言う。

二〇一九年のクリミア国家会議選挙では、共産党が八・二％得票して五議席回復、自民党が議席をさらに五つ増やして一〇議席にした。こうして統一ロシア党の議席占有率は、九三％から八〇％（六〇議席）にまで低下し、ウクライナ時代末期の地域党並みになったが、これによりクリミア議会がウクライナ時代のような活発さを回復したわけではない。

たとえばボガティレンコは、共産党が議席を回復したおかげで二〇一九年に議会の社会政策委員会の委員長に就任したが、二〇二一年のロシア下院選挙に際して、腐敗、非効率な経済政策、クリミア復興の遅れを理由にクリミア指導部を批判すると、クリミア議会内で懲罰動議を食らって平議員に降格された。

クリミア議会では、法案の説明を提案者ではなくコンスタンチノフ議長が一括して行い、法案採否も個別に行うのではなく似通った法案をグループ化して一括投票するなどの「簡素手続き」が取られている。ＣＯＶＩＤ19下では議事がオンライン化され、審議を尽くすことも住民に問題点を知らしめることもできない。クリミアの公共放送は、共産党代議員には生放送では話させず、録画はかなり編集してから放送する。

党勢回復傾向にあると言っても、現状では共産党は投票所ごとに選挙監視を出す党勢もない。特に農村部で選挙監視ができていれば、共産党の得票率は「八・二％」よりはずいぶん高いだろうということは、共産党支持者でなくともクリミア人がよく言うことである。

クリミアでは議会が首長を選出するが、統一ロシア党が国家会議で九割、八割の議席を握っている下では、この手続きは儀式以上の意味を持たない。自民党や共産党も、いずれにせよアクショノフが知事になるのは同じだし、世論調査でアクショノフが七〇％程度の支持率を享受しているのは事実なので、自らの候補を立てずに賛成投票してしまう。ボガティレンコの釈明によれば、こうすることで、「クリミア人はロシア帰還を後悔していない、クリミア政治は安定している」ことを国際的にアピールする意義があるとのことである。

このようなクリミアの状況は、競争政治が継続しているセヴァストポリ市とは対照的である。セヴァストポリ市では、ロシア編入後の八年間で、主に地元エリートとの対立から首長が三回変わったし、その首長も公選されるようになった。議会で法案の説明を議長が一括して行うだとか、法案をグループ化して一括採択するだとかいうこともない。

他方、クリミアの状況は、やんわりとした抑圧の下で共産党の影響力が封じ込まれているというレベルだが、共産党の活動家や議員がもっとあからさまな弾圧にさらされているリージョンも、ロシアでは少なくない。

†アクショノフ長期政権の秘訣

既述の通り、二〇一四年二月二七日、「いまはチェ・ゲバラが必要だ」と言って、コンスタンチノフはテミルガリエフが首相に立候補しないように説得した。クリミアがロシアに編入されたとき、いわば臨時政府であるアクショノフの政権が長続きするだろうと予想した者は少なかった。

この予想は外れ、「実務派指導者」の時代は、いま（二〇二三年）に至るも訪れていない。テミルガリエフ自身は二〇一四年六月には副首相（アクショノフの助手）職を早々に辞し、クリミアを離れ、やがて中露貿易振興に活動場所を移した。両雄並び立たずということだろう。

アクショノフ政権の長期化の最大の理由は、クリミアでの「チェ・ゲバラの時代」が未だに終わっていないということである。アクショノフは危機対応に非凡な才能を持つ政治家である。二〇一五年にヘルソン州で高圧電線が爆破されクリミアが停電した際も、二〇一八年にケルチの短大で銃乱射事件が起こった際も、二〇二一年六月の大水害の際も、露ウ開戦後、クリミア橋が爆破された際も、現地に飛んで機敏に対処し、住民を安心させるような談話をテレビで発表した。

プーチン大統領がたとえアクショノフの経済・行政実績に不満を持っていたとしても、クリミアの安全が保障される国際環境が生まれるまでは、解任はしたくない指導者だろう。

アクショノフの弱点と現地でしばしば言われるのは、経済政策、実務的な指導力である。この分野におけるアクショノフ政権の大原則は、かつてのマケドニア人のような集団を生まれさせないために、外部から指導者を入れず、また公共事業は地元の業者に発注し、ロシア全国企業のクリミア進出を防ぐということである。

ロシアの銀行と企業が、国際制裁を恐れてクリミアには支店、支社を開かないので、強引な保護主義政策をとらなくても、クリミア市場を守ることは、さほど難しくない。

幹部人事や統一ロシア党の議員候補の名簿順位などは、アクショノフとコンスタンチノフが相談しながら（ただし後者が一歩引く形で）決めている。幹部政策を陰で操るような「灰色の枢機卿」はいないようである。幹部の抜擢はあまりメリトクラシー的でなく、アクショノフに対する忠誠や、派閥バランスが優先していると批判する有識者も多い。

アクショノフは、人事政策において「ウクライナ時代の過去は問わない」という原則を公言してきたが、これは、かつてキエフに忠実で地元知識人を迫害していた人物でも排除しないということなので、一部の知識人には評判が悪い。

以上を通じて、ロシア編入後の八年間で、アクショノフは、地元エリートの安定的な恩顧人脈網を作り上げた。これはウクライナ時代の多極共存型デモクラシーとは異なる一極的な体制であり、統一ロシア党が選挙で強いのもこのためである。

社会経済指標がウクライナ時代よりも良くなったとしても、まわりのリージョンと比べると、クリミアの遅れは一目瞭然である。運が悪いことに、クリミアが帰属している南部連邦管区はロシアの中でも最も豊かな管区であり、クラスノダルやロストフのような中心都市は、高いビルが立ち並び、深夜でも明るく、日本の地方中心都市に比べてもひけをとらない。この南部連邦管区の中では、クリミアの社会経済指標は、依然として後ろから二番目である。最も貧しいのはカルムイキヤ共和国なので、カルムイキヤには失礼だが、まったく自慢できない位置にある。

そのうえクリミア市民は、ロシアの中央政府がクリミアに膨大な予算を割き、各種プロジェクトを推進していることをテレビで見て知っている。「その割には生活が良くならないね」、「どこかでお金が抜き取られてるんじゃないの」ということを、市民は肌で感じて噂するのである。

ちなみに、これは、二〇〇八年の戦争後の南オセチアで起こったことに似ている。ロシア政府ばかりでなくロシアの隅々から年金生活者が貧者の一灯で寄金するテレビの映像と、さっぱり進まない現地の救援・復興事業の間のギャップは、南オセチアで深刻な政治危機を生んだ。

†アクショノフと連邦政府

プーチン政権のクリミアに対する原則は、一方では、二〇一四年に勇気ある選択をしてくれたことに対する感謝を忘れず、他方では、クリミアを第二のチェチニャ（半独立国）にしない、アクショノフを第二のラムザン・カディロフ（プーチンへの個人的忠誠以外の何物にも拘束されない我儘地方指導者）にしないということである。

二〇一四年三月、併合直後のクリミアとセヴァストポリ市を管理するために、クリミア連邦管区が導入された。管区長には、併合工作の際にクリミアに派遣されていたベラヴェンツェフ海軍中将が任命された。

ロシアでは連邦政府と連邦構成主体（リージョン）の間の中二階構造として連邦管区が機能しているが、これは通常、一〇弱のリージョンを管轄する広域行政単位である。たった二つのリージョンを管轄する連邦管区というのは、そもそも制度趣旨に合っていないのではないかという批判は導入当時からあった。

二〇一六年七月、「連邦機関の活動効率化のために」クリミア連邦管区は廃止され、クリミアとセヴァストポリ市は、ロストフ市を首都とする南部連邦管区に移管された。これは、クリミアとセヴァストポリ市の特別扱いを弱める措置であったが、このおかげでクリミア半島が南ロシアの広域経済圏に組み込まれ、ロストフやクラスノダルからの投資が容易になったという評価もある。

ロシア編入後のクリミアでは、アクショノフ首相が執行機関を単独で指導していたが、二〇一九年の二回目の地方選挙が迫ると、首相職を首長職から分離してはどうかという改革案が連邦政府内で浮上した。準大統領制に近い発想法で、執行権力を戦略的部分(首長)と実務的部分(首相)に分けることを意味する。政治的には、アクショノフの権力を制限することを狙っていたと考えられる。

ジュニア・パートナーへの統制を強める際に首相職を利用するのは、ロシア指導部がよく使う手である。たとえば二〇〇八年の南オセチア戦争の後、援助物資の横領を抑えるためにロシア政府は南オセチア首相として自分の息のかかった人物を送り込んだ。

二〇一一年以前の沿ドニエストルではイーゴリ・スミルノフ大統領が首相機能も兼ね、それが汚職政治の一因になっていた。ロシア政府は沿ドニエストル政府に対し、憲法改正して首相職を導入するよう要求した。ロシア側の首相候補は、のちに大統領になるエヴゲーニー・シェフチュクだったと言われる。

二〇二二年二月にドネツク人民共和国を承認したロシアは、それまで純粋大統領制だった同共和国憲法を改正させ、首相職を導入させて、ロシア官僚(苗字はウクライナ系)を首相として送り込んだ。

首相職の導入自体は避けがたいと悟ったアクショノフは、首相をクリミア人にするようにロシア中央政界・官界で猛烈にロビー活動した。モスクワから辣腕官僚を送り込まれたのでは、マケドニア人支配の二の舞である。努力の甲斐あって、二〇一九年一〇月、アクショノフは自分の忠実な部下をクリミア首相にすることに成功した。

こうして、アクショノフを掣肘するような首相をクリミアに送り込むことはできなかったが、どのような人物であれ、クリミア首相はクリミアの指導機関に対してだけではなくモスクワの中央諸省庁にも従属し、報告義務を負うので、アクショノフの過度な自立性は制限されるようになったと考えられる。

露ウ戦争が始まると、クリミア人がロシア占領地であるヘルソン州やザポリジャ州で活動するようになった。政党のクリミア支部やムスリム宗務局の人道援助はもとより、住民投票への技術援助(クリミアには二〇一四年の経験がある)も行われた。また農産物などを仕入れるには、クリミア企業のエージェントが占領地で展開しなければならない。

人手不足の占領行政(行政府や自治体)には、クリミアの役人が派遣される例も多い。たしかにロシアから役人を派遣しても、「お上が決めたというだけではウクライナの住民は従わない。説明し、説得しなければならない」ということを知らない場合が多いので、つい近年までウクライナだったクリミアから役人を送るのが得策である。

クリミアの有識者から聞いたところでは、役人派遣の実態は、アクショノフ派が影響力を占領地に広げているというよりも、アクショノフの長期政権下で疎外されていた指導的職員を、ロシア政府が占領地行政に移しているという性格が強いようである。つまり、ロシア政府は、戦争のどさくさの中でアクショノフとクリミア・ビジネスの影響力が占領地に拡大しないように警戒しているのである。

†メジリスの消滅

ウクライナ時代のクリミア・タタールは、世俗問題ではメジリス、イスラームにおいてはクリミア宗務局の指導下にあった。このうち、メジリスのジェミレフ、チュバロフの支持者は、クリミアを離れてクリミア奪還のための闘いを続けており、逆に宗務局はロシアの支配を受け容れた。

クリミア住民投票の直前、プーチンは、メジリスのジェミレフ前議長を切り崩そうとした。ジェミレフは、モスクワのタタルスタン事務所からプーチンに電話し、約四〇分間会話した。

プーチンは、ジェミレフに、「ウクライナが独立後の二五年間にクリミア・タタールに与えたよりも多くのものをロシアは数カ月で与えるだろう」と言った。ジェミレフは、「あなたがそんなにクリミア・タタールを助けたいのなら、正統なウクライナ政府を通して助けたらどうか」と切り返した。

ジェミレフは、ウクライナ最高会議やブリュッセルでの活動の後、五月初めに、クリミア北部国境でクリミアに入ることを拒否され、一〇時間もの間、押し問答になった。そのときジェミレフを迎え入れようとするクリミア・タタール青年多数が露ウ国境の中立地帯に入ってしまい、彼らを咎めないという条件で、ジェミレフは引いた。

ジェミレフと著者（2015年8月、キエフ）

併合後二、三カ月の間、チュバロフは新しい現実にメジリスの活動を適応させるべくあれこれ努力したが、結局、ジェミレフの原則論に従って、クリミアを去った。

クリミア本土を失ったジェミレフとチュバロフは、キエフにオフィスを構え、世界クリミア・タタール・コングレスというディアスポラ組織を基盤にして活動するようになった。その絶頂は、二〇一五年八月にアンカラで開催された第二回世界クリミア・タタール・コングレスであった。この大会は、クリミアがウクライナに返還されるべきこと、そのためにロシアのガス、石油禁輸も含めた厳しい制裁措置が取られるべきことを決議した。

チュバロフをメジリス議長に選んだクルルタイが開かれたのは二〇一三年だったので、二〇一八年にはメジリスの任期が切れてしまった。

二〇一四年三月末、メジリス残部（反ジェミレフ・チュバロフ派）は、実業家でクリミア・タタール・テレビ局ATRの所有者でもあったレヌル・イスリャモフを、クリミア政府の副首相の一人（タタール問題担当）に推薦した。このテレビ局は住民投票準備中にロシアへの併合に反対するキャンペーンを行っていたので、当時のロシア当局が、たとえ危うい人物であっても取り込んでゆくという政策であったことがわかる。早くも五月下旬、最高会議は、イスリャモフを解任した。その後イスリャモフは、ウクライナ側に移った。

次にクリミア・タタール担当副首相になったのは、ルスラン・バリベクであった。彼はジェミレフ、チュバロフに対する非妥協的反対派だったことがメリットで、たしかにウクライナ時代のメジリスの財政的不透明さなどを暴露するうえで功績があった。しかし、二〇一六年にはクリミア・タタール問題担当副首相という役職そのものが廃止された。バリベクは統一ロシア党に推されてロシア下院議員になったが、政治家として成長できず、一期だけ務めてどこかに消えた。

二〇一六年四月、メジリスはロシアでは過激団体として非合法化された。ロシア当局としては、親政府的な新しい民族団体をクリミア・タタールに作って欲しかっただろう。しかし、ジェミレフ、チュバロフに匹敵する権威あるリーダーを見つけることも、クリミア・タタール内の派閥争いを克服することもできなかったのである。

ただし、クリミア・タタール住民にとって最も深刻な問題は、依然として、クリミア・タタール集落の生活道路、ガス管のようなインフラが整っていないことである。ロシアの地方行政制度では、こうした問題は「領域社会自治」(日本でいうところの町内会、部落会)が担うことになっており、ウクライナ時代と違って、民族団体のロビー活動は必要ない。

また、民族文化の大半は冠婚葬祭がらみであり、ムスリム宗務局さえしっかりしていれば、民族文化の衰退はないともいえる。それでもなお、クリミア・タタールの無形文化や造形芸術を次代に伝える作業は、メジリスの消滅により打撃を受けたと考えられる。

†ロシア支配を受容したムスリム宗務局

ロシアへの併合直後は、クリミア・ムフティー局(ムスリム宗務局)は、自分たちが抑圧されるのではないかと恐れていた。しかし、ロシア編入後の一年間で、クリミアのムスリムの待遇は良くなった。

①ウクライナ時代のクリミア政府は、ムフティー局を弱めるために、急進主義集団も含めて第二、第三のムスリム団体をしばしば支援したが、そのような分割統治政策が終わった。

②メッカ巡礼のクリミアへの割当が、ウクライナ時代の約三〇から三〇〇以上へと一〇倍化した。

③ムスリム（モスク）共同体の法人登録が進んだ。

こうした中で、宗務局は、メジリスと絶縁することを決めた。その後は、ジェミレフ・チュバロフ派は、クリミアのムスリム指導者をインターネットやテレビで罵り続けている。

ロシアに併合される前は、トルコのディヤネトが約二〇人のイスラーム教師をクリミアに派遣していた。主機能はモスク付属の宗教学校の教師であったが、事実上はイマムの助手であった。地元の年配のイマムと、アンカラから派遣された若いトルコ人助手のタンデムで、クリミアのイスラームは復興されたのである。

しかし、ロシア併合の前夜には、クリミアのムフティー局の中で、トルコの大学神学部で学位をとったような宗教指導者も増えており、クリミアのムスリムに対するトルコの後見も近い将来には廃止されるだろうと予想されていた。

クリミアがロシア領になると、ロシアの法制は若年ムスリムの教育に外国人が従事することを禁止しているので、トルコ人教師たちは査証延長を拒否されて帰国した。しかし、宗教教育以外の分野においては、ロシア当局はトルコのクリミア・タタールへの援助を制限しようとはしなかった。

たとえばシンフェロポリの新金曜モスクは、ディヤネト財団の援助で建てられる予定になっていた。

つまり、トルコ世俗政府は世界クリミア・タタール・コングレス（ジェミレフ・チュバロフ派）を応援し、ディヤネトはロシア支配を受け容れたクリミア・ムフティー局を応援していたのである。こうした聖俗二重外交はアブハジアのムスリムに対しても同様で、公正発展党政権の伝統とも言ってよい外交スタイルであった。

しかし、二〇一六年に起こった、ギュレン派が計画したとされるクーデタ未遂事件後の殺伐たる雰囲気の下では、トルコの二重外交は続かなかった。ムスリム同胞外交を活発に行ったムスタファ・ギョルメズ・ディヤネト議長は二〇一七年秋に解任され、エルドアンのイエスマンがディヤネト議長になった。その結果、ディヤネト財団は、シンフェロポリ金曜モスクに対する援助の約束を一方的に覆した。

クリミア・ムフティー局はプーチン大統領に代替援助を頼み、金曜モスクは、ロシアの予算で建てられることになった。クリミア・タタールとしては、ますますプーチンに感謝するということになる。

ロシアにはムスリム宗務の三つのナショナルセンターがある。そのうちラヴィル・ガイヌッディンのムフティー会議が、クリミア編入直後にクリミア・ムフティー局を勧誘した。しかし、クリミア・ムフティー局は、ロシア・ムスリムのすべてのナショナルセンターと友誼を保つため、特定上位団体には加入していない。

†本章のまとめ

クリミアには、ロシア編入のチャンスが三回あった。①一九九一年八月から一二月まで、②メシュコフ時代、③二〇一四年である。編入に失敗した二回と、成功した最後の回を比べると、団結したエリート集団の存在と、安全の所在が成否を分けたファクターだと推察される。

一九九一年一月の住民投票においてクリミア自治共和国を「ソ連の」連邦構成主体と定義したことは、ウクライナがソ連から独立する際にソ連に残るための伏線だったのに、まさにその状況が生まれた一九九一年八―一二月にこのカードを切ることができなかった。

バグロフ・クリミア最高会議議長は、「いまウクライナ共和国からの分離を掲げることは危険だから」と訴えて、クリミア人を行動させなかった。実際、クリミア人は、カラバフや南オセチアで何が起こったか知っていた。どんなに不満があろうとも、ウクライナ共和国が主導する流れに身を任せた方が安全と彼らは感じたのである。

因果応報、一九九四年のクリミア大統領選挙で、バグロフはメシュコフに打ち負かされた。ここでソ連共産党以来の人脈政治は打破されたわけだが、メシュコフには、それに代わる組織も指導力もなかった。クチマは大統領になったばかりで威厳ある統治を行っており、クリミア人の目から見て、メシュコフよりも頼りがい、安全性があった。

メシュコフのイデオロギーは、クリミア・リージョナリズムよりも、大ロシア・ナショナリズムに近かったように思う。

地元エリートを地域党にそのまま包摂した結果、二〇〇九年までのクリミア・エリートは四分五裂していがみあっていた。その後、マケドニア人と対峙した結果、クリミア土着派というエリートの自己表象が初めて生まれた。この集団意識は、ユーロマイダン革命と対峙する中で強まった。民衆レベルでさえ、「マイダン暴力対クリミア」という二項対立は急速に広がった。

アクショノフは、危機管理指導者であることにより、「クリミアの春」の原動力であった安全という価値を今日に伝え、外部指導者と外部資本を排除することにより、クリミア・リージョナリズムを統治に定着させたと考えられる。

イズュム
ドネツ川
ハルキウ州
リマン
セヴェロドネツク
リシチャンスク
スラヴャンスク
クラマトルスク
ルガンスク
バフムト
ルガンスク州
デバリツェヴォ
ゴルロフカ
マケエフカ
マリインカ
イロヴァイスク
ドネツク
ウグレダル
ドネツク州
ヴォルノヴァハ
ロシア
ザポリジャ州
タガンログ
マリウポリ
アゾフ海

地図　ドンバス地方

第四章

ドンバス戦争

ドンバスは、二〇一四年以後のウクライナ動乱で最も大きな被害を受けてきた地域である。プーチン大統領は、ドンバスを「ジェノサイド」から解放するというスローガンで露ウ戦争を始めたが、ドンバスは、まさにこの戦争により、最多数の戦争犠牲を出し続けている。

他方、ドネツク州は、マイダン革命までウクライナの支配党だった地域党（ヤヌコヴィチ党）の揺籃の地であり、拠点であった。その支配たるや、地域党が全国的には野党だった二〇〇七年の議会選挙において、この州では地域党が有効票の七六％獲得するという驚異的なものだった。

なぜこの州で、マイダン革命に対する対抗革命が起こり、それまでマージナル層であった活動家が人民共和国を打ち立てたのか。それまで州を思うがままに支配してきた富豪層が追放されたのはなぜか。

素朴な発想としては、勝利の中に敗因があったのではないかと問うてみたくなる。それが本章の課題である。

1　ドネツク州の起源

ドンバスとは「ドネツ川流域」あるいは「ドネツ炭田」という意味であり、現代の行政区画としてはドネツク州、ルガンスク州からなる。本章では、私がこれまで研究してきたドネツク州について主に論じる。

ドネツク州は、クラマトルスク、スラヴャンスク、リマンという三大都市を抱える北部、州都ドネツク、ゴルロフカ、マケエフカなどからなる中央部、マリウポリを中心とした南部（アゾフ海沿岸部）からなる。

植生的にはハルキウ州（北）とドネツク州（南）の州境が森林ステップとステップの境界線になっている。つまりドネツク州全域がステップのはずだが、私の実感では、同州北部は森林に恵まれており、州南部＝アゾフ海沿岸とはずいぶん景観が異なる。

ドンバスの代名詞となっている石炭業は州中央部で発達している。製鉄・冶金はマリウポリなどアゾフ海沿岸、機械産業はクラマトルスクなど州北部に集中している。ドネツク州北部は、ドンバスの一部というよりも、ハルキウからロシアのロストフに連なる機械工業ベルトの一部である。機械工業が発達しているということは、インテリの人口比率が高いということである。

ユーリ・ジューコフの研究は、ウクライナで機械工業が盛んな地域では経済的相互依存を動機とした住民の親露意識が強いことを示した（文献32）。石炭や製鉄・冶金という産業分野ではロシアとドンバスはむしろ競合関係にあるので、ドネツク市やマリウポリ市の住民の親露感情は、経済的緊密さよりも政治的・文化的共通性に基づいたものであった。

ウクライナにおいてドンバス人が「炭鉱夫」、「荒くれ者」という偏見を持たれてきたように、ドネツク州内部でも、クラマトルスクやマリウポリの市民は、炭鉱地帯のドネツクと同一視されることを露骨に嫌う。

二〇一七年に面談したとき、クラマトルスクのある女性の市議会代議員は、「ドンバスという呼び名は炭鉱を連想するので嫌だ。自分はドネッチナという呼び名の方を好む」と言っていた。マリウポリでは、(当時、社民政党化を掲げていた)野党ブロックの政治家でさえ、「ドンバス人は炭鉱夫なので、命令された通りに動く。我々は冶金業者なので、説得され、納得しなければ動かない」などとけしからんことを言っていた。

価値判断は別として、「炭鉱地帯であることと住民の政治意識とは関係がある」という意見は、ドネツク市民からも聞く。炭鉱労働者は、毎日、坑道に入る前に、「またお天道様が拝めるかな」と思うそうである。特に石炭の枯渇が近づいているドンバスでは、立つことができない、匍匐して進まなければならないような坑道も多い。

過酷な勤労の条件は、独特の死生観を生む。このような人々に、本人たちが嫌がるイデオロギーを押しつけるのはやめた方がよい。炭鉱労働者は、二〇一四年以降、一貫して、ドネツク軍の兵員の重要部分をなしている。

†ドン・コサック

ドネツク州は、革命前のエカテリノスラフ県の東部辺境と、ドン・コサック軍州の西半分から構成されている。両地ともに、一八世紀末以降に活発に植民が行われるまでは人口密度が低く、「未開ステップ」としばしば呼ばれた。

コサックは、兵農兼務の辺境軍事組織で、明治日本の屯田制のモデルにもなった。ロシア帝国においては、自治の前史を持つ歴史的コサックと、政府の命令によって作られた官製コサックとでは、待遇やプレステージが全く違った。

ドン・コサックは歴史的コサックの典型であり、はや一四世紀のドン川流域にはリャザン公国からの移住民の集落があったようである。クリミア・ハン国がオスマン帝国の宗主権を受容れた一五世紀後半には、アゾフ海沿岸が同帝国とモスクワ国家のコンタクト・ゾーンになった。

一般にコサックは多言語・多宗教集団であったが、ドン・コサックも例外ではなかった。モンゴルのオイラートから派生したカルムイクがヴォルガ下流域に到来した一七世紀以後は、カルムイクからも新メンバーが流入した。そのため、ドン・コサックは仏教徒人口比率の高い特異なコサックであった。

エカテリナ二世がザポリジャ・コサック軍を廃止し、ウラルのヤイク・コサックがプガチョフ叛乱に参加してステータスを下げてしまうと、結局、ドン・コサックがロシア帝国で一番プレステージが高いコサック軍ということになった。

帝政期の陸軍省の年次報告書において、非正規軍・コサックの章の半分以上は、毎年、ドン・コサックに関する叙述が占めていた。外国人歴史家がソ連のアーカイブを読めなかった時代には、史料に恵まれたドン・コサック研究こそがコサック研究全体を代行するかのような観を呈したのである。

†ドンバス産業革命

一七七五年、クチュク・カイナルジ条約によってオスマン帝国からロシアに渡された土地と、ドン・コサックの土地を合わせてアゾフ県が設置された。ロシア帝国領になったことにより、この地へのセルビア人、ルーマニア人、ブルガリア人、ギリシア人などの移住・植民が活発化した。

一七九二年から九五年にかけてエカテリノスラフ県が導入され、ドン・コサック軍州との境界分けも行われた。新領土で商工業を急速に発達させるために、ユダヤ人の移住も許された。

エカテリノスラフとは、「エカテリナ帝の栄光」という意味である。社会主義期には「ドニプロペトロウスク」と改称された。この地名の後半は、多年にわたってウクライナRSR政府首班だったフリホリー・ペトロフスキーにちなんだものだったので、二〇一五年脱共産法に反するとされ、二〇一六年、州都は「ドニプロ」に改称された（州名はそのまま）。

ソ連時代から一九九〇年代にかけて、このドニプロペトロウスク州の地域閥こそが、ドネツク州閥の最大のライバルであった。

ポスト・ソ連の歴史学では、「スターリン時代にドンバスの工業化が成功したのは、帝政期のプロト工業化が下地を準備したからだ」という考え方が強くなった。

ほぼ無主地を開発しなければならなかったエカテリノスラフ県とドン・コサック軍州においては、ロシア政府が外国人企業家に特権と利潤を保証して工場建設させる方針が顕著であった。これは、一八世紀以来、ロシア政府が得意にしてきた工業化の方法だったが、一九世紀後半のロシア帝国は欧州産業革命の最後のフロンティアだったので、欧州企業家のロマンを掻立てたのだろう。

たとえばジョン・ヒューズは、ウェルズで成功した製鉄業者であったが、五五歳にして、自分の工場を解体して機械・装備を八艘の船に積み込み、ロシア帝国に移住した。そして一八七二年、エカテリノスラフ県バフムト郡の辺境に銑鉄工場を建てた。

ヒューズが創基した工業団地は、彼にちなんでユーゾフカ（ヒューズ村）と呼ばれるようにな

ドネツク市にあるヒューズの銅像
(2001年)

ったが、一九一七年までは市の地位すら持たなかった。ソ連時代にこの都市はスターリン、スタリノなどと改称されるが、一九六一年にドネツク市になった。こんにちのドネツクでもヒューズは敬愛されている。

ドニプロが一八世紀以来の県庁所在地であり、ハルキウがロシア帝国において希少な大学都市であったのに対し、帝政期の伝統に乏しいドネツクでは、独自の都市景観と市民文化が花咲くことになる。

ヒューズと同様の外国人企業家として、クラマトルスクの発展に寄与したプロイセン人のエドガー・アデルマンがあげられる。一八六〇年代、ハルキウのゼムストヴォ（自治体）と商人のイニシアチブでハルキウ―タガンログ鉄道線が開通した。同線とユーゾフカ炭田の分岐点上に、石炭の積み替え駅としてクラマトルスクが生まれた。

やがて付近で石灰岩の鉱脈が発見され、アデルマンが石灰、石膏、防火素材を生産する工場を建てた。こうした先行的な工場群が、軍需産業や宇宙開発においてソ連を牽引した新クラマトルスク機械工場の基礎をなしたのである。

†ソ連の工業化とドネツク州

ソ連期の工業化はドネツク州を著しく都市化した。二〇一四年、内戦前の時点でドネツク州人口は、約四三二万人であった。当時のウクライナの公式人口が約四五〇〇万人だったから、ドネツク州だけでウクライナ人口の一割近くを占めていたのである。

通常、旧ソ連の州は数個の州直属市と二〇前後の郡から構成されるが、二〇一三年のドネツク州には二八の州直属市と一八の郡があった。

マリウポリ市の二大製鉄工場、クラマトルスク市の新クラマトルスク機械工場など、州内の大企業は全連邦的な意義を持つ企業であったため、ソ連政府・共産党中央委員会の直轄であった。言い換えれば、これら企業の幹部は、共産党のドネツク州委員会はおろか、ウクライナ共産党中央委員会からさえ独立していた。

ドンバスの産業構造は、「地元で採れる石炭を燃料にして冶金・製鉄を発達させ、そこで生産される金属を原料にして機械工業を発達させる」という垂直的なものであった。垂直的な産業構造はエリートを団結させるため、集権的な恩顧政治を生みやすいという通説がある（文献34）。

その逆の例としてしばしば引かれるのはロシアのタタルスタンである。同地では、もともと強力な石油産業、機械工業、農業を有し、カザン大学（ヴォルガ連邦大学）などを基盤にする知識人層も厚い。近年では観光・飲食業にも力を入れ、総じて水平的に分化した産業構造を有する。そのため、幼長の序を重んずるアジア的な政治文化にもかかわらず、エリート内競争が熾烈であるとされる。ドネツク州のエリートの政治行動は、この逆である。

工業化による人口流入のおかげで、ドンバスは多民族地域になった。ソ連末期のドンバスの民族構成は、ウクライナ人が約五割、ロシア人が四割強だったが、これはあくまで（それ自体あまり意味のない）民族籍に基づく分類で、ドンバスのウクライナ人の大半はロシア語話者であった。

ソ連共産党体制が崩壊に向かったとき、バルト三共和国、グルジア、アルメニアなど、共和国の基幹民族の民族主義が強力だったところでは、それら民族主義者が共産党幹部にとって代わった。しかしソ連には、クリミア、ドンバス、沿ドニエストル、アブハジアなど、工業化や保養地開発などによって多民族化が進んだ地域もあり、そのような地域は、自らが帰属する親共和国の基幹民族中心主義の強まりに不安を抱いた。

ウクライナ独立に前後して、いったん盛り上がったドンバス分離主義は、一九九〇年代の半ばには沈静化した。その理由は二つある。

ひとつは、ロシアがチェチェン戦争を始めたことである。ドンバスの市民は、経済的にたとえ苦しくとも、息子を戦争にとられることのない平和なウクライナの方がロシアよりもいいと考えたのである。これは当時のクリミアも同じである。

第二の理由は、隣人である。ドネツク州の隣にあったのはロストフ州という、当時はロシア南部の遅れた州で、ドネツク人はこの隣人をやや見下していた。ドネツク人にとっては、ソ連のエリート州だった頃が一番幸せだったのだが、ソ連がなくなったいま、ロシア南部の田舎地方になるよりも、ウクライナのエリート州であり続けるのが次善の策と考えたのである。

ところが二一世紀に入ると、ロシアの南部連邦管区の首都所在地として力強く発展するロストフ州と、産業近代化を怠ったドネツク州の地位は逆転してしまった。

2 ソ連解体後のドネツク・エリートの苦闘

†ドネツク州における共産党支配の終焉

かつてソ連の解体に反対し、後に親露的な州になったからといって、「ドネツク州はソ連共産党支配が強固な保守的なリージョンだったのだろう」などと考えてはならない。実際には、同州では、バルト諸共和国やモスクワ市などと同様、ソ連共産党の地方機関による支配が一九九〇年春には終了した。

その直接の原因になったのは、前年（一九八九年）七月に始まった炭鉱労働者のストライキで、これはシベリアのクズバスのストライキと連帯したものだった。ペレストロイカが引き起こした品不足に苦しむのは全国民同じであったが、炭鉱労働者は、勤務の過酷性・危険性ゆえに、従来優先的な消費物資供給を受けてきたので、品不足に対する不満も大きかったのである。

当時のドネツク州党委員会の第一書記は、（経済政策がうまくいかないのは保守派幹部が妨害しているからと考える）ゴルバチョフの幹部更迭癖によって一九八八年に就任したばかりだった。

炭鉱労働者は知識人と連帯し、その要求は最初から政治的な色彩を帯びていた。たとえばソ連憲法から「共産党の指導的役割」条項を削除することを要求した。

一見、ポーランドの民主化においてグダンスクの造船労働者（レフ・ワレンサ大統領を輩出）が果たした役割をドンバスの炭鉱労働者が果たしたかのようである。しかしドネツク州では、垂直的産業構造ゆえに、炭坑労働者がストライキすると他の産業部門も麻痺してしまうため、幅広い住民の共感は得られなかったと言われる。

石炭業は、ソ連期を通じて、その発展・近代化の具体的プランが共産党大会の決議になるほどの戦略産業だったので、ドンバスのストライキに対しても、ソ連政府の代表団が直接現地に乗り込んで交渉を行った。地域の最大問題を自分たちの頭越しに決められるウクライナRSR

やドネック州の指導部は顔を潰された。

産業先進地帯であるドネツク州では主要企業がソ連中央直属であったため、共産党の州指導者が危機対応や恩顧政治に使える資源も限定されていたのではないかと推察する。「リージョン独立採算」というのは、当時のソ連のリージョン指導者がしばしば掲げたスローガンだったが、州が経済的に水平統合されていなかったドネツク州の場合は、特に深刻な要求だっただろう。

しかし、この要求は、ソ連中央と同州党第一書記の関係を悪化させた。結局、この第一書記は、一九九〇年春に予定されていた共和国最高会議選挙、州・地方議会選挙を待たずして、二月の州党委員会総会で辞任してしまった。

†赤い企業長

共産党支配の終焉によって生まれた権力空白を埋めたのは、一九九〇年地方選挙の結果、州議会やドネツク市議会に進出した「赤い企業長」であった。

赤い企業長とは、利潤・株主への配当を極大化することだけではなく、工場が立地している地域社会の行政を代行し、ライフラインを維持することも自らの使命と考えるような企業経営層である。社会主義時代、社宅だけではなく公営住宅全般の管理、ガス管の敷設と管理、学校・幼稚園の建物補修、学校給食への食材の提供、住民の葬式への車の提供、除雪などは、財政基盤が弱い地方機関（ソヴェト、ラーダ）ではなく、当該地の企業・集団農場がしばしば代行していた。

資本主義への移行から三〇年以上経ったこんにちでも、旧ソ連圏では、企業は利潤のみを追求するのではなく、地域社会全体の面倒を見なければならないという考え方は根強い。旧ソ連圏では、企業経営者は「雇用提供者（ラボタダーチェリ）」としばしば呼ばれている。現役世代へのサービスだけではなく、元従業員に年金の払い足しを行ったりするので、選挙になれば高齢者票も左右できる。

ドンバス戦争初期（二〇一四年五月）、ドネツク州の富豪アフメトフは、「一人の雇用も生み出したことがないくせに」と人民共和国の活動家を批判した。つまり、住民に雇用を提供できる人間のみが住民のリーダーになる資格があると言うのである。

このような発想は日本の企業城下町にも共通するものだろうし、ロシア語の「モノゴロド」、英語の「カンパニー・タウン」、中国語の「公司城市」にみられるように、「企業城下町」に該当する言葉は様々な言語に存在する。しかし、工業化が上から強力に進められたウクライナ東部では、企業城下町的な地方政治の在り方が極端なものになったのである。

一九九〇年春に州やドネツク市の指導部に入った赤い企業長の中から、後の全国政治家が何人も出た。その中には、アザロフ首相やヴォロディムィル・ルィバク（ユーロマイダン革命で辞任した最高会議議長）などもいる。

†政党政治の始まり

一九九一年一一月、赤い企業長たちは、社会団体「ドンバス再生運動」を創立した。経済危機の中で「ドンバス再生運動」から政党が枝分かれし始めた。赤い企業長にとって、政党の旗揚げは、当時困窮していたインテリを雇って綱領を書かせ、法務省に登録すればいいだけなので、容易な作業であった。

ドネツク発祥の最初の全国政党は、ペレストロイカ末期のリベラリズムのブームに乗ったウクライナ自由党だった。この党は、一九九四年最高会議選挙に際して全国化しようとして、「ロシア語の第二国語化」、「ウクライナの連邦化」などの政策を降ろしたため伝統的な支持層を失った。一九九六年、ヴォロディムィル・シチェルバニ・ドネツク州知事が、弱小になっていたこの党を買い取った。

ソ連崩壊後の生活苦の中でリベラリズムが人気を失うと、より左の論調が台頭してきた。一九九二年一二月、冷蔵庫会社の社長ワレンティン・ランディクが創立したウクライナ勤労党は、社会民主主義政党と自己規定し、旧ソ連諸国との経済関係の再建を訴えた。これは、一九九四年の大統領選挙・議会選挙の際に人気を博した政策だった。クチマはまさにこのスローガンで勝ったし、勤労党も四議席獲得した。この党は二〇〇〇年に地域党に吸収された。

†一九九四年地方選挙——ビジネスマン知事の進出

一九九四年の各種選挙の結果、企業家が地方政治に進出し、多数のビジネスマン知事・市長がウクライナに誕生した。この人々の共通点をあげると、

①旧ノメンクラトゥーラ下層の出身で、教育や経歴はあまりよくない。赤い企業長とは違って、共産党体制が続いていたらおそらく出世できなかっただろう人々である。

②ビジネスと政治を兼ね、暗黒街ともつながりがある。

③かつてのソ連共産党の州第一書記たちが、どこかぼんぼんくさいノーブルさを漂わせていたのに対し、政争に勝つためなら手段を選ばない。特にシチェルバニ・ドネツク州知事、パヴロ・ラザレンコ・ドニプロペトロウスク知事（のち首相）については、五〇歳代で刑事犯罪人となり、その後、政治家として復活できなかった。

一九五〇年生まれのシチェルバニは、一九七六年にドネツク商業大学を卒業、食品加工業界で働いた。一九九〇年選挙の結果、ドネツク市議会の代議員に選ばれ、一九九四年最高会議選挙で全国議員になった。その直後の知事選で現職を破ってドネツク州議会議長＝知事になった。

一九九六年、ドニプロペトロウスク閥との闘争に敗れて、知事を解任された。

一九九九年三月、ウクライナ大統領選挙直前、クチマ大統領は、進歩社会党が強いスムィ州の状況を変えるために、シチェルバニを同州知事に任命した。

シチェルバニはすぐにスムィ州の郡長やマスコミを集めて次のように発破をかけた。「昔は絞首刑や銃殺や農業集団化を使って、イデオロギーを住民間に広めた。いまではそのような手段は使わない。こんにち我が身を危険にさらすのは止めなさい。一一月一日（大統領選挙の投票日）に断頭台の上に首を置くのは止めなさい。私たちがあなたたちの首を切り落とすことがないように。切り落とすのは首だけではない。あなたたちの『男の尊厳』も切り落とします」。

下品な恫喝をする割には、自分自身の節操は全くなかった。シチェルバニは、ソ連維持派だった「地域間代議員グループ」から始まって、クチマ派、エヴヘン・マルチュク首相派と渡り歩き、やがて一九九六年に自由党を買い取って党首になった。二〇〇二年の議会選ではユシチェンコ党（「われらがウクライナ」）から議員になるが、すぐにクチマ派に移った。クチマが自派を解散すると、ヴォロディムィル・リトヴィン最高会議議長の「人民の選択」に乗り換えた。

やがて議員はやめて、スムィ知事職に舞い戻ったが、これも

シチェルバニ・ドネツク州知事（1994-96年）

オレンジ革命で解任された。刑事訴追を受けるようになったのでアメリカに逃げたが、アメリカでも逮捕されて、二〇〇六年にはウクライナに送り返された。ボリスポリ空港で直ちに逮捕、収監された。地域党議員の身元保証によって保釈された。

†地域閥闘争の激化

クチマ大統領の第一期（一九九四―一九九九年）に企業の私有化が進み、それに伴って地域閥間の闘争が激化した。とりわけ激しかったのは、ソ連時代以来ライバル関係にあったドネツク閥とドニプロペトロウスク閥の闘争であった。

ドニプロペトロウスク閥のボスであるパヴロ・ラザレンコ知事は、一九七八年に農業大学を卒業し、一九九〇年には州の農政の第一人者になっていた。一九九二年に知事任命制が導入された際に、別の有力候補がいたにもかかわらず、大統領府への猛烈なロビー活動で知事職をかちとった。これは工業州のドニプロペトロウスクにおいては異例のことである。

一九九五年九月、ラザレンコは、クチマ大統領によって副首相として中央に抜擢された。彼の最初の大仕事は、同年一一月に国策ガス会社「統一エネルギーシステム」を創立したことだった。ラザレンコのジュニア・パートナーだったティモシェンコが社長、さらにそのパートナーがユーロマイダン革命中に大統領代行になるトゥルチノフだった。この会社は、ガス大量消費州であるドネツクを、ドニプロペトロウスク閥の支配下に置いた。

ラザレンコ副首相は、マリウポリの二大製鉄所やドネツク州の生命線である石炭産業にも触手を動かし始めた。一九九六年五月、クチマ大統領はラザレンコを首相に任命した。七月、ラザレンコは、キエフのボリスポリ空港に向かう途中で爆弾テロにあったが、九死に一生を得た。

その直後、ラザレンコはクチマを説得してシチェルバニをドネツク州知事から解任させ、後任として、ラザレンコ内閣で石炭大臣だったセルヒー・ポリャコフを据えた。ポリャコフはドネツク州の炭田地帯の出身だったので、他州閥の手先になってもドネツク・エリートの理解を得やすいとラザレンコは考えたのだろう。

なお、ポリャコフが知事になったとき、それまで交通・輸送関係の職で長く燻ぶっていたヤヌコヴィチが副知事に抜擢された。皮肉なことに、将来のウクライナ大統領は、ドネツク閥がドニプロペトロウスク閥に負けたおかげで出世の突破口を開いたのである。

ラザレンコ首相は活動的すぎたため、大統領職を狙っているのではないかとクチマに警戒されて一九九七年七月に解任された。彼は野党になることを宣言し、一九九八年議会選挙ではフロマダ（コミュニティ）党を率い、ドニプロペトロウスク州では圧勝した。なお、ポリャコフ知事は、ラザレンコ首相が解任される直前に辞任し、ドネツク州におけるフロマダ党のリーダーになった。

「ドネツク州では、よそ者知事は一年ともたない」という法則性は、オレンジ革命の後にも繰り返されるだろう。それでも、よそ者のマトヴィエンコ首相が五カ月しかもたなかったクリミアよりはましである。

一九九九年に入ると、ウクライナ検察庁は汚職容疑でラザレンコ議員の不逮捕特権を剝奪するよう議会に要請した。議会はこれに応じたが、それに先んじてラザレンコはアメリカに逃亡していた。翌年、ラザレンコは、マネー・ロンダリングなどの容疑で、アメリカで収監された。

ラザレンコがアメリカに逃亡した時点でドニプロペトロウスク州のエリートは彼を見捨て、フロマダを祖国党に改組してクチマ支持に回った。しかし、二〇〇二年議会選挙までにドネツク州エリートと妥協して、もともとはドネツクの地方政党だった地域党に合流した。他方、ティモシェンコは、祖国党をドニプロペトロウスク州の地方政党から民族愛国派政党に改造し、党の支持基盤を西遷させた。この政治手腕はたいしたものだと言わなければならない。

†オリガーク政党の乱立と大統領選でのクチマの苦戦

一九九七年、ラザレンコ失脚のおかげで、ドネツク州のエリートは、ある程度、オートノミーを回復した。第一に、ポリャコフの後を受けて、ヤヌコヴィチが副知事から知事に昇格した。第二に、ルィバク・ドネツク市長が音頭を取ってウクライナ地域再生党（後の地域党）を旗揚げした。

こうしてドネツク州では、自由党（シチェルバニ元知事の党）、ランディクの勤労党、ラザレンコのフロマダ党、地域再生党が並存した。この中道右派四党の競合が二〇〇〇年頃まで続く。大統領の支持基盤である中道右派が統一できないのは全国的現象であった。これでは、当時のウクライナで唯一の組織政党だった共産党に対抗できるはずがない。実際、一九九九年大統領選挙の前哨戦とみなされた一九九八年三月の議会選挙では、共産党が大勝した。

翌年の大統領選挙を強引に乗り切ったクチマであったが、中道右派オリガーク政党の分立を克服して、東部の共産党の票田を奪い取らない限り、二〇〇四年の代替わり大統領選挙で西部寄りの民族民主派候補がクチマ後継者候補に勝つ可能性は高いと多くの識者が考えていた。

†二〇〇二年議会選挙が誇示したドネツク・エリートの強さ

二〇〇二年議会選は、二〇〇四年大統領選挙の前哨戦とみなされた。これに向け、西部系の大統領候補とみなされたユシチェンコは「われらがウクライナ」を旗揚げし、比例区でも、総議席数でも第一党になった。

クチマ支持ブロック「統一ウクライナのために」は比例区では共産党にさえ勝てず第三位、小選挙区での善戦によってようやく議会第二党となった。

このように二〇〇二年議会選はクチマにとって惨憺たる結果だったが、ドネツク州では、ウクライナ二七リージョンのうち唯一、「統一ウクライナのために」がトップをとった。州にある二三の小選挙区のうち、なんと二二選挙区で「統一ウクライナ」候補が当選した。共産党は凋落して一議席しか取れなかった。同日に行われた州議会選挙結果はもっと極端で、地域党は一八〇議席中一七二議席を獲得した。

アナトーリー・ブルィズニュク・ドネツク州知事（2002–05、2010–11 年）

この圧倒的な選挙結果を見て、クチマ大統領は、自分が一九九〇年代にドニプロペトロウスク閥を依怙贔屓していたことを反省し、ドネツク閥に乗り換えた。

二〇〇二年六月には「統一ウクライナ」を解散し、地域党に全国展開を許した。さらに一一月には、ヤヌコヴィチ知事をキエフに招いて首相に任命した。後任のドネツク州知事には、クラマトルスクの冶金工業出身のアナトーリー・ブルィズニュクを任命した。

表4－1は、東部の代表的なリージョンの比例区での選挙結果である。ドネツク州以外の東部リージョンでは、ユシチェンコ党やティモシェンコ党が一定の票を取っている。しかし、これら西部政党は、ドネツク州には全く浸透できていない。ドネツク州には他の東部州にはない特殊性があったのである。

リージョン	「われらがウクライナ」*	共産党	「統一ウクライナのために」**	ティモシェンコ・ブロック	社会党	統一社会党
ドネツク	2.59	29.78	36.83	1.4	1.82	4.66
ドニプロペトロウスク	6.35	31.86	11.43	4.32	4.42	9.38
ハルキウ	5.92	30.69	15.38	1.85	4.58	10.36
クリミア	9.77	33.91	5.92	1.44	0.75	12.47
全国	23.57	19.98	11.77	7.26	6.87	6.27

*ユシチェンコ党　　**クチマ支持ブロック（中核は地域党）

表 4-1　2002 年最高会議選挙・比例区における主要政党のリージョン別得票率（%）

第一に、ドネツク州では、前述の垂直的産業構造が政治的な一枚岩主義（コンフォーミズム）を助けていた。ドネツク州には大小の企業経営者が四千人いると言われるが、彼らが団結して選挙運動すれば、共産党は太刀打ちできない。

第二に、ドネツク州は、西部政党の支持基盤を欠いていた。西部政党がクリミアに浸透できたのは、メジリスの支持を得ていたことが大きい。ハルキウ州やドニプロペトロウスク州では、重化学工業と並んで飲食・サービス業も発達し、西部政党に共感を抱く中小ビジネスマンが多い。

ドネツク市民は、仕事が終わるとスーパーマーケットでそそくさと買い物をして家に帰ってしまう。ナイトライフをこよなく愛するウクライナ人の中では例外的である。ドネツクで飲食業を営むことが「なんとなく恥ずかしいこと」でなくなったのは、皮肉なことに、人民共和国支配下においてであった。

ソ連時代に成長した工業都市に共通することだが、ドネツク、マリウポリなどの都市デザインはとりわけ巨大趣味である。道路がべらぼうに広く建物も不格好に大きいので、不動産が私有化されてもレストランやカフェを開けるおしゃれな街路がない。

帝政期にはバフムト郡辺境の工業団地にすぎなかったドネツク市には、人文的な伝統が乏しい。内戦以前のドネツク市はウクライナ有数の大学都市ではあったが、工学や医学で有名で、社会科学系・人文系の知識人は弱かった。

つまり、中小ビジネスマンと人文インテリという、東部で西部政党の支持基盤になりうる集団がドネツク州では弱かったのである。

†二重の剥奪感をバネに

地域党にとって有利な第三の条件として、ドネツク州のリージョナリズムが、他の東部諸州のリージョナリズムよりも強かったことがあげられる。東部に共通する「西部に搾取されている」という被害者意識に加え、ドネツク州では一九九〇年代の地域閥抗争に敗れたトラウマが尾を引いていた。つまり、「東部諸州の中でも、ドネツク州の声は特に軽視されている」という二重の剥奪感にドネツク人は苛まれていたのである。

私がドネツク市で初めて現地調査したのは二〇一三年一月だったが、ヤヌコヴィチが首相に抜擢された二〇〇二年から十年以上経ち、彼が大統領になってから三年経つのに、ウクライナ民族主義者から共産党に至るまで、二重の剝奪感を表明するのに驚いた。この剝奪感の客観的妥当性は別として、ドネツク州のエリートは、東部の中でも際立ったリージョナリズムを武器として共産党の票田を切り崩していったのである。

ドネツク州の中道右派統一は、偶然的な要因にも助けられた。一九九九年、自由党のリーダーだったシチェルバニ元知事はスムィ州知事に任命されてドネツク州を離れてしまった（前述）。同時期、ラザレンコがアメリカに逃亡したのでフロマダ党も弱体化した。この機に乗じて、地域再生党は、二〇〇〇年から二〇〇一年にかけて弱小政党を吸収し、二〇〇一年に党大会を開いて党名も地域党に変えた。このようにして、地域党はドネツク州の中道右派票を独占した。

地域党がクチマの支持を得ていっそう力を増したことに対する他の東部諸州エリートの対応は好意的・柔軟であった。たまたまドネツク州が中道右派の統一という課題を早く達成できたのは結構なことではないかということで、殺人も辞さなかった一九九〇年代の地域閥間抗争を水に流し、地域党に合流したのである。地域党も、他州閥が合流してきた場合、各州代表に相当の党職を用意した。

仮にハルキウ州やドニプロペトロウスク州のエリートが地域党のような政党を先んじて確立していたら、ドネツク州閥がそれに追従しただろう。共産党が弱まった今、東部の主敵は民族愛国派＝西部ウクライナになった。二〇〇四年大統領選挙でそれに勝つために、東部エリートは大同団結する準備ができていた。

3 オレンジ革命と地域党恩顧体制の完成

†勢力を増した地域党

ドネツク州においては、住民の多くがオレンジ革命を違法な権力簒奪とみなしたことに加え、そもそもヤヌコヴィチの出身地なのだから、大統領選挙でのヤヌコヴィチ支持は盤石であった。表4－2が示すように、ユシチェンコは、自分が勝つことが決まっていたやり直し投票においてさえ、ヤヌコヴィチの九三・五％に対し、四・二％しか得票できなかった。

オレンジ革命後、ヤヌコヴィチなど地域党指導者の多くは国外に逃亡し、エヴヘン・クシナリョフ・ハルキウ知事のように、逃げ遅れた者は収監された。

ユシチェンコ大統領は、ブルィズニュク・ドネツク州知事を解任してヴァディム・チュプルン（一九四三年生）に替えた。チュプルンはドネツク州出身ではあるが、一九九五年からトルクメニスタン大使を務め、ガス産出国で長く勤務した経験から国営企業「ウクライナ石油ガス」の幹部に収まっていた人物である。

ドネツクのエリートは、ユシチェンコが四・二%しか得票できないドネツクの知事には、クリミアにマトヴィエンコが派遣されたように、それなりに著名なオレンジ人士を送り込んでくると予想していたので、当時すでに六二歳の元大使の任命に驚いた。なめられていると感じただろう。

チュプルン知事下でドネツクの政治状況は最悪になった。完全比例代表制下で行われた二〇〇六年三月の最高会議選挙で、地域党は州の有効票の七三・六%を獲得した。四年前の議会選挙での「統一ウクライナのために」(中核は地域党)の州での得票率は三六・八%にすぎなかったから、オレンジ革命で負けたにもかかわらず、地域党は州内の支持を二倍化したことになる。

ユシチェンコ大統領はチュプルン知事を解任し、より中立的な人物を後任に据え、その後はドネツク州政への介入をやめた。この経過は、オレンジ革命後のクリミアにも似ている。

二〇〇六年最高会議選挙の結果、全国的にも地域党は議会第一党になったので、二〇〇六年八月、ユシチェンコは政敵のヤヌコヴィチを首相に任命せざるを得なかった。このコアビタシオンはすぐに政治危機を生み、二〇〇七年には再度、議会選挙が行われた。その結果、ドネツク州では地域党がさらに票を伸

候補者	ヤヌコヴィチ	ユシチェンコ
第1回投票	86.74	2.94
第2回投票	96.20	2.03
やり直し投票	93.54	4.21

表4-2　2004年大統領選挙における得票率(%)

ばして七六％得票した。州内第二位の共産党は六・八％しか得票できなかった。

リナト・アフメトフ

†表に出てきたアフメトフ

オレンジ革命後の厳しい政治状況の中で、ドネツク最大の富豪アフメトフが重い腰を上げ、二〇〇六年、二〇〇七年と、地域党から最高会議選挙に当選した。アフメトフは、一九六六年、ロシアSFSRのモルドヴァ自治共和国のヴォルガ・タタール人の炭鉱労働者の家庭に生まれた。やがて一家はドンバスに移住した。兄が労災で障害者になってしまったことが彼の人生観に影響したとも言われる。

社会主義以来の赤い企業長とは違って、ドネツク大学経済学部を卒業したアフメトフに現場労働の経験はなく、システム・キャピタル・マネージメントという持株会社を通じて巨万の富を築いた。

一九九〇年代半ば、彼の兄貴分が爆弾テロで殺された。この兄貴分が所有していた「シャフタル（炭鉱夫）」というドネツクのプロ・サッカーチームを、まだ二〇歳代だったアフメトフが買い取ったことで、富豪として一躍有名になった。

二〇一〇年の州議会選挙で選ばれた議員の半数以上はアフメトフの影響下にあったと言われ

る。しかし、ユーロマイダン革命前夜には、ヤヌコヴィチ親子の攻勢の一環として、息子のオレクサンドル（一九七三年生、新世代オリガークと呼ばれたが、実はアフメトフと七歳しか違わない）が、自分の持株会社を成長させ、州議会内にも自派を形成した。

†シシャツキー知事時代

二〇一〇年大統領選挙で勝つと、ヤヌコヴィチは、二〇〇五年に知事職から解任されたのち州議会議長として雌伏していたブルィズニュクを知事職に戻した。このような原状回復人事は、オレンジ革命を全否定したいというヤヌコヴィチの気持ちを反映していた。

州議会は、ブルィズニュクの知事就任後空席になった州議会議長に、製薬会社の社長であるアンドリー・シシャツキーを選出した。製薬業は、公立の病院や薬局に薬を卸せるかどうかで業績が決まるので、政治権力と癒着しやすい業種と言われる。シシャツキーの場合、自社の株の大半をアフメトフの持株会社に売ったので、その褒美として州議会議長になれたと噂された。

翌年（二〇一一年）、州知事のブルィズニュクが地域発展大臣としてキエフにリクルートされると、ヤヌコヴィチ大統領はシシャツキー議長を横滑りで知事に任命した。

重工業の経営陣が大きな顔をしているドネツク州で、政治経験もない製薬会社社長が知事に任命されたのは奇妙である。大統領選挙の勝利後、ドネツク州の幹部たちがキエフの中央政府

アンドリー・シシャツキー・ドネツク州知事（2011年-2014年3月2日）

に続々と移ったのでヤヌコヴィチには持ち駒が少なくなったと噂する者もいた。

実際には、この人事はヤヌコヴィチの欧州愛から生まれていた。EUは、「合法的な方法で与党が八〇%近い票がとれるはずがない。ドネツク州では猛烈な選挙干渉をしているに違いない」とみなしていた。ヤヌコヴィチは、（草刈正雄にやや似た）優男のシシャツキーを知事に任命して、ドネツク州において二〇一二年の最高会議選挙が文明的に行われるように監督責任を負わせたのである。

シシャツキーはヤヌコヴィチの命令を実行できたが、それは単に、ドネツク州における二〇一二年議会選挙が無風選挙に近かったためだった。共産党と民族民主派は、勝ち目のないドネツク州に貴重な選挙資源を投下しなかった。結果として、二一小選挙区すべてにおいて地域党候補が勝った。ただし、比例区ではドネツクの地域党は大きく票を減らした。

なお、ドネツクが二〇一二年の欧州サッカー選手権の開催地の一つであったこともイメージ戦略上重要であり、これにむけてドネツク空港が突貫工事で建て替えられた。私は一度だけ使ったが、現代的で美しい空港だった。もったいないことに、内戦の最初の戦場になり、徹底的に破壊されたのがこの空港である。

ジョージ・ソロス系NGO「有権者委員会」のドネツク代表であったセルヒー・トカチェンコによれば、シシャツキー知事は、ブルィズニュク前知事時代に見られたNGOへの宥和政策を逆転させて締め付けを強化した。ブルィズニュクは、NGO活動資金をプールするための「コミュニティ基金」を設立すると同時に、NGOリーダーたちに、国内外の公私の基金に積極的に応募し、成果を「コミュニティ基金」に注ぎ込むように提案した。

ブルィズニュク知事は、この多角的資金獲得戦略を「資源相乗効果」と呼んでいた。シシャツキーは知事就任後、「コミュニティ基金」を閉鎖し、州行政府は、チェルノブィリ、アフガン、高齢者などの伝統的な半官半民社会団体および労働組合との排他的協力関係に逆戻りしてしまった。

二〇一三年一月、私は、ドネツク市から約七〇キロメートル北方にあるアルチョモフスク市(二〇一五年に旧称バフムトに戻された。露ウ戦争の激戦地)まで、郡自治の調査に出かけた。学術調査が目的と前もって断ってあったのだが、郡行政府では外事担当者が待ち構えており、「郡の汚染された土壌を浄化するために笹川財団の援助が欲しい。笹川は環境問題には積極的なはずだ。何とか橋渡ししてくれないか」と頼まれた。

当時のドネツク州には地方自治体の連合体があったが、その重要任務の一つは、自治体が外国の基金向けに書く申請書の様式と英語を点検することだった。NGOに辛いシシャツキー知事下でも、「資源相乗効果」が続いていたことがわかる。

†ユーロマイダン革命前夜の閉塞感

こうして、ユーロマイダン革命前夜のドネツク州は、両義的な状況にあった。地域党は州議会の議席の九〇%以上を占め、住民の社会的不満をリージョナリズムに変換することで外に逸らしていた。このメカニズムのおかげで、賃金、環境、労災といった社会問題への取り組みは遅れ、一九九〇年代には共産党に投票することで蒸気抜きされていた社会的不満が行き場を失った。

ドネツクの富豪は『フォーブス』に載るような世界的長者となり、我が世の春を謳歌していた。しかしサッカークラブやメディアの購入に使う金はあるのに、他方でソ連以来の工場・採炭施設を使い続けるのは、まともなコーポレイト・ガバナンスの下では考えられなかっただろう。

二〇一三年一月、私はウクライナ共産党のドネツク市のリーダーであり、ドネツク大学の助教授だったボリス・リトヴィノフ（一九五四年生）と面談した。

リトヴィノフは、二〇一二年議会選挙の際、地域党がドネツク州での得票率を前回二〇〇七年選挙の七六%から六五%に減らしたこと、東部ウクライナ全体では約二〇〇万の票を減らしたことを次のように解釈した。

一九九〇年代初期には、企業長たちは「赤かった」が、これはまだ彼らがただの経営者で所有者ではなかったからだ。企業の所有権を得たとき、彼らは東部の共産党票を簒奪するために地域党を作った。この戦略は、一〇年間有効だったが、魅力を失いつつある。いま地域党は、潜在的な共産党票をいかにして盗み続けるかについて、次の作戦を考案中だ。地域党への支持の低下は、ヤヌコヴィチのみならず、市場経済神話そのものに住民が幻滅し始めたことを示している。

地域党ブランドが飽きられてきたので、地域党幹部自身が地域党を改組か解党して政界再編を考えていたというのは、おそらく本当である。当時、私は同じ話をクリミアの地域党幹部からも聞いた。

しかし、二〇一二年議会選挙で共産党が復調したのは、ヤヌコヴィチが多くの有権者を幻滅させたからであって、「市場経済に幻滅」したのはほんの一部の左翼層ではないだろうか。リトヴィノフの話を聞いて、やはり共産主義者というのは楽天的な解釈をするなと私は思った。この楽天主義者が、翌年にはドネツク人民共和国の最高会議議長になるのである。

では、体制側エリートは、ドネツク州の情勢をどう評価していたか。同じ二〇一三年、彼らに共通する言説は、大要、次のようなものであった。

ドネツク州は、厳しい自然環境の中で遅れて工業化を始めたので、住民は団結して生きるしかない。これは炭鉱夫の民主主義とも呼べるだろう。企業ぐるみ選挙は当然である。ドネツク州では、病院長がA党に入党すると、職員も一斉に入党する。学校でも同じである。ドネツク州の大衆は指導者を最後まで見捨てない。どんなに問題があろうと、彼らは「我々の」リーダーであると考えるからである。

州の要職にある人々が、血みどろの動乱のわずか一年前にこんな脳天気なことを言っていたのだから、「人間は何と先が読めないのか」という慨嘆を禁じえない。しかし、「ドンバスの恩顧人脈政治はそれなりにうまく機能していた、人民共和国運動が成功したのは、よほどの好条件に恵まれたからだ」と考えることも可能ではないだろうか。では、なぜ人民共和国運動は成功したのか。

4 ユーロマイダン革命とドンバス革命

失われたチャンス（二〇一四年二―三月）

ユーロマイダン運動の過激化に二〇一三年の末頃からクリミアがやや過敏に反応し始めたのとは対照的に、ドネツク州民にとっては、翌年の二月二一日深夜にヤヌコヴィチが逃亡するまでは、キエフでの衝突は「まるで異星の出来事のようだった」と、後にリトヴィノフは回想した。

ヤヌコヴィチが逃亡したことはドネツク州民にとって衝撃だったが、だからといって急進分離派がすぐに主導権を握ったわけではない。二〇一四年三月時点でさえ、住民の約四〇％（最大集団）は、ウクライナからの分離やロシアへの編入よりも、ウクライナを連邦化させてウクライナに帰属し続けることを望んでいた。

シシャツキー知事は、早くも三月二日に解任されてしまったが、州議会は地域党が抑えていたので、それを基盤に「ウクライナ連邦化」運動を組織することは可能だった。しかし、地域党州組織が三月に開催した意思決定会議は、新政権を怒らせるに決まっている「連邦化」要求を避けた。ドネツク市議会に結集する地域党員の中には活発な者もいたが、それら代議員はむしろ分離派に近かった。

ただし、ドネツク州の地域党組織と州議会が連邦化要求を掲げていたとしても、マイダン政権はその要求を絶対に受け容れなかっただろうから、いずれにせよ運動の主導権は急進分離派に移っていっただろう。

同じく保身から生じた方針だが、より自殺的だったのは、アフメトフや当時のドネツク市長など州エリートの一部が、分離派を泳がせるという危険なゲームを始めたことである。これは旧ソ連圏のリージョン指導者たちがしばしば使ってきた手である。

たとえばソ連末期からロシア連邦初期にかけては、タタルスタン指導部は、ロシアからの独立を主張するような急進タタール民族主義者を泳がせた。過激な発言を繰り返す民族主義者をエリツィン政権に見せつけることで、「私たちを応援しないと、こいつらがタタルスタン共和国の権力を取るぞ」と脅していたのである。

一九九〇年代、ロシア経済が破局的だった頃、シベリアの知事たちは、炭鉱労働者のストライキをわざと放置した。「補助金をくれないと、労働運動が過激化するぞ」と連邦政府を脅すためだった（文献23）。

アフメトフらの狙いも同様で、分離主義者を泳がせることで、「我々をパージすると、こいつらがドネツク州を支配するようになるぞ」と、新政権に警告していたのである。その前提は、「分離主義者など、自分たちがその気になればいつでも弾圧できる」という自己過信であった。

この一部指導者の自己過信が、生まれたばかりの人民共和国に稀有な生存チャンスを与えた。アフメトフがこの泳がせ戦術を反省し、本気で人民共和国を批判し始めたのは、ウクライナ大統領選挙の直前、五月二〇日前後のことだった。時すでに遅し。

分離主義者は、自分たちの運動の賞味期限を自覚していただろう。ウクライナの中央政府がクーデタ政権で正統性がない間が、ウクライナから一方的に分離するチャンスである。分離勢力は、五月二五日のウクライナ大統領選挙が中央政権に正統性を与える前に、ドンバスのウクライナからの分離の可否を問う住民投票を行う必要があったのである。

分離派に武器を買い与え、弄ぶアフメトフ（当時の風刺画）

†初期の抗議行動

ドネツク州においてユーロマイダン政権への抵抗の嚆矢となったのは、パヴェル・グバリョフ（一九八三年生）である。彼は、ドネツク大学歴史学部を卒業、広告会社を経営しつつ、同時にロシア民族主義団体で活動した。ヤヌコヴィチ政権が転覆されると、「ドネツク人民自警団」と称する団体を直ちに旗揚げし、ドネツクの市議会、州議会の様子見的な態度を批判した。

二月二八日にはドネツク市議会に仲間と一緒に乗り込んで、代議員でもないくせに演説が許された。そこでグバリョフは、ウクライナ最高会議とマイダン政権の正統性を否定し、市議会のみをドネツク市における正当な権力と宣言することを要求した。

三月一日、シシャツキー州知事とドネツク市長は、マイダン政権に圧力をかけるために州議会前広場で集会を開催した。集会はすぐに分離派に乗っ取られた。集会参加者は知事と市長をやじり倒し、セヴァストポリ市の前例に倣ってグバリョフを「人民知事」に選んだ。

同日、ドネツク市議会はグバリョフの提案を受け入れ、市議会のみがドネツク市における唯一の正統な権力であると宣言した。同時に、「ドネツク州の運命」を決めるための州住民投票を行うこと、ロシア語を第二国語にすることを要求した。

州エリートの抵抗むなしく、三月二日、トゥルチノフ大統領代行は、シシャツキーを知事から解任した。州議会の圧倒的多数派は地域党だったので、知事を辞めさせられたシシャツキーは、その日のうちに州議会議長に横滑りした。トゥルチノフは、マリウポリを拠点とする冶金産業の大立者であるタルータを新知事に任命した。

翌三月三日、州議会もまた、代議員でないグバリョフに演説を許した。彼は、タルータ新知事の正統性も否定するよう州議会に要求した。

代議員は、州議会前の大衆集会の圧力に押され、またうざったいのでグバリョフに演説は許したが、全く聞いていなかったという。州議会は「住民投票に向けた人民のイニシアチブを支持する」なる曖昧な決議をあげたが、その後、この決議は何の具体的措置も伴わなかった。会議後、シシャツキー議長は変装して会場を後にしたが、分離派に発見され、危うく暴行されるところであった。

地域党・州議会指導者には、「分離主義にお墨付きを与えながら自分たちは何もしない」という態度がどれだけ危険かということに対する自覚はなかったと言わなければならない。

分離派は、三月初めに州議会・行政府建物を二度占拠したが、いずれも自ら解除した。三月六日、グバリョフがウクライナ特務機関に逮捕されると、約四〇の分離派団体が結集して、「調整協議会」が生まれた。調整協議会は、毎週日曜日、レーニン（中央）広場で集会を開催し始めた。

当時、私は、クリミアでの住民投票（三月一六日）の観察の後、ドネツク市に移動し、三月二三日（日曜日）の集会を観察した。数時間続いた集会に常時数千人が参加していたから、主催

2014年3月23日ドネツク市での集会より（著者撮影）

者側が一万五千人参加と発表したとしても誇張ではない。

ただ、集会の要求は、「グバリョフ釈放」、「(大統領を解任された)ヤヌコヴィチを戻せ」といった情緒的なもので、「よくこんなつまらないスローガンで一万を超える人を集めるな」と私はおかしな意味で感心した。時計のように毎日確実に目標に向かって進むクリミアの分離運動をその直前に目撃してきた私にとっては、集会は退屈だった。

写真は、二三日の集会で掲げられた横断幕だが、「アメリカ－ヨーロッパよ、私たちはあなたたちの『デモクラシー』を憶えている。広島、長崎、ヴェトナム、イラク、リビア、セルビア、フォークランド諸島、キューバ、朝鮮、中国、その他。ウクライナとロシアから手を引け」とある。スローガンの中身といい、横断幕のセンスといい、親露派というよりも、一九六〇—七〇年代の日本の社会党や共産党を私は思い出すのだが、読者の皆さんはいかがお感じだろうか。

†無力なウクライナ愛国派

分離派に対抗して、三月一三日夜、ウクライナ愛国派のドネツク市民も集会を開いた。集会後、極右政党「自由」の若い活動家が刺殺された。その若者は二〇一五年、「ウクライナ英雄」の称号を死後授与された。

その集会のビデオはいま（二〇二三年）でもインターネット上で見ることができるが、百名程度の愛国派集会を数千人の反マイダン市民が取り囲んで「ファシスト、ファシスト」と声を揃えて罵り、爆竹を投げ込んでいる。両派が接触しないように警官隊と愛国派の防衛隊が距離をとっているのだが、犠牲者は防衛隊の一人であった。この殺人事件については、当時のドネツクの警察はまじめに捜査しなかったと言われ、二〇一九年時点で容疑者は捕まっていない。

このような状況下で愛国派が示威行動を行っても、分離派の火に油を注ぐだけで、そもそも自分の命が危ない。三月一三日の事件後は、愛国派の市民は示威行動を控えるようになった。これは、一、二カ月前のウクライナで、マイダン活動家が何をやっても警察に捕まることはないということを認識した反マイダン派の市民が怯えて、抗議行動を自粛するようになったのと同じである。

実際、分離派の運動は、敵であるはずのマイダン派の運動論に多くを学んでいた。行政建物を占拠し、行政幹部を吊るし上げ、吊るし上げや暴行を携帯電話でビデオに撮ってソーシャルメディアに載せ、警察、特務機関、軍の武器庫を襲って武器を入手したのである。

†タルータ知事の任命

二月二七日に成立したマイダン新政府は、東部諸州の富豪を州知事に任命し、自分の私財を投じさせて、分離派との闘争、場合によっては戦争に備えさせようとした。ドネツク州知事の候補はセルヒー・タルータ(一九五五年生)であった。

タルータはルム・ギリシア人(ギリシア本土でなく、オスマン帝国に広く居住していたギリシア人)とユダヤ人の混血で、生粋のマリウポリ人である。アゾフ製鉄の技術者からたたき上げて、一九九〇年代に冶金企業の経営者にまでなった。

タルータは「オレンジのドネツク人」として、ユシチェンコ時代には副首相候補になったこともあったが、国家勤務は肌に合わないと考え、それまで役人になったことはなかった。

本人によれば、三日間のうちにティモシェンコ、ヤツェニュク首相、トゥルチノフ大統領代行が入れ代わり立ち代わり電話をかけてきて、ドネツク州知事になるように説得したとのことである。

ロシアがクリミアを併合した直後に、次の露ウ対立の焦点に確実になるドネツク州の知事になるのは、生半可な覚悟ではできない。ヤヌコヴィチ時代に大統領親子による収奪を避けるために、タルータは資産・持ち株の相当部分をロシアに移していた。ドネツク州知事になれば、それらを失うことになるかもしれない。しかし、最終的には、愛国心が勝った。

三月二日に知事に任命されたタルータは、この職を引き受ける条件として、軍事と警察・司法政策に関する一定の自主裁量権をユーロマイダン政権から獲得していた。その中で重要なものは、警察幹部の人事権だった。

タルータは、就任するとすぐに、キロヴォフラード州知事であったアンドリー・ニコラエンコ（一九七九年生）を「強制力ブロック」担当副知事として招いた。ニコラエンコは、キエフ大学の国際関係学科を卒業後、二〇〇二年から二〇〇六年までソウルのウクライナ大使館で勤務した。

タルータと著者（2016年9月、キエフ市）

その後、韓国専門家として、アジア太平洋諸国との経済関係強化を掲げていたティモシェンコ内閣の顧問になった。ヤヌコヴィチ大統領は、この若い幹部を高く評価し、キロヴォフラード州の副知事に、やがて地域党に入党することを条件に知事に任命した。

シシャツキー知事について述べたように、オレンジ革命で活動領域を広げたNGOをどう使うかは、ヤヌコヴィチ時代の知事たちが直面した問題だった。ニコラエンコは、民族派も招いて市民フォーラムを活発に組織し、「彼らを内側から弱めた」。

しかし、マイダン政権が成立すると、ヤヌコヴィチに任命され、地域党員でもあったニコラエンコ知事は直ちに解任され、かわりにタルータに招かれたのである。

ニコラエンコがドネツクに着任したのは三月一二日であったが、翌日には、政党「自由」の活動家殺人事件（前述）が起こった。これに対する地元警察の対処が真剣ではなかったので、ニコラエンコはアヴァコフ内相を説得して、自分がキロヴォフラード知事時代に州警察署長だった人物をドネツクに転勤させた。

この人物は、ドネツク州の警察官の点検を大急ぎで行い、州の警察官の七〇％は信頼できないとタルータ、ニコラエンコに報告した。

深刻なのはその動機で、これら警察官は、旧体制下で地域党に気に入られたかったから、ロシアに買収されていたから等ではなく、ドンバスを愛しており、ヤツェニュク首相やその他のマイダン指導者を心の底から憎んでいるから、新政権の方針には従わないのだった。この調査結果の正しさは、五月九日のマリウポリ事件が証明することになる（第二章参照）。

報告を受けて、タルータは警察官のパージを行うことに同意した。最終的には、州の一万二千人の警察官のうち、わずか五千人しか職に残れなかった。

タルータは私財を投じて、生まれたばかりの国民衛兵隊の装備を整え、ロシアとの国境地帯に塹壕を掘らせた。

†ドネツク人民共和国の誕生

四月六日、日曜日の定例集会の後、分離派は州議会・行政府建物を再び占拠した。調整協議会は、「明日正午までに州議会を開いてウクライナの連邦化を要求せよ」という最後通牒を州議会代議員に対して発表した。分離派の目標は、とっくの昔に「ウクライナの連邦化」ではなく「ロシアへの編入」だったので、この要求自体が偽善的で、次の一歩を踏み出すための口実にすぎなかった。

シシャツキー議長はすでに任務放棄しており、分離派の最後通牒は代議員のほとんどに届かなかった。そもそも、何の正統性もない調整協議会なる組織が、代議員にどうしてあれこれ要求できるのかという問題がある。

一部の代議員が最後通牒についていたとえ知ったとしても、その内容はかなり無茶なものである。州議会・行政府建物前では数千人の群集が座り込んでいる。州議会の会場では建物占拠した約三〇〇人以上の分離派活動家が待ち構えている。建物の入り口では武装した多数の民兵が警護している。

アフメトフやヤヌコヴィチの子分である地域党の州代議員が、このような、自分にとっては危険な建物にのこのこ入っていって、キエフの新政権と確実に問題を起こす（おそらく刑事事件になる）「ウクライナの連邦化」などという決議に賛成できるだろうか。

結局、最後通牒が指定した時間には、たった三名の州代議員しか現れず（全員共産党員）、州議会は、急進的な民衆の目には正統性を失ったのである。

時間をやや遡って四月七日未明、午前二時、建物占拠中の調整協議会内で、最後通牒が指定したその日の正午に州の代議員が集まらなかったらどうするかが議論になった。主権宣言、憲法的文書、ウクライナからの分離を問う住民投票を行う決議を採択しようという話になり、州代議員四期目で大学教員でもある前出リトヴィノフが起草せよという話になった。

リトヴィノフは急遽家に帰り、外との連絡を絶って、朝九時までかけて三文書を起草した。共産党員であるリトヴィノフが書いたので、「ドネツク人民共和国主権宣言」の中には、「共和国は憲法で認められた諸形態の所有権の自由な発展条件を保証する。ただし、他人の労働の成果を取得することは（保護される所有権からは）除かれるし、集団的な形態の所有権が優先的な意義を持つ」などとさらりと書いてある。社会主義が敗北してから四半世紀も経たないうちに、独立宣言に「集団所有を優先する」などと書く政体がまた生まれるとは、私は夢にも思わなかった。

分離政体の国名に「人民」を入れるかどうかについても、分離派活動家の間で議論になった。というのは、「人民共和国」という国名は、ロシア革命期から内戦期にかけてウクライナに存在していた反ボリシェヴィキ政権である「ウクライナ人民共和国」を想起させたからである。

しかし、問題の本質はそこではない。カラバフ、アブハジア、南オセチア、沿ドニエストルというソ連末期に生まれた非承認国家のうち、国名に「人民」などというアナクロ左翼的な形容詞を入れた国は一つもない。これは、当時のソ連圏のイデオロギー状況を反映しているだけではなく、分離政体の生存にとっては階級協調が不可欠だからであった。

富裕層が分離地域に踏みとどまり、不利を我慢して企業活動を続け、分離政体に税金を納めてくれなければ、ガガウジヤの例に見られるように、分離政体はあっという間に滅びる。そのような問題意識は、初期の人民共和国活動家には希薄だった。こんにちからでは理解しがたいが、初期の人民共和国においては社会革命が地政学的選択に優先していたのである。

†人民共和国最高会議の成立

州代議員がほとんど来なかったため、三文書は採択され、新たに「ドネツク人民共和国最高会議」なるものが集会で選ばれた。

それまでも日曜ごとの定例集会は、州の全市・全郡、また様々な社会団体から代表が参加するよう意識的に組織されていたが、四月七日の建物内集会も州の各地域・社会階層を十分に代表していると出席者登録の結果明らかになった。そこで、運動指導者たちが最高会議代議員候補を州議会・州行政府建物前広場の大集会に推薦し、歓声により支持された場合、その人物が最高会議議員になるという手続きもどきが行われた。

二〇一四年八月、ドネツク人民共和国で面談した際、私は、リトヴィノフ最高会議議長、アレクセイ・アレクサンドロフ副首相に「あなたたちが批判していたマイダン派と同じ方法で権力を組織したのではないか」と質問した。両者とも、「然り。我々が依拠しているのは民主的正統性ではなく革命的正統性である」と答えた。

この集会で選挙された最高会議が、二〇一四年一一月に通常の議会選挙が行われるまでの約半年間、人民共和国の最高国家機関であり続けた。

二〇一四年九月、クリミアと同時にドネツク、ルガンスク人民共和国でも議会選挙を行う案もあったが、七—八月の戦況があまりにも悪かったので、九月選挙は物理的に不可能となった。当時、人民共和国指導者の間では、旧ドネツク州の領域の「四分の三」を回復したときに選挙を行うという合意があった。

しかしアレクサンドロフ副首相は、八月、本音を私に語った。「オリガークは、まだ相当、住民に影響する梃子を持っている。いま選挙を行えば、彼らはドネツク人民共和国政権を倒すことができるだろう。そうするとこれまでの多くの人命の犠牲が無駄になってしまう」と。

†近未来ウクライナ大統領に秋波を送るプーチン

四—五月、マイダン政権側は、マリウポリ事件に見られるように、五月一一日に予定された、人民共和国の独立を問う住民投票を武力を用いてでも阻止し、ウクライナ残部では五月二五日に大統領選挙を行って、自らを正統化するつもりだった。

分離派はこの逆で、住民投票によって人民共和国の独立を正統化し、ウクライナ大統領選挙がマイダン革命を事後正統化するのは阻止する構えだった。分離派活動家は、ウクライナ側の選挙管理委員会を襲撃し、投票用紙を棄損し、選挙管理委員を誘拐した。妨害は功を奏し、ドネツク州で大統領選挙が行われえたのは、州の西部辺境のみだった。

五月七日、つまり住民投票四日前、OSCE代表との協議の後、プーチン大統領は、ウクライナ大統領選挙を行うことの意義を認めると同時に、人民共和国は住民投票を延期するよう提言した。

それ以前、ラヴロフ外相やドミトリー・ペスコフ大統領府スポークスマンは、「人民共和国が不参加を表明している下で、ウクライナ残部で大統領選挙を行うことはウクライナの分裂を固定することになる」という趣旨の発言をしていた。つまり、五月七日のプーチンは、分離派はおろか、自分の部下とも正反対の提案をしたことになる。

この頃、プーチンの頭の中で、「ドンバスは（分離派をトップに置いたままで）ウクライナに戻す」という、後のミンスク合意につながる政策が固まりつつあったと私は思う。

その最大の動機は選挙である。米国の政治学者ポール・ダニエリも指摘したように、ロシアがクリミアとセヴァストポリ市を併合しただけなら、約二〇〇万票の親露票がウクライナから消えるだけである。しかし、クリミアに加えて、三〇〇万票から五〇〇万票のドンバスの親露票（人民共和国の実効支配領域の広さによって増減）がウクライナから消えたとすれば、ウクライナ大統領選挙ではウクライナのNATO早期加盟を掲げるような候補しか勝てなくなる（文献11）。

したがって、「クリミアはとったがドンバスはウクライナに押し戻す」というのが、ロシア指導部にとって最も旨味のある政策だったのである。

プーチンは、大統領選挙での勝利が予想されていたポロシェンコとの間で、「ウクライナがクリミア問題を棚上げするのなら、ドンバスがウクライナに帰るよう分離派を説得してあげよう」という形で手打ちに持ち込む意図だったのではないだろうか。クリミア併合に全く抵抗できず、他方、ドンバスの分離主義に対しては過剰反応していたウクライナの指導者たちにとって、このような甘言はまんざらでもなかったはずである。

プーチンにとっては、「マイダン革命から生まれた政権は正統でない」という一点は、クリミア併合の正当化根拠でもあり、譲ることはできなかった。しかし、五月二五日のウクライナ大統領選挙が禊（みそぎ）になり、新政権が正統性を回復すると考えれば、その新政権との間で「クリミア棚上げ、ドンバス再統合」で手打ちすることも可能である。

†独走する人民共和国

プーチンの住民投票延期提言は、ドンバス二共和国住民に大きなショックを与えた。

ドネツク人民共和国では、五月七日には共和国指導者たちは市部・郡部に出払っており、たまたま首都に残っていた若い代議員、従軍記者のドミトリー・ガウ（一九八四年生）が、説明を求めて共和国政府庁舎（旧州議会建物）前に集まってきた市民に対応することになった。

ガウは、「すでに多くの人が住民投票のために死んだ。ここで折れてしまったら、死んだ人にいったいどう申し開きするのか」と述べて、市民を説得した。心打つ言葉だが、「死者への責任」というマイダン派と同じレトリックを使ったことは、指摘しないわけにはいかない。

また、ガウは、「もし人民共和国がプーチンの提言に従って住民投票を延期したら、世界は人民共和国をプーチンの傀儡とみなすだろう」とも市民に訴えた。

ロシア指導部のドンバス政策はクリミア政策とは全く違うということが明らかになった後も、ドンバス住民は、「住民投票さえ成功させればロシアを押し切ることができるだろう。プーチンは嫌々かもしれないが私たちを引き受け、私たちを内戦から救ってくれるだろう」と素朴な幻想を抱いていた。

これに対して、人民共和国のリーダーたちは、「住民投票の結果はおそらくロシアを動かさないだろうし、逆に、この投票の結果、確実に内戦が始まる。それを覚悟の上、投票されたし」とは市民に伝えなかったのである。

†ドネツク空港空爆

五月一一日の住民投票は、ドネツク人民共和国の「独立」を承認したが、その後も、タルータ知事と人民共和国の間の二重権力は続いた。州行政府職員は、タルータが所有・経営するホテルで仕事を続けた。行政府と人民共和国リーダーの間の行政庁舎返還等をめぐる交渉も続けられた。

ドネツク州におけるスラヴャンスク、クラマトルスクのような北部中心都市とドネツクの間の距離、南部中心都市マリウポリとドネツクの間の距離のいずれも一〇〇キロメートル強で物理的な違いはないのだが、北部とドネツクの間の距離感の方が大きい。マリウポリとドネツクの間は見晴らしの良いステップであり、道路外でも戦車が走れるが、人民共和国への北からのルートであるバフムト―ゴルロフカ間はうっそうとした森であり、その中を一本道が通っているのみである。ドネツク市にとってマリウポリは近く、州北部は遠いという空間感覚は、政治や軍事における距離感にも反映される。

二〇一七年に私がザハルチェンコ支持団体のオプロト（防壁）の職員から聞いた話だが、ドネツク市民は、ギルキンが北部で暴れていても対岸の火事で、自分自身にも戦争が迫っているとは感じなかった。百万都市に向かってキエフの新政権が戦争を挑むなどと想像もできなかったのである。この認識を変えたのが五月二六日のウクライナ軍によるドネツク空港の空爆だった。

ポロシェンコがドネツク空港を空爆したおかげで、タルータ知事にはドネツク市での居場所はなくなった。これ以上ドネツク市にとどまれば自分と行政府職員の命が危ないと悟ったタルータは、六月一三日にウクライナがマリウポリを奪還すると、急いで州都をマリウポリ市に移してしまった。

マリウポリ市もドネツク市と同様、五月中旬まで情勢は比較的平静であった。むしろ、五月九日のマリウポリ事件の後、このままでは内戦になると痛感した市指導者と人民共和国支持者の間でかえって協力の機運が高まった（第二章参照）。

マリウポリで両陣営間の対立が激化したのは、アフメトフらが人民共和国に反対する姿勢を鮮明にしたウクライナ大統領選挙直前のことだった。

その他の都市の状況を総合しても、ドンバス戦争の開戦日はギルキンが暴れ始めた四月一二日ではなく、ポロシェンコ新大統領がドネツク空港を空爆した五月二六日に求めるのが妥当である。

ではなぜドンバス戦争四月開戦説が根強いのだろうか。その説の方が、自らを被害者として描きたいウクライナ政府に好まれるということもあろう。私見では、もっと直接的な理由は、当事者ギルキンがドンバス紛争における自分の功績を誇大宣伝してきたことである。ジェラルド・トールのような優秀な研究者でも、ギルキンの自己宣伝に見事に引っかかっている（文献28）。

ギルキンがドネツク人民共和国の国防大臣だった五月一六日から八月一四日までの間、同共和国は実効支配地域の大半を失った。八月、ロシアが人民共和国支援を強めると同時にギルキンは解任された。私はその頃、たまたまドネツク市にいたが、彼の解任を惜しむ声は全く聞かなかった。

その後、プーチン大統領がミンスク合意を掲げて対ウクライナ戦争の抑えに回ると、ギルキンはロシアと人民共和国指導部への反対派になった。二〇二二年に露ウ戦争が始まると、ロシア軍指導部のだらしなさと作戦の拙さを徹底批判するビデオをユーチューブ上で多数リリースして人気を博している。

なぜこのような人物が言うことを西側の研究者が真に受けるかと言えば、ソーシャルメディアの使い方がうまいからである。政治家にとってはソーシャルメディアの使い方がうまいことは美徳かもしれないが、軍人の能力が軍功ではなくソーシャルメディアの使用の巧拙で評価されるようでは世も末である。

5 平和でも戦争でもなく

†聞きわけのない知事たち

タルータは六月中旬に州行政府をアゾフ海沿岸のマリウポリに疎開させた。人口が州第二の都市であっただけではなく、自分自身のビジネス拠点だったからだろう。タルータの見解はキエフ政権の見解とはしばしば異なり、しかも彼はそれを隠さなかった。

二〇一四年五月の大統領選挙中も、タルータは最有力候補だったポロシェンコの政策をずけずけ批判した。知事任命制下では、ポロシェンコが大統領に当選するや否やタルータは解任されて当然であるが、後任がなかなか見つからなかった。

タルータは、九月五日の第一ミンスク合意を、中央政府による裏切りとして激しく批判した。両人民共和国をテロ組織と定義したから戦争を始めたのに、合意を結ぶことはその定義に反している。また、ドネツク州とルガンスク州を、政府支配領域と人民共和国領域に分けることに反対したのである。

最終的な打撃になったのは、タルータが二〇一四年一〇月七日のプーチンの誕生日に祝電を送ったことである。内容はいわゆる祝電ではなく、「知恵と勇気を発揮してドンバスから手を引いてくれ」という内容だったのだが、そもそもプーチンに直接、電報を送ること自体が軽率だと中央の指導者たちから批判された。

近く解任されることを自覚していたタルータは、まだ知事職にあったのに九月の最高会議選挙にマリウポリの選挙区から出馬して当選した。二〇一五年三月五日の大統領令がドネツクとルガンスクのウクライナ支配領域に軍事・文民行政府（軍政）を導入すると、タルータは、戦線付属地域では、むしろ代議機関を復活しなければならないのだと批判した。

一〇月一〇日にタルータに替わったオレクサンドル・キフテンコ知事は、ユシチェンコ時代にウクライナ内務省軍司令官（中将）であった。ユシチェンコ政権の初期にポロシェンコは安全保障会議書記だったので、そのときに内務省軍司令官のキフテンコとはよく知る仲になっていたはずである。

二〇〇六—〇七年にユシチェンコ大統領とヤヌコヴィチ首相の関係が危機的になったとき、断固としてユシチェンコの側に立ったことが、ポロシェンコに良い印象を与えたと言われる。

キフテンコの知事任命は、ドネツク州とルガンスク州では軍人が知事になるべきというポロシェンコの政策を反映していた。翌一五年の両州への軍政導入に連なる流れである。キフテンコの最初の仕事は、一〇月一三日、マリウポリに軍事・警察関連のオフィスだけは残して、州都を北部のクラマトルスクに移したことだった。

マリウポリは安全保障の観点からは望ましい州都ではなかった。ドネツク以上にキエフから遠く、逆にロシア国境には近い。しかもロシア国境とマリウポリの間にあるノヴォアゾフスキー郡とテリマノフスキー郡は人民共和国が実効支配していた。

ポロシェンコ大統領への忠誠が期待されたキフテンコ知事であったが、人民共和国領の再統合政策をめぐってポロシェンコと対立し、彼も半年しかもたなかった。キフテンコの考えでは、人民共和国を経済封鎖するなどもってのほかで、むしろ経済交流を活発化することにより人民共和国支配領域をウクライナに再統合しなければならないのだった。

キフテンコはこの考えをマスコミに発表し、政府を批判することも辞さなかった。人民共和国の本格的な経済封鎖が始まるのは二〇一六年末からだが、すでに二〇一五年には、人民共和国との経済関係を「血の商業」などと呼んで忌み嫌う民族愛国派は多かった。
キフテンコは民族愛国派の批判の的になった。また、人民共和国との交易を庇護することで賄賂をとっているとも批判され、二〇一五年五月に解任された。

†民間砲撃の伝統

ウクライナ側は、ドンバス戦争に向けた準備を大急ぎでした。二〇一四年三月一三日、最高会議は、国民衛兵隊法を採択した。国民衛兵隊は、中核となる内務省軍にマイダン革命が生んだ諸武装集団を接合した。これは、革命が成就したからといって刀狩をして右翼を怒らせないための措置でもあった。右翼がドンバスに行って死んでくれれば第二革命の危険性も少なくなるので、新政権にとっては一石二鳥だった。

内務省軍時代と同様、国民衛兵隊は内務大臣に従属し、大統領には従属しなかった。二〇一六年九月に内務省高官から聞いたところでは、徴兵者は通常の軍に行くか、国民衛兵隊に行くか徴兵時に選ぶことができた。二〇一八年四月まではドンバス戦線の主力は通常軍ではなく国民衛兵隊であった。

なし崩し的に内戦が激化したため、ウクライナ兵は訓練不足で前線に送られ、モチベーションの高いドンバス民兵や各地を転戦してきた強者であるロシア義勇兵に対峙することになった。

二〇一四年八月にドネツクを訪れたとき、人民共和国兵士から、「ウクライナ兵はまるで蚊のようだった」と私は聞いた。

戦闘で劣勢なウクライナ武装勢力は、自分たちが優位にある火砲に頼り、しかも銃後の民間家屋、民間施設を狙うようになった。当然、戦時国際法は無視することになる。早くも二〇一四年初夏、のちにプーチンに対ウ開戦の口実を与える非常に良くないウクライナ軍の伝統が形成された。

さらによくないことに、「我々は撃っていません。あれはウクライナの信用を毀損するために、人民共和国が自分を撃っているのです」などと宣伝し始めた。これを真に受ける西側の政治家や外交官を私は知らない。しかし、ウクライナに対しては、いわゆる民主主義国家も、民主主義を掲げる政党も、何も言ってこなかった。ウクライナにとって、これは恐るべき国際的孤立である。

当初は人民共和国側も「目には目を」で報復していたが、これは人民共和国内で評判が悪い政策であった。ドンバス外から主に兵員が動員されるウクライナ軍と違って、人民共和国の将兵にとってウクライナ支配領域、たとえばマリウポリの住民の中には親戚・知人が多数いる。

第二に、人民共和国側が「目には目を」対応をしていた二〇一四年には、人民共和国住民に「どっちもどっち」論が強かった。つまり、「撃ってくるウクライナ軍は許せないが、人民共和国側も武闘的で、住民被害への責任は同程度」と考える人が多かったのである。

管見では、ドネツク人民共和国の砲撃でウクライナ支配領域の住民が多数死傷したのは、二〇一五年八月のサルタナ（マリウポリの東の住宅地）への砲撃が最後である。二〇一六年に入ると、同共和国は、ウクライナ側からの民間家屋砲撃に対しては、ウクライナ兵士への狙撃や塹壕攻撃で応じるようになった。これもミンスク合意違反である点では同じだが、戦時国際法との関係では、兵士を狙撃する方が民間家屋を砲撃するよりもよい。

二〇一七年八月に私がドネツクを訪れたときの観察では、この自制的方針が人民共和国の内部的正統性を高めたようであった。もはや「どっちもどっち」論は住民からは聞かれず、人民共和国住民は自分たちを一方的被害者と感じるようになったのである。

†ノヴォロシア運動の地理的限界

二〇一四年の春に反マイダンの分離運動が盛り上がり、夏にそれが衰退するまでの間、分離派の活動家は、南東ウクライナ（黒海北岸地方）を指す新しい地理概念として「ノヴォロシア（新ロシア）」を盛んに打ち出した。ウクライナ側が反攻に成功し、人民共和国運動がドネツクとルガンスクで止まってしまうと、「ノヴォロシア」の概念も使われなくなった。

二〇二二年、ロシア軍がザポリジャ州、ヘルソン州に侵入すると、「ドンバス救済」という公式の戦争目的とは関係のない侵略行動を正当化するために、ロシアの体制側マスコミは「ノヴォロシア」概念を再び喧伝するようになった。ただし、その強調点は二〇一四年とはずいぶん変わった。

「ノヴォロシア主義」の主張をまとめると——

①黒海北岸地方をオスマン帝国から奪ったのはエカテリナ二世とグレゴリー・ポチョムキンなどロシア帝国の皇帝と高官である。したがって、この土地はロシア帝国の継承国であるロシア連邦に帰属すべきである。

②黒海北岸地方が歴史的概念としてのウクライナに帰属していたことはソ連以前にはない。むしろ、この地は歴史上一貫して多民族地域であった。

③ロシア人とウクライナ人は、単一のエスニシティである。黒海北岸地方はその居住地である。

④黒海北岸地方をウクライナとは別の地理的まとまりとみなす歴史的前例として、ドネツク－クリヴォイログ（クリヴィーリフ）・ソヴェト共和国がある。

二〇一四年の人民共和国運動は②③④を打ち出したのに対し、①はひどく我田引水で、二〇二二年に特徴的な議論である。国際法上のニュアンスを除けば、ロシア連邦は、ソ連の一行政単位だったロシア・ソヴェト連邦社会主義共和国の後継者にすぎず、ロシア帝国やソ連の後継者ではない。したがってザポリジャ州、ヘルソン州に対して国土回復主義を掲げる権利はない。

二〇一四年の運動はさすがに①を思いつくほど図々しくなかったということに加え、左翼性が強かったため、①の議論には違和感があったと思われる。

二〇一四年、二〇二二年のいずれにおいても、ノヴォロシア概念は、「ウクライナからの分離運動は、クリミアとドンバスにはとどまらず、南東ウクライナ全域を覆うだろう」という希望的予想と結びついていた。

しかし、ジェラルド・トールらが組織した大規模な社会学調査は、クリミア・ドンバス住民と、南東六州（ハルキウ、ドニプロペトロウスク、ザポリジャ、ムィコライウ、ヘルソン、オデサ）住民の間には、地政学的な志向、ユーロマイダン革命の評価、ウクライナの未来構想などにおいて大きな違いがあることを示している（文献28）。

そもそも南東ウクライナで伝統的に支持されてきたのは、「ウクライナの連邦化」であって「ロシアへの編入」ではない。反マイダン派が「ロシアへの編入」を掲げれば、運動支持者は先細りする。それでも「ロシアへの編入」が一時的に支持を伸ばしたとすれば、それはマイダン革命の暴力に対する住民の恐怖と嫌悪感からである。

ドンバス戦争が始まったことで、ドンバス外の地域では、オデサ労働組合会館放火事件のような無政府主義的暴力はかえって下火になった。そのため「ロシアに編入」される必要もなくなったのである。

†本章のまとめ

ドネツク州には、垂直的な産業構造、地域企業の経営者が有権者を容易に動員できる企業城下町、中小ビジネスの未発達と人文インテリの弱さ、社会問題から住民の目を逸らさせるためのリージョナリズムなど、集権的な恩顧政治に有利な条件がいくつもあった。これらの条件を生かして、二〇〇二年の議会選挙においてドネツク州の地域党はクチマ与党連合に貢献した。

一九九九年の大統領選挙に辛勝した後も、政治危機に見舞われ続けていたクチマ大統領は、ドニプロペトロウスク閥からドネツク閥に乗り換えた。オレンジ革命のため、ヤヌコヴィチはクチマの後継者にはなれなかったが、野党時代に地域党はますます強くなった。

しかし、容易に選挙に勝てる恩顧体制が出現したおかげで、産業近代化や社会問題への取り組みは遅れ、一九九〇年代には共産党に投票することで蒸気抜きされていた市民の不満が鬱積した。

このため、少数のマケドニア人を除いて、指導者がロシアに寝返ってしまった「クリミアの春」とは異なって、ドネツク州の「ロシアの春」は、極端な階級対立の様相を呈した。それまで州を支配していた富豪のほとんどはウクライナ支配地域に移住した。

エスカレーションに対案はあっただろうか。本章で触れたことに基づけば——

①マイダン政権が、地域党系の知事を解任せず、分離派に攻撃を集中して孤立させることはありえただろうか。

②マイダン政府が「連邦化」をめぐる交渉に応じることはありえただろうか。（その前提として、ドネツクの地域党組織が、シシャツキー知事が解任された下でも、州議会を基盤にして「連邦化」運動を展開しなければならなかったが。）

③ウクライナ政府が「反テロ作戦」によってドンバス住民全体を敵に回すのではなく、活動家に的を絞った特別作戦を行うことは可能だっただろうか（タルータ知事の主張）。

④ポロシェンコがプーチンの秋波に応じ、五月二六日にドネツク空港を空爆しないことは可能だっただろうか。

⑤国際社会がウクライナ軍の民間家屋砲撃を批判することがありえただろうか。

⑥二〇一七年、ポロシェンコ政権がドンバスを経済封鎖しないことは可能だっただろうか。

私は、このすべての問いにつき、否定的に答えざるを得ない。ドンバス分離派は、マイダン革命の既成事実を受け入れるか、絶望的な武力抵抗をするかいずれかしかなかったのである。

第五章

ドネツク人民共和国

本章では、二〇一四年に成立してから露ウ戦争開戦までのドネツク人民共和国の歴史を紹介する。本章の問題関心は次の三点である。

①非承認国家研究は、国家の誕生を観察する作業である。ビッグバンの研究が「宇宙とは何か」という問いの考察に役立つように、非承認国家研究は「国家とは何か」という政治学の根本問題の答えを探す作業である。

分離政体＝非承認国家には、別の国家に統合されることをめざす過渡期的なもの（南オセチア、カラバフ）と独立維持を志向するもの（アブハジア）がある。ドンバスの人民共和国は前者であった。過渡期的なものでも、国際社会の抵抗やパトロン国家の事情で過渡が長期化する場合には、独立維持型との違いはあまりなくなる。

②ドネツク人民共和国がロシアの庇護下にあったことの実態と意義を究明する。この問題については、「人民共和国はロシアの傀儡であるか否か」という二者択一の議論をする人が多いが、これは生産的ではなく、実証研究をかえって妨げている。大切なのは、ロシア大統領府やロシアの様々なアクターと人民共和国の様々なアクターがどのような関係を持っているのかを事実に基づいて明らかにすることである。

③非承認国家には、承認された国家とは違う独特の体制循環がある。旧ソ連の承認国家の体制循環は、ヘンリー・ヘイルが指摘したように、大統領の代替わりに強く条件づけられている。

大統領の三選禁止や高齢化により代替わりが迫ると、次の大統領職をめぐってエリート内競争が激化する。この競争に決着がつくと、負けた側は弾圧やパージを恐れ、また利権にあぶれたくないので、一斉に勝ち馬に乗る。こうして、大統領中心の恩顧人脈政治が再建されるのである（文献14）。

非承認国家の政治も上記の例外ではないが、別の循環動力も作用する。分離運動と内戦期のつらい記憶、原初的なデモクラシーが、指導者と市民が定期的に再訪・巡礼すべき「真実の時」になることである。

非承認国家が事実上の分離独立を達成するのは、しばしば数年間に及ぶ熱い政治の季節と内戦を経た後であり、市民はすでに政治に疲れ、飽きている。他方、政治の季節と内戦は、市民が敬愛するヒーロー（カラバフのババヤン、アブハジアのアルジンバ、ドネツクのザハルチェンコなど）を生み出す。市民はこれらヒーローに政治を任せ、自分は不活発になってしまう。

ヒーローは市民の信頼を悪用し、また自分は戦争英雄であるという思い上がりから、あっという間に堕落する。自分の友人や親戚を大臣や国立銀行総裁に任命するなど、内戦中なら考えられないようなことをし始める。市民の抵抗力は、しばらくは回復しない。

縁故資本主義と権威主義が市民の我慢の限界を超えると、再動員・再民主化が始まる。その際、内戦期の犠牲が思い出される。「我々はこんな社会が作りたくて大きな犠牲を払ったのか」

というレトリックが前面に押し出され、すさまじい動員力を持つのである。

以上は、ソ連末期に生まれた非承認国家には普遍的に見られるサイクルだが、ドネツク人民共和国の場合、ロシアの統制が厳しかったこと、無政党民主主義（後述）という縛りがかかったことから、「真実の時」への巡礼という力学はあるにはあるものの、あまり強くなかった。

本章では、ソ連末期に発生した古参非承認国家と比較しつつ、ドネツク人民共和国の特殊性を考察する。

1 先行する分離運動

†ソ連解体期

ドンバスのウクライナからの分離運動の先駆としては、ソ連末期の「勤労者の民族連帯運動」（インテル運動）、オレンジ革命（二〇〇四年）に反対するウクライナ連邦化運動があげられる。インテル運動は、当時、バルト三共和国で盛んだった同名の運動の模倣であった。バルトのインテル運動は、基幹民族の民族主義に対抗し、ソ連の維持とロシア語話者の人権擁護を目的としていた。

ドンバスでインテル運動を創始したのは、ドミトリー（一九六二年生）とウラジミル（一九六八年）のコルニロフ兄弟であった。ドミトリーは二〇〇二年に死去したが、ウラジミルはロシアに移住し、こんにち（二〇二三年）では『六〇分』などのロシアのタカ派討論番組の常連出演者である。ウラジミルは歴史家であり、ドネツク－クリヴォイログ共和国を扱った歴史書を二〇一一年にハルキウで出版した（文献35）。

†オレンジ革命後の分離運動とマージナルな活動家たち

第二章で述べたように、二〇〇四年オレンジ革命への反動として、南東ウクライナでウクライナ連邦化運動が盛り上がった。この盛り上がりの中でも、将来のドネツク人民共和国指導者たちは、統一したロシア人政党を作るのではなく、自分を首領とする小さく、バーチャルで、しばしば滑稽な組織を作って活動した。

たとえば、当時三三歳だったアンドレイ・プルギン（のちドネツク人民共和国議会議長）は、「革命児連合」を旗揚げした。革命児連合はオレンジ運動を模倣し、ドネツク市の中央広場（レーニン広場）で座り込みした。これらテントは、翌年三月、警察によりあえなく撤去された。

二〇〇五年一二月、ある活動家グループは、「ドネツク共和国」という、将来の人民共和国の与党の起源になる組織を旗揚げした。この組織の特徴は、ドンバスの自立要求の起源をロシ

プルギン・ドネツク人民共和国議会議長（2014-15年）

ア革命当時のドネツク－クリヴォイログ共和国に求めたことである。まさにこの歴史認識の提唱者だったプルギンに組織のリーダーシップが次第に移っていった。プルギンは、ドネツク工科大学を卒業後、十年以上定職に就けないマージナルだった。

　これら親露組織は、ウクライナの領土保全に挑戦した。ウクライナの領土・国境の変更を求めることは同国では違法なので、ユシチェンコ政権だけでなく、ヤヌコヴィチ政権も容赦なくこれら組織を弾圧した。二〇〇九年、裁判所は「ドネツク共和国」を非合法化した。

　弾圧や地域党の潤沢な資金・行政資源に圧倒されて、親露諸組織の活動はいっそうマージナルで滑稽なものになっていった。「ドネツク共和国」は、「ドネツク共和国パスポート」なるものを配布し、ドンバスとヘルソンの「ウクライナからの独立」を宣言した。

　皮肉なことに、大衆に影響するような組織力を持っていなかったがゆえに、これら組織はインターネット、スマートフォン、ソーシャルメディアに依拠した運動形態に熟達した。これは、彼らの敵であるウクライナ民族愛国派が行っていたことと同じである。

　とはいっても、二〇一四年春に至るまで、これら分離派活動家に歴史に残るようなことができるとは誰も思わなかった。

†アレクサンドロフの政治思想

分離運動の最も体系的な思想家・扇動家として、「ロシアの春」のピーク時にドネツク人民共和国副首相だったアレクセイ・アレクサンドロフの政治思想を一瞥したい。

アレクサンドロフは生粋のキエフっ子でありながら、ユーロマイダン革命以前は「ロシア・ブロック」の指導者の一人であると同時に、ロシア語やロシア文化の国外普及をめざす「ロシア世界」のウクライナ責任者であった。ユシチェンコ政権からヤヌコヴィチ政権にかけて何度も刑事的な追及を受けており、二〇一四年八月の私との面談では、自分のことを職業革命家と呼んでいた。

彼は、「ウクライナの存在そのものが単一のロシア民族を分裂させようとする分離主義であって、我々はむしろユニオニスト、イレデンティストである」と言うが、これは分離派の決まり文句である。

ユーロマイダン革命の直前、二〇一三年の上海協力機構のサマースクールで、アレクサンドロフは次のような講演を行った。曰く、当初、旧ソ連空間ではロシア語話者が優勢で、ソ連メンタリティーが共有され、市民の大半は、統一国家の復活を待望していた。しかし、その頃のロシアは国内問題に忙殺され、自分の地政学上のライバルたちに主導権を明け渡してしまった。

当然の結果としてウクライナのエリートは反露的になり、住民を脱ロシア化した。「赤い企業長」は、自分たちの本性的利益からロシアとの緊密な経済協力を求めていたが、難しい立場に立たされた。

EUとのアソシエーション条約を締結することで、ヤヌコヴィチ一派は、新しいリトアニア大公国、つまりロシアへの国際的な対抗同盟を作ることを狙っている。ウクライナは、EUやNATOに加盟した小国を自国の周りに結集しようとしているのだ。この計画は、国外への影響力をようやく回復しようとしているロシアを掣肘することだけを狙ったものではない。ロシア本体、すなわちドン、クバン、さらにはコーカサス、ヴォルガ地方への橋頭堡を築こうとしているのだ。

アレクサンドロフによれば、ウクライナをロシアから切り離すために、西側は多くの梃子を持っている。地方エリートを従え、経済に影響し、ウクライナのマスメディアと教育を支配し、住民のオピニオンリーダーを育成している。世界金融危機に襲われたウクライナの買弁エリートを救うために、西側はウクライナ経済に残されたものを最終的に清算しつつある。ユーラシア関税同盟や上海条約機構なら、ウクライナを救えるかもしれない。

クチマから地域党に至るまで、自分たちを「ウクライナにおける親露派」と偽りながら、露骨に反露的なプロジェクトを実施してきた。これらに騙されて、オレンジ革命の後でさえ、ロシアは真剣な対抗策をとってこなかった。

ここで、アレクサンドロフは、なぜロシアは、西側とウクライナの攻勢に対抗できないのかと問いかける。第一に、「ロシアのプロジェクト」は、下からのイニシアチブを無視して、常に上から降ろされてきた。第二に、モチベーションを欠いた「民間外交」は失敗ばかりしてきた。第三に、内容でも、テクノロジーでも、人材でも新味のないロシアの「ソフトパワー戦略」は、ウクライナどころか、ロシアの辺境地域でも西側のソフトパワーに太刀打ちできない。

モスクワやキエフの官僚・エリートにとって居心地が良く、我々にとっても慣れ親しんだスタイルでの仕事を続けるならば、ウクライナは外部から容易にコントロールされる憎悪空間、侵略者に都合の良い不安定な橋頭堡であり続けるだろう。ひとたび危機がウクライナを襲えば、我々は新たな東方拡大運動（Drang nach Osten）に直面するだろう。その東方拡大の担い手は、伝統的な「文明化の使徒」だけではなく、ロシアとロシア的なるものへの憎悪を叩きこまれた、数十万人の「かつての同胞」であろう。

どう評価するかは別として、アレクサンドロフは、二〇一三年一一月以降にウクライナとロシアに起こったことを、ほぼ正確に予見したのである。

文化的帝国主義、左翼的な「人民の力」への信頼、そして西側の情報技術やソフトパワーへの憧憬――この奇妙な三位一体が、「ロシアの春」を導いたイデオロギーである。

2　建国期の試練

†住民投票後の新体制、ロシアからの応援団

五月一一日の住民投票がドネツク人民共和国の「独立」を承認したのち、同共和国最高会議は、初代議長だったマコヴィチに替え、デニス・プシリンを議長に選んだ。プシリンは当時三三歳、大学中退、MMMという旧ソ連圏で有名なネズミ講組織で勤め、二〇一三年にキエフ州で行われたウクライナ最高会議補欠選挙に出馬して七七票しか取れなかった。正真正銘のマージナルである。

五月一四日、人民共和国最高会議は新憲法を採択した。依然として議会制であり、「別の連邦制国家」への編入の含みを持たせた憲法であった。

新憲法に基づき、最高会議は当時四一歳だったアレクサンドル・ボロダイを首相に、ドネツク州北部で暴れていたギルキンを国防大臣に任命した。いずれもロシアの富豪であるコンスタンチン・マロフェエフの人脈に属するロシア市民でありウクライナ市民ではない。両者ともに

一九九二年の沿ドニエストル紛争に参加しているが、知り合いになったのはおそらくその後の言論活動を通じてである。

ボロダイはモスクワ大学で社会学教育を受けたジャーナリストで、行政実務も経済も知らず、そもそも首相職務を果たすのは無理であった。本人も、プルギンや当時頭角を現しつつあったアレクサンドル・ザハルチェンコに首相職を押しつけたかったらしいが、固辞されて自分がやる羽目になったのである。

アレクサンドロフはプロパガンダ・経済動員担当の副首相になった。ドネツク地元活動家の代表格だったプルギンも副首相になった。

このように人民共和国の最初の政府は外部からの応援団を要職に配するものであったが、これら外人部隊の意義を過大評価すべきではない。成立当初の人民共和国では、様々な政治組織、準軍事組織がお互いのことをよく知らず、信頼関係もなく、内紛によって共和国が瓦解する危険性があった。キエフ・ルーシがスカンジナビアから王を招いて成立したように、外部者をトップリーダーにつけて内紛を避ける意図があった。

リューリク王家は初代から有能な君主を輩出したが、マロフェエフ人脈はそうではなかった。軍人としては無能なギルキンが国防大臣に、行政経験のないボロダイが首相になったことは、生まれたばかりの共和国に予想通りの弊害を生んだ。

プシリン議長も同様で、彼が議長を務めた時期の最高会議アーカイブはほとんど散逸してしまった。人民共和国初期を研究しようとする将来の歴史家は、おそらく唖然とするだろう。

プシリンの議長ぶりがあまりに非組織的なので、七月一八日には「議会クーデタ」が起こって共産党のリトヴィノフが議長になった。確信した親露派だが、それだけにロシア指導部にずけずけものを言うリトヴィノフが最高会議議長＝国家元首になったことは、ロシア指導部がドンバス紛争に関与を深めるにつれ、軋轢の元になった。

†ロシアの介入の強まり

上記の成り行き任せの人事からも明らかなように、両人民共和国が発生からしてロシア大統領府のプロジェクト、傀儡だったという見解は妥当ではない。

①ロシア指導部は、自国の安全保障上の死活の問題についてさえ統一した方針を持たないのが普通である。これは、旧ソ連圏の政治隠語では、「クレムリンには十の塔(プーチンの部下)がある」と言われる。プーチンの部下のうち誰かが東部ウクライナの分離派を焚きつけていたからといって、それが政権全体の方針とは言えない。

②クリミアの分離派指導者がロシア指導部との密接な連絡の下で政変を起こし住民投票を実施したのに対し、ドンバスの分離派活動家は、「住民投票さえ成功させれば、プーチン政権は

自分たちを助けざるを得ないだろう」という見込みで行動した。こういう行動は、プーチンが最も嫌うものである。

③ドンバスの分離派の中では左翼が多く、プーチンらは嫌悪を感じた。またドンバス分離勢力の実態がロシア国内で報道されると、ロシアの左派勢力の利益になりかねない。

④ロシア指導部は、紛争が起こった際に自分の味方を助けるために急いで介入するということはせず、味方に自力生存能力があるかどうかをまず見極める。二〇〇八年第二次南オセチア戦争、二〇一四年ドンバス戦争、二〇一五年シリア戦争、二〇二〇年第二次カラバフ戦争、すべてそう行動した。

立場が自分に近いからといって「自力生存能力がない者を助けても仕方ない」と考えるのである。このため、ロシアの軍事介入はいつも手遅れ気味になる。これはおそらく、ソ連末期のアフガニスタン介入失敗がロシア指導者に刷り込んだ心理的障壁である。

⑤ロシアはすでにクリミアを併合していた。これに加えてドンバスまでウクライナ離脱すると、ウクライナ内での親露票が極端に減り、ウクライナがNATOに入ってしまう恐れがあった(前述)。

ウクライナの観察者の中には、ロシアが両人民共和国を明白に援助するという立場に踏み切れなかった二〇一四年六―七月を「チェチェン・コサック期」と呼ぶ人もいる。ここで、「チェチェン・コサック」とはロシアからの義勇兵を指す。

義勇兵の中には、ロシア社会で自分がマージナルであることへの腹いせから隣国の疑似革命運動に身を投じた人も多かっただろう。こうした人々がたしかに人民共和国の役に立った場合もあり、その非常識な行動が共和国住民の顰蹙を買った場合もあった。ロシアの側としては、国内で厄介者であるマージナル層がドンバスで戦死してくれればよいが、革命思想に感染して帰還されては困る。

ロシア指導部がこのような煮え切らない態度を改め、やがてミンスク合意に結実する政策を追求するようになるには三つの契機があった。

ⓐプーチンの秋波にもかかわらず、大統領選挙で勝ったポロシェンコがドネツク空港を空爆してドンバス戦争を全面化したこと。

ⓑ七月一七日のマレーシアMH17機撃墜事件。

ⓒ八月一七日にウクライナ軍がルガンスク市の中心部に突入し、同時期ドネツク市も包囲が狭められるなど、両共和国が存亡の危機に立たされたこと。

ⓒに至って、ロシア指導部は、「人民共和国が滅びない程度には助けるが、人民共和国がウクライナを軍事的に追い詰めたり、分離独立を主張したりするところまでは助けない」という妥協点を選んだ。これがミンスク合意の基礎になる。

†援助の交換条件

「滅びない程度には助けるが、分離独立はさせない」というところだけをとると、一九九〇年代のエリツィン政権のアブハジア、南オセチア、沿ドニエストル政策を想起させるが、違いは大きい。一九九〇年のロシアは自分自身が貧しかったので、非承認国家にさほどの援助をすることができなかった。援助できないので服従させることもできず、非承認国家はその分自由であった。

プーチン政権下ではこれら古参の非承認国家への援助が格段に厚くなったが、自由放任だった時代のゲームのルールはなかなか変えられなかった。

これら諸国の大統領選挙では、ロシア指導部が暗に推薦する候補者は必ず負けてきた。また、たとえばアブハジアは、ロシア資本がアブハジアのホテル・レストランなどを買い占めるのを阻止するために、アブハジア国籍を持たない者の不動産取得を、二〇二〇年まで禁止してきた(文献18)。

このような「金は出せ、口は出すな」的な態度を、新参の非承認国家であるドンバスの人民共和国にも許す気は、プーチンにはさらさらなかった。援助の代償として、プーチンは人民共和国指導部に次の三点を要求した。

①急進派を指導部から排除すること。
②ロシアへの編入は諦め、最終的にはウクライナに戻ること。
③社会革命を目指さず、地政学的運動（親露運動）に矮小化すること。

ザハルチェンコ国家元首（2014-18年）

ロシアが助けてくれなければ人民共和国は存続できないので、従うしかない。
①の急進派排除の最初のターゲットになったのはロシアからの応援団だった。二〇一四年八月七日には地元パルチザンのザハルチェンコがボロダイに替わって首相になった。八月一四日、ギルキン国防相は解任され、戦前はスラヴャンスクで柔道トレーナーをやっていたウラジミル・ココノフ（一九七四年生）がこれに替わった。
ギルキンは、前出アレクサンドロフらと共に、ドンバス戦争の目的はウクライナ全土（リヴィウまで）を「ウクライナというプロジェクト」から解放することだと公言しており、プーチンの和平構想にとって障害にしかならない人物だった。

ザハルチェンコは、一九七六年、アルチョモフスクの炭鉱労働者の家庭に生まれ、ドネツクの高専を卒業した。本来の職業は電気技師だったが、もっぱら商業や食品産業で財をなしたビジネスマンであった。ドンバス紛争が始まると、準軍事組織オプロト（防壁）のリーダーとして台頭した。左翼性が全くないという点では、ロシア指導部の眼鏡にかなっていた。

急進派の排除がもっぱらロシア指導部から押しつけられたものだとは言えない。共和国の活動家も、共和国建設における扇動家の時代は終わり、実務的・組織的な能力が求められる時代になったと感じていた。

②の要求は、人民共和国リーダーにとって特に厳しい踏み絵となり、誰かが「ミンスク合意には現実性がありませんよ。いまさらウクライナに戻れるはずがないでしょう」などと公言しようものなら、その人物は共和国指導部にはまず残れなかった。しかし人民共和国リーダーはみなこう思っていたので、ロシア指導部に面従腹背することになった。

③の社会革命をやめる点については、当面、アフメトフらウクライナの富豪が人民共和国支配領域内に有していた生産施設をどうするかが問題になった。左派的な活動家・兵士は国有化を主張した。前線からの圧力であるだけに影響力を持ったが、結果的には、アフメトフらの所有権を認め、人民共和国に税金を払うことを条件に従来通りの営業を認める現実策がとられた。労働者の雇用を確保するためにもこれが現実的だった。この妥協体制が、ウクライナが人民共和国の経済封鎖を強める二〇一七年初めまで続く。

社会革命的な性格を放棄するかどうかは、人民共和国運動の正統性にかかわる問題であった。

当時からロシアのマスコミは、ウクライナの砲撃のせいで人民共和国住民が苦しんでいること、共和国の武装勢力が勇敢に抵抗していることは報道したが、アレクサンドロフやリトヴィノフのような共和国指導者にインタビューしに来たわけではない。ロシアのマスコミは、人民共和国の左派的な性格をロシア国民の目から隠していたのである。

二〇一四年八月二一日に面談した際、私はこの点をリトヴィノフ最高会議議長に尋ねてみた。彼は、「人民共和国の政策がプーチンの気に入るかどうかは別として、ドネツク州にNATO基地ができるよりは、我々が存続した方が（ロシアにとって）良い。ベラルーシもロシアとは社会経済政策がずいぶん違うが、結局ロシアはベラルーシと同盟せざるを得ないではないか。我々の政策が成功すれば、我々はロシアにモデルを提供し、ロシアを助けることができる」と答えた。

「人民共和国がロシアにモデルを提供する」とは、相変わらず夢想的なことを言うなあと私は思ったが、人民共和国は、結局その後も急進思想の温床であり続けたし、露ウ戦争開戦後のプーチンの反植民地主義世界革命のレトリックは、二〇一四―一五年頃の人民共和国で支配的だったレトリックにそっくりである。プーチンに排除されたドンバス急進派の怨念が、プーチンに乗り移ったかのようだ。こうして、「ドンバスはロシアにモデルを提供した」のである。

†人民共和国の反転攻勢

二〇一四年八月に私がドネツク市を訪問したとき、もともとバカンスの季節である上に、民間人の犠牲を減らすために人民共和国政府が疎開を推奨したものだから、ドネツク市は本当に閑散としていた。通常の人口は一〇〇万人だが、四分の一くらいになっていたようである。バカンスを楽しむ余裕がないか、州外に一時退避する条件のない人々だけがドネツク市に残っていたのである。

商店もカフェもレストランもほとんどが閉まっており、携帯電話のシムカードは最後まで買えなかったし、ペットボトルの水すら買うのが大変だった。これは、第一には砲撃による店舗被害を避けるため、第二には、内戦開始後、一時期ではあったが、武装した火事場強盗が横行したためである。活動家から聞いた第三の理由（解釈）だが、富裕層は人民共和国に税金を払う気はなく、州外に避難して共和国が倒れるのを待っていたのである。

旧ソ連での学校の新年度は九月一日に始まる。しかし二〇一四年においては、これはもはや不可能だったので、一〇月一日開講の方向で政府は活動していた。学校・大学をせめて一〇月一日に再開しないと、バカンス先で様子見していた家族が、子供を学校にやらないわけにはいかないので、そのまま別の州に移住してしまう。これら家族を市・州に戻さないと人民共和国に未来はない。

戦線が市域に深く食い込んでいた数週間は、普通の迫撃砲でも弾が届くので、市域の被害も相当なものであった。私が宿泊していたホテルの近くにもしばしば着弾したが、着弾点からの距離は音で分かった。遠ければ爆発音だけだが、近いと空気とガラスの振動音が尾を引くのである。「ドン！　キュユウウウ」という感じである。爆発音の後に三〇秒くらいで消防車、救急車がサイレンを鳴らして走り始める。まだ人民共和国の諸都市が防空ミサイルを持っていなかった時期なので、なす術もなく人が死んだ。

私がドネツク市を訪問した時点では、共和国はウクライナ軍を数キロメートルから一〇キロメートルくらい西に押し返していたが、これでも各種砲弾が届く。まさか砲撃可能な状況で子供を学校に通わせるわけにはいかないので、開講予定日の一〇月一日までに（ミサイル以外は届かない）せめて四〇キロメートルまで戦線を押し返すということが人民共和国の反攻の目標だった。

ロシアの要求に従って共和国指導部の入れ替えが進むのと並行して、共和国軍を自警団の寄せ集めから単一の国軍に再編しなければならなかった。これは、一九九〇年代以来、カラバフその他の非承認国家が必ず通った道であり、非承認国家が生き残るための必須条件である（ちなみにもう一つの条件は、住民から徴税できるかどうかである）。

八月二一日の面談で、アレクサンドロフ副首相と同様、リトヴィノフ議長も、「ばらばらの義勇軍を単一の国軍に再編したら反転攻勢を開始する」と強調したので、「それはいつのことですか」と私は尋ねた。「答えるはずがない」と思って発した質問だったが、リトヴィノフが「一週間後」とケロッとして答えたので仰天した。日本に帰ってみると、一週間後よりも少し前（八月二五日）ではあったが、本当に人民共和国が反転攻勢を始めたので二度仰天した。ただし、これは単一国軍の創設とはあまり関係がなく、ドネツク人民共和国軍の公式の創設はずっと先の一一月のことだった。

上述の通り、人民共和国には、ウクライナを「全土解放する」ために戦争しているのだと考えている人もいたが、リトヴィノフはその部類ではなく、次のように私に語った。

リトヴィノフ最高会議議長と著者（2014年8月）

我々を自分たちの政治的選択に縛り付けるのだけはやめてほしい。いまドネツク人民共和国を攻撃している将兵には、家族がおり、家畜がおり、先祖の墓もある故郷に帰って欲しい。故郷に帰って、ヨーロッパと共に生きたい、オバマと共に生きたいと思うのならどうぞご自由に。我々はユーラシアと共に生きる。十年後、我々の生活水準を比べようではないか。もしドネックの生活水準の方が高かったとすれば、我々は正しい選択をしたということである。もし彼らの生活水準の方が高かったとすれば、彼らの選択が正しかったということである。後者の場合には、もしかすると、ウクライナはまた一つになるかもしれない。

こんな綺麗ごと（または手前勝手な議論）をウクライナ指導者が聞き入れるわけがないではないかなどと思う勿れ。同じ二〇一四年の九月には、ポロシェンコ大統領は次のように述べている。

クリミアは我々の元に戻ってくるだろう。しかも必ずしも軍事的方法によってではない。我々は、クリミア人の理性と気持ちを勝ちとるための経済的、民主的、リベラルな競争に勝つだろうと私は確信している。……半島外でのウクライナの生活水準は（半島のそれよりも）ずっと高くなることを私は約束する。それのみがクリミア人の気持ちをめぐる戦いに勝つ唯一の方法なのだ。……ドネック、ルガンスク州のいくつかの郡における紛争を解決する方法もまさに同じである」(Forbes. 2014.09.12)。

「ポロシェンコがこの美しい初心を忘れなければ、二〇二二年の戦争もなかっただろうに」と嘆くことも、「すでにこの時点で手が血まみれであったポロシェンコがしゃあしゃあとこんなことを言うこと自体、誠実さを欠いている」と憤ることも可能である。しかし、彼が言っている中身は正しい。クリミア人やドンバス人が「ウクライナに帰りたい」と思うとすれば、それはウクライナがロシアとの経済競争に勝ち、ウクライナの生活水準がロシアを追い抜いた場合のみである。

†押しつけられた第一ミンスク合意

人民共和国の反転攻勢の中で、(おそらくロシア正規軍が参加したと言われる)マリウポリへの進撃は、謎が多い軍事行動である。八月二八日に戦車隊がマリウポリの東側まで到達したとき、市にはアゾフ大隊の一五〇名が駐屯するのみだった。タルータ知事と州行政府は市外にすでに避難していた。

二〇一六年にマリウポリ市議会書記が私に言ったところでは、「ロシアにその気があれば、ロシア軍はマリウポリを通り過ぎたと気づかないままに通り過ぎることができただろう」。

私は、当時、プーチンがポロシェンコと電話で相談の上、一芝居打ったのではないかと思った。すでに第一ミンスク合意の案文はできており、国際的な根回しは済んでいた。しかし、ポロシェンコにとっては、屈辱的合意にウクライナの右派の支持を調達するのは難しい。プーチンにとっては、「ウクライナ軍を四〇キロメートル押し返す」と息巻いている人民共和国を納得させるのは難しい。

そこで、ウクライナの右翼に対してはロシア軍がウクライナ領奥深くまで侵入する用意があること、人民共和国に対してはロシアの援助なしにウクライナには勝てないことを印象付けるために、戦車をマリウポリまで進めたのではないかと、当時私は思った。

ザハルチェンコ首相がミンスクでの第一合意調印（九月五日）後、ドネツクに戻ってくると、人民共和国の独立宣言に反する文書に調印したことを最高会議に糾弾され、吊るし上げられた。最高会議は、「ミンスク合意の条項の中で独立宣言に反するものは執行しない」と決議した。

この経過は、その二二年前（一九九二年）の同じ九月、エリツィンが仲介した、グルジアとのモスクワ停戦合意に調印してスフムに帰ってきたウラジスラフ・アルジンバ・アブハジア最高会議議長をアブハジア最高会議が吊るし上げたのと全く同じだった。平和構築者としての面子を潰されそうになったエリツィンがアブハジアを深く憎むようになったのと同様、プーチンは、ドネツク人民共和国最高会議議長リトヴィノフと共和国の左派勢力を駆逐しなければならないと確信したであろう。

†ノヴォロシア国家連合の終焉

ドネツクとルガンスクの人民共和国は、当初、国家連合を形成することを予定していた。これは、分離運動が両州にとどまらずにウクライナ南西諸州に拡大するということを前提としたものであり、その前提が崩れると国家構想も変わった。

二〇一四年五月二四日、ウクライナ大統領選挙のまさに前日、ウクライナ南東諸州の反マイダン派リーダーの大会がドネツクで開催された。この大会においては、将来、南東ウクライナにどのような政治体制を構築すべきかについて、出席者の意見の一致を見なかった。彼らの意見は、伝統的な「ウクライナの連邦化」から個々の州の「自決」まで様々であった。

協議会の後、ドネツク、ルガンスク人民共和国の代表は、「人民共和国連合」を形成する共同宣言に調印し、その連合の共通議会・共通政府が形成されるまでの臨時指導機関として、両人民共和国代表から成る「協議会」を設置することを決めた。

六月二四日、ドネツク人民共和国最高会議は、人民共和国連合を作る「憲法的アクト」を採択し、共和国連合議会にドネツク人民共和国最高会議から派遣する代議員の名簿を作成した。

この問題につき報告したのは、国家連合構想の主唱者であった、ドニプロペトロウスク出身の政治家オレグ・ツァリョフだった。ドネツク人民共和国首相のボロダイはツァリョフを支持したが、プルギン副首相をはじめ最高会議代議員の多くはツァリョフの提案に懐疑的だった。

翌二五日、ルガンスク人民共和国最高会議も同様の決定を採択した。

六月二六日、人民共和国連合議会の最初の総会がドネツク人民共和国政府庁舎で開かれた。ドネツク、ルガンスク両共和国から計四九名の代議員が出席した。この総会は、人民共和国連合の創立宣言、憲法的アクト、議会規則など、一連の重要文書を採択した。憲法的アクトによれば、人民共和国連合は単一の経済圏を形成し、統一した財政、防衛、安全保障、徴税政策を展開するはずであった。人民共和国連合には「他の主権国家が参加することができる」とされた。連合議会は、その議長として、ルガンスクの代議員枠から派遣されていたツァリョフを一年任期で選出した。

七月一四日、ルガンスク市議会の建物で、人民共和国連合議会の第二回総会が開かれた。ドネツク人民共和国からの二三名の代議員がルガンスク市に向かっていたとき、当時陥落の危機に見舞われていたルガンスク市の周辺での戦闘を目撃することになった。総会は爆発音が聞こえる中で行われ、議会法や議員の地位に関する法を採択した。

この総会は、「人民共和国連合」という国名を、より歴史的で耳当たりのいい「ノヴォロシア」に変更した。議会法によればノヴォロシア議会総会は隔週で開催されるべきだったが、その次の総会は八月二一日にドネツクで開催された。そしてこれが共和国連合議会の最後の集まりとなった。

八月二一日の総会は、代議員それぞれに一定の行政区域を担当させ、議会事務局の規程を採択した。加えて、マレーシア機撃墜事件について欧州議会、マレーシア、オーストリア、合衆国議会にあてたアピール、「キエフ政権に抵抗せよ」というウクライナ人民にあてたアピールを採択した。いずれもすでに時機を逸している。

第一ミンスク合意の効果があまりなく、秋の戦闘が激化する中で、議員が特定行政区域に責任を負ったことは、人道援助を促進し、住民の苦情を受け付けるうえで意義があった。しかし、連合議会そのものはもはや開催されなかった。

ノヴォロシア国家連合形成に向けてのツァリョフの最後の努力は、ノヴォロシア統合軍を創設することだった。しかしこの努力も実らず、その年の晩秋、両人民共和国は個別に軍を創出した。両軍は、ミンスク合意が課した制限から「人民民警」と名称を変えるが、二〇二二年秋に両人民共和国がロシアに編入されるまで存続した。

ノヴォロシア国家連合が失敗した理由はいくつかある。まず、これはツァリョフのプロジェクトであった。六月末の時点で、ドネツク、ルガンスクではなく、ドニプロペトロウスク出身の政治家が議会議長になったということは、分離派が、自分たちの支配地域がさらに拡大すると期待していたことを示している。しかしこの期待ははずれた。

第二に、ツァリョフは、両人民共和国がボイコット宣言していたウクライナ大統領選挙に出馬した。命の危険にさらされて途中で立候補を撤回したとはいえ、出馬したこと自体が人民共和国の活動家内での彼のイメージダウンにつながった。

第三に、ドネツク人民共和国最高会議内で、ツァリョフ派とプルギン派の競争があった。八月中旬のドネツク人民共和国における閣僚の交代、ボロダイ首相の解任とザハルチェンコ首相の任命は、ドネツク人民共和国内でのツァリョフの支持基盤を奪った。

第四に、ルガンスクのリーダーたち、特に当時、人民共和国指導者だったヴァレーリー・ボロトフは、共和国連合が純粋に象徴的なものにとどまるよう全力を尽くした。彼らの努力は、ノヴォロシアがこれ以上拡大しないということが明らかになるにつれて、いっそう強まった。

もしノヴォロシアがドネツク、ルガンスクの二つの人民共和国のみから構成されるとすれば、ドネツクの方が人口も軍事力も上だったので、その首都はドネツク市に置かれただろう。ルガンスクは、二〇一四年以前にそうだったような、「ドネツクの弟分」には戻りたくはなかった。

3　二〇一四年八月のドネツク（リアルタイム）

本節は、二〇一四年八月に私がドネツクを訪問した際の体験記である。

†マリウポリを経由して

ダゲスタンとクリミアでの現地調査を終え、モスクワ経由でキエフに着いたのは八月一九日のことであった。ボリスポリ空港からキエフ駅に行ってみると、ドネツク行きの汽車は運行していない。

駅の窓口で相談して、アゾフ海沿岸のマリウポリ行きの切符を買う。これは「アゾフ」という有名な通常列車で、本来はドネツク経由でマリウポリに行く。戦争のおかげで、ドネツク州全体を迂回する（ザポリジャ州を経由する）ので、午後四時キエフ発、翌日午後一時マリウポリ着という長旅になる。

通常列車にはレストランもなく、八月なので恐ろしく暑く、トイレは異臭を放つということは承知しているが仕方ない。ハルキウ市まで汽車で行って、その後はバスかタクシーでドネツク市までということも考えたが、マリウポリ市経由をあえて選んだのは、マリウポリにはドネツク州行政府と州議会が疎開していたからである。

汽車の中では、乗客が絶えず携帯電話でドネツク近辺に住む肉親の安否を確認しており、内戦中の国に来たのだと実感させられる。同じコンパートメントで知り合ったビジネス青年は、マケエフカ（ドネツクの隣市）の肉親を尋ねに行くところだったが、明白にウクライナ愛国派であった。マリウポリ駅から、ドネツク州行政府の疎開先であるマリウポリ市の沿海市区行政府まで彼の車に乗せてもらった。

飛び込みであったにもかかわらず、一〇分ほどは副知事と話すことができた。ただでさえ忙しい相手にノーアポで飛び込んだので遠慮して切り上げたが、最後に私が「これからドネツク市に行く」と言うと、副知事は「ドネツク人民共和国がテロ組織なのを知らないのか。あなた自身が人質に取られるかもしれないから行ってはだめだ」と言った。

マリウポリは冶金工業とそれが引き起こす大気汚染、アゾフ海汚染で有名である。マリウポリ駅に着く前に汽車の窓からくだんの製鉄所を見る。緑野を前に、紺碧の空を背景に巨大な製鉄所が立っているのだが、建物全体が完全に錆色をしている。私はコンピューターグラフィックを見ているのではないかと思った。一九六〇—七〇年代に建てられた工場がまだ現役なのである。

これを近代化するのにいったいいくら金がかかるのだろうか。私は、プーチンが「クリミアは貰うけどドンバスは要らない」と決めた理由がわかるような気がした。

マリウポリからドネツクまでは距離にして一〇〇キロメートル強、バスで約三時間かかった。マリウポリの郊外でウクライナ側の検問を通る。このときは、男性乗客は全員バスから降ろされ、パスポートをチェックされた。

私は訪問理由を聞かれ、「調査研究、政治学者」と答えたところ、追加質問はなかった。もっと厳しく詮索されると思っていたので意外だった。ドネツク市郊外での人民共和国側の検問はさらに緩く、民兵が乗り込んできて「パスポートを掲げてください」と言った。乗客が紅衛兵のように一斉にパスポートを掲げると、民兵は一瞥しただけでそのまま降りた。

こうして私は戦線を通過したわけだが、戦線と言っても、道路に青空検問所があり、パラパラと榴弾砲の砲台が立っているという以上の意味はなく、密集した軍が対峙しているわけではない。塹壕すらまだない。人民共和国もウクライナも面や線を支配する実力はない。ドネツク州のほとんどは無政府状態であり、強盗が支配している。

翌日（八月二一日）インタビューしたアレクサンドロフ副首相によれば、共和国成立後一番恐ろしかったことはウクライナとの戦闘ではなく、共和国兵士の一部が支給された武器を使って強盗したことである。それまではソ連時代の法律を使って対応していたが、最高会議が軍法会議法を採択したおかげで、ようやく不心得者を早急に処刑することができるようになった。私がインタビューしたまさにその日に、新法による最初の銃殺が行われたそうである。

†閑散としたドネツク市

噂通りガソリン不足は深刻らしく、ドネツクのバスターミナルに着いても、タクシー運転手が寄ってこない。こちらからタクシーを探し出して、なじみのホテル、ツェントラーリに行くように注文する。ツェントラーリとは訪問二日前から連絡が取れなくなっていたが、行ってみると閉鎖されていた。代わりに自動小銃を首からかけた四―五名の民兵がホテル前を警護している。

泊まれるホテルを探すには旧州議会(現共和国政府庁舎)に行けと言われ、出発しようとすると民兵の気が変わり止まれという。そこで、「コンピューターを起動して過去の写真を見せてください」などという変な話になり、時間がかかる。民兵の話し方は礼儀正しかったが、「急な動作はしないように」などとゴルゴ13のようなことを言うので少し怖かった。

二〇一四年八月のドネツク市では、軍用車は信号を一切無視した。私が乗っていたタクシーも、わずかな間に二度ほど兵士を乗せた軍用トラックにぶつかりそうになった。運転手は、「ここでは自動小銃が法なんだよ」と舌打ちしていた。

ホテルに泊まる前提として外国人登録が必要だろうとタクシー運転手と話し合い(実は、そのような制度はまだなかった）、共和国政府前で警備の民兵と話しているとコメンダント（政府庁舎などの警護責任者）のアンドレイという迷彩服姿の中年男性が出てくる。

「ジャーナリストを登録（資格認証）する制度はあるが、学者を登録する制度は知らない。明朝また来なさい」と言われる。その場で、パークイン－ラディソンという外資ホテルが市内で唯一営業しているホテルですと言われる。当時、外国人記者専用のホテルと化していた。一泊一〇八ユーロ。普段なら絶対に泊まらない値段だが、出張の終盤であり、たった三泊なので「まあいいか」と思ってそこに決める。

後で知ったところでは、もっと安いホテルも営業していたのだが、人民共和国にとっては、外国人が泊まるホテルは民兵が警護していることが重要らしい。

私がドネツクに着く前の数日間は、ウクライナ軍が上水施設を壊したため、ドネツクの中心部でも水が出なかった。シンフェロポリを出てから髭も剃らず歯も磨かず体はべとべとの状態だったので、「これはきついな」と思ったが、幸い私が泊まり始めた深夜から水が出た。市の周辺部では、もう何週間も水も電気もない地区があるようである。

†山積みの食器

翌朝（八月二一日）九時、再度、政府庁舎に行くが、外国人登録につき何も進展していない。

アンドレイを呼び出してどうなっているか尋ねると、なぜか庁舎内に招き入れられ、なし崩し的に調査が始まる。

庁舎内は、つい最近まで活動家が寝泊まりしていたのが一目瞭然で、大学紛争直後の大学校舎もこうだったのではと思わせた。四月六日に占拠が始まった時点で、すべての部屋の扉がこじ開けられたので、ドアと枠の間に隙間があり痛々しい。それでも幹部が仕事をしている上方の階は役所らしいインテリアを取り戻していた。

一階の壁には落書きがたくさんしてあるが、傑作なのは、（マリウポリに疎開した）タルータ知事の臀部を民衆が蹴飛ばしている漫画である。ソ連期のドネツク州の指導者のポートレートが時代順に飾ってある。今回の紛争で犠牲になった同志、特に五月二日マリウポリ労働組合会館放火事件の犠牲者の顔写真も飾ってある。美しい二〇歳前後の女性の写真もあるが、死体がどのような顔になってしまったか私は知っているので（第二章参照）、胸が痛い。

政府庁舎の下の方の階の廊下を歩いている活動家は、Tシャツ、半ズボンのようなとんでもない格好をしている。兵隊も同じである。自衛軍であるため年配の人が多く、彼らはソ連時代のまともな迷彩服を着ているが、若くて検問に立っている兵隊は、迷彩模様のズボン、派手なTシャツ、頭は辮髪かモヒカン刈りにカウボーイハットといったセンスである。西側のアングラ文化に共鳴する若者が人民共和国に惹かれているように見える。

下の階でお世話になったのはプロパガンダ・分析部というところであり、洗っていない茶碗でとても甘いインスタントコーヒーをご馳走になった。何しろ水が飲めない環境なのでおいしくいただいたが、カップの底が近くなると、正体不明のヌードルのようなものが口に流れ込んできた。あまりに不潔なので、私はこっそり山積みの食器をトイレに持って行って洗ったが、焼け石に水である。

†事実とテレビ

アレクサンドロフ副首相とのインタビューの後、その日未明にウクライナ軍に砲撃されて壊滅したドネツク州地方史博物館とマケエフカ市の市裁判所を見に行く。

地方史博物館に関してはなんとも言えない嫌な思いをした。その日の夕方、人民共和国のテレビとインターネットで、博物館砲撃という非文化的行為を糾弾する報道がなされた。その翌日、まったく同じ、コピーした動画を使って、「この博物館はドネツク側の砲撃によって破壊された」という報道をウクライナのテレビは流したのである。博物館長の悲痛なインタビューも、ウクライナを批判する部分だけがカットされて使われた。

†政府庁舎の高層階で

被災地視察の後、政府庁舎〔旧州議会〕高層階でリトヴィノフ人民共和国議長とのインタビューを待つ。彼は政治的な見解は変えていないとはいえ、自分の共産党籍を停止する宣言を発していた。というのはウクライナ残部で共産党が禁止されそうだったからである。その理由のひとつは、東部で多くの共産党員が分離運動に加担したということだった。ウクライナ残部の同志に迷惑をかけるわけにはいかないので、一時的に離党したのである。

午後七時に会う約束だったが、最高会議議長執務室の前には、様々な陳情や提案をもちこむ人々の長蛇の列ができ、実際に会えたのは九時近くであった。廊下で警護していた民兵は四名であった。

待ち時間は通常無為な時間だが、そのときは他の行列参加者や民兵からいろいろ吹き込まれ、面白かった。面会希望者の中には、八月二四日のウクライナ独立記念日にドネツク市でウクライナ捕虜の街頭行進をさせるという侮辱的な提案をしに来た地方名士もいた。

定例の夜の砲撃が始まった。その日は特に激しく、遠くの空が砲火で明るくなっていた。まさにそのとき、ドネツク郊外でイロヴァイスクの戦いが進行していたのだが、私はもちろんそれを知らない。

民兵が心配して窓から街を見る。私も窓に近づこうとすると、民兵に引き留められた。「窓から顔を出さないでください！　空きビルのあちこちにスナイパーが隠れています。あなたが射殺されると、私たちがあなたを殺したことにされます！」。

翌八月二二日、私が泊まっていたホテルで、ノヴォロシア国家連合議会のツァリョフ議長の記者会見があった。前日、連合議会の総会があったからである。ロシアのジャーナリストから、「不快な平和は戦争よりはいい。旧ドネツク州の領域回復などという戦争目的を掲げていると、戦争は長期化してしまう。いま支配している領域を基礎にしてキエフ政権と停戦協定を結ぶべきではないか」と質問された。

ツァリョフは少し考え込んだ後、次のように答えた。「ウクライナは、不可逆地点をもう過ぎてしまった。私は何とかこの事態を避けようとして、大統領選挙の際、東部からの即時撤兵、ロシア語の第二国語化、連邦と名付けるかどうかは別として、ウクライナの大胆な分権化を掲げた。しかしこの主張は通らなかった。いまウクライナに平和が回復されたとしても、そのウクライナが昔と同じ形をしているとは考えられない」。

4　小康期の人民共和国（二〇一五―二〇一七年）

†花壇とスケートボード

二〇一五年に入ると、ロシアの援助を受けられるようになったこともあり、ドネツク人民共和国の社会経済状況はかなり良くなった。公務員給与の遅配・欠配は、二〇一五年中頃までには克服された。

資源産業や製造業も回復したとはいえ、内戦がもたらした荒廃を克服するには程遠く、多くの炭鉱が閉鎖された。閉鎖された炭鉱は地下浸水のため、しばしば不可逆的に生産能力を失ってしまう。二〇一六年、内戦開始後にウクライナ軍に勤務経験のあるマリウポリ大学の同僚から、炭鉱業を荒廃させた人民共和国に失望した炭鉱労働者がウクライナ支配地域に移住してきてウクライナ軍に入隊した話を聞いた。

人民共和国では資源産業や製造業が衰退した分、ドンバス史上初めて、商業やサービス業がプレステージの高い産業分野になった。これは一九九〇年代の非承認国家にも普遍的に見られた現象である。非承認地域になると、境界線を越えて商品を持ってきてくれる人々に後光がさすのである。

二〇一七年八月に私がドネツクを再訪したとき、少なくとも首都ドネツクの状況は著しく良くなっていた。戦争中とはいえ、ミンスク合意のおかげで砲撃死傷者の数は減った。街路にはごみ一つ落ちておらず、道路わきの至る所に花壇が作られて、市の（おそらく臨時）職員が水をやっていた。街の美観と整備に気を配るのはドネツク人の特性で、むしろ二〇一四年の荒廃した街の風景が例外だったのだが、戦時が街を美化したという逆説もあった。

共産党のニコライ・ラゴジン人民共和国議員（二〇一四―一六年、本職はドネツク工科大学政治学・社会学部長）によれば、人民共和国の成立とともに、それまでの富豪層に替わって、工場主任技師、学校長などの中級エリートが新しいリーダーとなったが、美しい街路はこの階層の人々にとって重要な価値なのである。もちろん失業対策の意味もある。また、砲撃で破壊された浄水施設の修理中に再度の砲撃を受けて多くの職員が命を落としたことに示されるような自治体職員の地方パトリオティズムは、街の美化に向かう。

一九九〇年代の非承認国家を特徴づけたような貧困と荒廃は、二〇一七年のドネツクにはなく、中心通りはブティックで彩られ、レストランやカフェは歩道に所狭しとテーブルを置き、市民は短い夏の夜を楽しんでいた。ここで「短い」と言うのは、二〇一四年以来の夜一一時以降の外出禁止は継続していたからである。夜一一時までに店員・職員が家に帰り着くには、八時過ぎには店を閉めなければならない。タクシー運転手たちは、稼ぎを悪くする夜間外出禁止に不満だった。

夜の公園では、少年少女がスケートボードで遊んでいた。西欧諸都市のナイトライフに比べても遜色ないこれら喧噪が、数キロ先から聞こえる爆発音と両立するありさまは幻想的だった。OSCEは日没と同時に監視をやめるので、夜が砲撃・銃撃タイムなのである。

野党系弁護士のエレーナ・シシキナ（後出）から聞いた話なので信じてよいと思うが、当時のドンバス市民は、「戦争さえなければ、私たちは天国に住んでいただろう」と言っていた。

ドンバスの産業は戦前水準には到底及んでいなかったが、そのかわりウクライナ中央政府による搾取もなくなった。エネルギー供給、公務員への給与、年金の積み立ては、ロシア政府が肩代わりしていた。そのため市バスは、まるでソ連時代のように安かった。

ユーロマイダン革命前夜、二〇一三年の平均月収は、ウクライナで約四〇〇ドル、富裕地帯だったドンバスでは五〇〇ドルくらいだったが、二〇一四年以後はそれがいずれでも二〇〇ドルくらいまで落ち込んだ。金額だけ見れば、ドンバスの方が落ち込みが激しいように見える。しかし、ウクライナでは公共料金や家賃が高騰していたので、非承認地域でありながら人民共和国の方が生活水準は高かったように思う。

ドネツク滞在中にラップトップ・コンピューターが壊れたので、二四時間営業のインターネットカフェにしばしば行って仕事をした。夜間外出禁止なのになぜ二四時間営業かというと、時間内に帰宅できなくなった市民が夜明かししに来るからである。やせた真面目そうな二〇歳代後半の若者が店長をしていた。日本と同様、インターネットカフェの店長は便所掃除やヘッドフォンの消毒もしなければならないので大変である。

「東洋（ヴォストク）」とやらに興味を持つ青年で、二〇一四―一五年に入隊経験もある。「一概には言えないが、モチベーションは我々の方がウクライナ兵よりも高かったと思う。我々が負けても、後ろにはロシアが控えている。ロシアが負けても、その後ろには東洋が控えていると思いながら戦った」と言う。このセリフが示すように、ウクライナと戦ったという感覚はあまりなく、世界的・文明的な戦争が展開されているという認識である。

「東洋ではまだ死刑制度があるそうですね」と尋ねるので、「日本はたしかに死刑を廃止していないが運用は厳しい。日本で死刑になるには二人以上殺人しなければならない」と私が答えると、キャキャキャッと笑って「二人で死刑なら、この辺の若者はみな死刑だ」と言った。

†スルコフの政治技術者

ロシアが人民共和国への支援を強めるにつれ、監督のシステムも定着していった。二〇一三年秋から二〇二〇年一月まで、ロシア大統領府で対アブハジア、南オセチア、ウクライナ政策

スルコフ大統領補佐官
（2013-20年）

に責任を負った大統領補佐官は、ウラジスラフ・スルコフ（一九六四年生）である。

以下の叙述はスルコフ時代である二〇一七年のアブハジア、ドネツクでの現地調査に基づくものだが、その後、ロシア大統領府におけるドンバス担当者がドミトリー・コザクに、さらにセルゲイ・キリエンコに替わっても、ロシアによる併合まで（あるいは併合後も）システムそのものには大きな変更はなかったと仮定して、現在形を用いる場合もある。

スルコフは、自分の部下をアブハジア、南オセチア、両人民共和国に置いていた。現地の人々は、これらスルコフの部下たちを、「スルコフの政治技術者（ポリトテフノロギ・スルコヴァ）」と綽名していた。

彼らは大人数ではない。ドネツクにさえ、スルコフの政治技術者は「五人以下」しかいない。したがって、彼らはドネツク人民共和国の内政上の些事にまでは介入しない。また、軍事や諜報などの特殊分野については、ロシアの該当機関から責任者が派遣されているだろうから、それらもスルコフの政治技術者の仕事ではない。彼らの主な役割は、共和国幹部の任免に承認を与え、ミンスク交渉における重要案件に対して共和国とロシアの政策を調整することである。

ドネツク人民共和国の国内問題については共和国指導者が自立的に決める。その結果、「無政党民主主義」のような田舎者丸出しの珍妙な政策が生まれることになる。

外部者が会うことはできないので、スルコフの政治技術者の能力のほどはわからない。間接的に聞いた話では、彼らは、大概、大学や研究所では出世の道が開けなかった社会科学者（政治学者や社会学者）で、軍事、諜報、国際関係などについての専門知識はない。ちなみにスルコフ自身、受けた教育は広告（パブリック・リレイション）である。スルコフの政治技術者は、現地語は読めず、現地の歴史などは知らない。

ドンバスやアブハジアなどの紛争地域がロシアの安全保障に持つ甚大な意義に鑑みて、ロシア大統領府がなぜこの程度の人材しかそこに派遣しないのか不思議な程である。合衆国やEUならこんなことはありえないだろう。

スルコフの政治技術者は、当然ながら、表に立てる人間ではない。彼らは、本来、ドネツク、ルガンスク、スフム、ツヒンヴァルにいてはならないのである。彼らは議会に臨席することも、マスコミに取材されることも、外国の代表団や研究者に合うこともできない。

彼らは、一握りのトップリーダーとの面談を通じてのみ、現地情勢をコントロールすることができる。したがって、人民共和国人民会議（議会）の議員の中でも、ドネツク市内のどこかにロシア大統領府からの派遣者がいるという事実自体を知らない人は多い。

もしトップリーダーのうち誰かがスルコフの政治技術者と相談する特権を忌避するならば、彼の地位は危うくなる。スルコフの政治技術者は、スルコフに当該リーダーが不適格であると報告するだろうし、スルコフはそれをプーチンに報告する。これはまさに、二〇一五年にドネツク人民共和国人民会議議長プルギンを襲った運命である。

対照的に、共産党のリトヴィノフは、二〇一四年秋に最高会議議長職からパージされたのに、二〇二二年でさえ、共和国政治の重要人物であり続けていた。私の観察では、その一因は、モスクワから派遣された政治技術者と活発に接触していることである。

†建国者パージの第二波——共産党

二〇一四年八月にロシアからの応援団が更迭されたことを「建国の父」のパージの第一波とするならば、第二波の的になったのは、共産党およびそのリーダーであるリトヴィノフ最高会議議長だった。共産党は第一ミンスク合意をずけずけ批判していたのだから、スルコフの政治技術者から目をつけられたのは当然だった。

共産党のミンスク合意に対する姿勢を紹介すると、二〇一五年九月にオンラインで行ったインタビューで、前出のラゴジン共産党議員は、「我々はウクライナに戻る用意がある。しかし、ファシストのウクライナ、ポロシェンコ、ヤツェニュク、トゥルチノフのウクライナには戻らない。ミンスク・プロセスは長期的な過程である」と言った。「長期的とはどのくらいのタイムスパンを意識しているのか。内戦から二五年経っても、沿ドニエストルはモルドヴァに戻れないではないか」と、私は尋ねた。

ラゴジンは、「沿ドニエストルは（ドンバスと違って）ロシアと国境で接していない。加えて、ドネツクは物質的にも人材的にも沿ドニエストルよりも豊かなので、二五年を短縮することは可能だ」と答えた。そして、「まあ、毎月西側から膨大な額の借金をしているウクライナが二五年後に存在しているかどうかは別問題だが」と憎まれ口をきいた。いろいろ言うが、「ウクライナに戻る」気がないのは一目瞭然である。

戦時下では議会制から大統領制に移行しなければならず、また四月に集会で選ばれた議会は通常の議会で置き換えられるべきなのは共和国指導者の共通意見となっていたので、二〇一四年一一月二日には首長、人民会議（議会）同時選挙が行われた。議会選挙は完全比例代表制の下で行われた。

建国期に貢献度が大きかった共産党は、相当の議席をとると皮算用していた。しかし、スルコフの政治技術者たちは、共産党が政党として選挙に参加することを許さず、そもそも政党が政党として議会選挙に参加することを排除する「無政党民主主義」が採用された。

この制度下では、共産党は（多数与党になることが予想されていた）社会団体「ドネツク共和国」

から議席クオタをもらうことによってのみ、議席を持つことができた。戦時下では党派間闘争は控えるべきだというのは共産党自身の主張でもあったので、共産党はこれに渋々同意し、「ドネツク共和国」からできるだけ多くのクオタを貰うための条件交渉に入った。交渉の結果はたったの（一〇〇議席中）三議席だった。

こうして二〇一四年一一月議会選挙の結果として生まれた三人の共産党議員のうち、一人はデバリツェヴォ戦で戦死した。残り二人（リトヴィノフとラゴジン）は、二〇一五年九月にプルギン議長の解任に反対したことから、二〇一六年に議席を剝奪された。

第三章でも見たように、クリミアやドンバスの共産党員は、マイダン革命と闘うために、あるいはそれから逃れるために、ロシアの助けを求めたのだが、プーチンのロシアに入ったおかげで抑圧されることになったのである。

†建国者パージの第三波――プルギンとアレクサンドロフ

建国者パージの第三の的は、「ドネツク共和国」リーダーで議会議長でもあったアンドレイ・プルギンであった。二〇一四年一一月選挙まで最高会議議長はリトヴィノフだったが、新議会（人民会議）では共産党がたった三議席になってしまったので、一〇〇議席中六八議席をとった「ドネツク共和国」リーダーのプルギンが議長職を引き継いだ。

プルギンは、ザハルチェンコ内閣が成立したときに動員担当副首相を解任されていたアレクサンドロフを議会の事務局長に任命した。そのアレクサンドロフは、二〇一五年七月八日（自身の解任の約二ヵ月前）にロシアの戦略研究所のサイトにアップロードされたインタビューにおいて、大要、以下のように述べた。

ドネツク人民共和国は、戦略的停止を選んだ。降参する危険が現にある。我々は国家建設を始めたときにロシアをモデルにして、議会、諸省庁その他の通常国家制度を作った。これは、戦時、しかも敵がドネツク州の領域の三分の二を占領しているときには、誤った戦略であった。

内閣ではなく、広範な全権を有する防衛国家委員会を設立し、この委員会が根本的変革を実施できるような権限を持ったコミッサールを地域に派遣するような制度の方がよかった（これは、アゼルバイジャンとの第一次戦争中に、カラバフが導入した制度である——松里）。

我々は、産業と軍事の旧専門家を招くことによって、地域党とウクライナ要素を再生させてしまった。こんな状態が続くと、ドネツク人民共和国自体がもうすぐ内戦に突入するだろう。

第二ミンスク合意は、ウクライナ法に基づいて選挙を行うことを我々に義務付けている。

しかし、テレビを通じて展開するウクライナ風の政治に抵抗できる情報資源を我々は持たない。

こんにち、我々は、我々が敵占領下のノヴォロシア（南東ウクライナ）の橋の入り口に立っているにすぎないということを自覚し始めている。ノヴォロシアの領域全体を獲得しなければ、我々はウクライナに抵抗することはできない。我々はウクライナを軍事的に叩くことはできる。しかし、最も深刻な危険は、我々自身の内面的なウクライナ化なのである。

スルコフの政治技術者と共和国の特務機関は、「ウクライナ的なるもの」に対する永遠の闘争と永久社会革命を呼びかけるアレクサンドロフのような人物を、議会事務局に置いておくことはできないと考えた。加えて、プルギン議長はアレクサンドロフのイデオロギー的な影響下に落ちてしまったと判断した。

二〇一五年九月、プルギン、アレクサンドロフ、その他の議員数名がコンフェレンス参加のためにサンクトペテルブルグを訪問した。九月四日の議員団の帰国時、人民共和国の特務機関は、アレクサンドロフの共和国への再入国を拒絶した。

準野党「自由ドンバス」議員のミロスラフ・ルデンコは、プルギンにはたしかに非があったと認める。というのは、プルギンは、アレクサンドロフを無理やり人民共和国領に入れようとし、その突入の試みに議員数名を巻き込もうとしたからである。

その日のうちに議会の臨時総会が開かれ、プルギンを議長から解任し、（ザハルチェンコと関係の良かった）プシリンを新議長に選んだ。プシリン議長の最初の決定は、アレクサンドロフを議会事務局長の職から解任することだった。

リトヴィノフ元議長によれば、プルギン解任劇は二重三重に議会運営手続きを破ったものだった。①議会総会は夜一〇時に始まり、夜半過ぎに最終決定がなされた。②これは欠席裁判であった。共産党やプルギン支持派の議員は、プルギン自身が出席して弁明の機会を与えられることを主張したが無駄であった。③解任に必要な票が集まらず解任は否決されたのに、解任を成立させるため投票が繰り返された。

この事件後、プルギンを擁護した共産党ほかの議員全員が、次々に議員資格を剝奪された。拘束名簿式比例代表制なので、帰属する「ドネツク共和国」が当該議員への「信頼を失った」と決定すれば、議員資格を剝奪することができるという法解釈なのである。共産党の議員は裁判所に不服を申し立てたが、裁判所は受理しなかった。リトヴィノフによれば、ドネツク人民共和国には議会主義の伝統も、司法の独立もないのである。

†パージされた建国者たちのその後

プルギン議長とアレクサンドロフ事務局長の追放後、議会は、「立法府と執行府の相互関係の正常化のための臨時委員会」を設立した。議長は、与党「ドネツク共和国」の議員であると同時にザハルチェンコ支持団体オプロト（防壁）の幹部でもあるアレクサンドル・クレンコフであった（後出）。

諸省庁は、この委員会において、法案を議員と事前調整する。また、この委員会が、大臣らに議員の質問・要求に応えるように促すのである。制度趣旨からすれば変だが、正常化委員会は、プルギン議長下でぎすぎすしたロシアとの関係正常化にも取り組んだ。

プーチン政権が二〇一四年に両人民共和国の併合を拒否して以来、ドネツク人民共和国では、独立国家として共和国の将来を展望する潮流が強くなった。ロシア革命期のドネツク＝クリヴォイログ・ソヴェト共和国にドネツク人民共和国の前身を見るプルギンは、この潮流のイデオローグであった。似たような潮流は、アルメニアと合同しようとして失敗した後のカラバフ、北オセチア（ロシア）と合同しようとして失敗した後の南オセチアにも現れた。

正常化委員会は、「ドネツク人民共和国にとっての理想はロシアへの編入なのだ」ということを再確認した。正常化委員会委員長としてロシア高官と頻繁に接触していたクレンコフは、二〇一八年、「西側の制裁と圧力が、両人民共和国を編入しようというロシアの決意を固めさせる見込みはある」と電話で私に言った。四年後、クレンコフが言った通りになった。

リトヴィノフは、とっくの昔に議会議長職から解任されたのに、二〇一七年の私の訪問時、「人民共和国初期のアーカイブの管理」などという理由で、政府庁舎高層階にあるかつての議長室を使い続けることが許されていた。

実際、彼は国際的な左翼人脈を駆使して、欧州などから議員を招くなど、共和国の民間外交に貢献していた。「世界の三一の共産党と協力関係を確立したが、残念ながら中国共産党、日本共産党とのコンタクトはまだない」と言っていた。

二〇一八年のロシア大統領選挙での共産党候補は、「両人民共和国の国家承認」を公約に掲げた。これも部分的にはリトヴィノフの働きかけの成果である。この選挙ではプーチンが圧勝したが、結局、二〇二二年には統一ロシア党はロシア共産党の政策に迎合した。

なお、二〇一七年に会ったとき、ラゴジン元議員も、議員は辞めさせられたが、元職に戻っただけで、追い打ちのような迫害はなかったと言っていた。

共産党が相変わらず意気軒高なのと比べると、プルギン元議長は、与党「ドネツク共和国」リーダーも辞めさせられ、混迷した。腹いせに、同名の団体をバーチャルに作った。また「南ロシア」と称する小さな研究組織を旗揚げし、主にドネツク－クリヴォイログ・ソヴェト共和国理念の研究に従事した。つまり、彼は「ロシアの春」以前にいたマージナルな場所に戻ったのである。

†無政党民主主義

二〇一四年一一月議会選挙には、二つの社会団体――「ドネツク共和国」と「自由ドンバス」――のみが参加できることになった。

二団体のみが参加できるという制限は二〇一八年の議会選挙でも繰り返された。私が訪問した二〇一七年には、政権側はこれを「無政党民主主義」として、あたかも積極的な理念であるかのように語っていた。無政党民主主義は、スルコフの政治技術者の発案ではなく、人民共和国の内部からなされた提案である。

ラゴジン元議員によれば、人民共和国では二、三年前までは普通の市民だった人々が権力の担い手になったが、こういう人々は、しばしば「自転車を発明する」（ここでは「幼稚なことを得意げに言う」の意――松里）。また、戦時なので議員の中には軍人が多いのだが、彼らは「命令――服従」の論理を議会に持ち込む。

ミンスク合意に基づけば、人民共和国は領域内でウクライナの政党の活動を許さなければならない。これを嫌うプシリンたち共和国代表は、「人民共和国には政党がない。住民は政党そのものに失望している」と反論したが、ウクライナ側は、「あなたたちの議会には共産党議員がいるではないか」と痛いところを突いてきた。それゆえ、プシリンらは共産党議員を議会から締め出そうと決めたのだと、ラゴジンは言う。

二〇一七年八月の私との面談で、リトヴィノフは、もしドネツク人民共和国が二〇一八年の共和国元首選挙・議会選挙までに政党と地方自治体の欠如を克服できないならば、共和国の国家建設は危機に瀕するだろうと述べた。

二〇一八年どころか、こんにち（二〇二三年）に至るまで、人民共和国には、共産党を除いて政党も地方自治体もない。ちなみにドネツク共産党は、二〇一四年の議会選に向けて、一〇月八日に創立大会を開き、（法務省がまだなかったので）中央選管に政党登録して、唯一の合法政党になっていた。

リトヴィノフは、無政党民主主義は、民主主義に関する国際的規範を満たしておらず、ドネツク人民共和国が国際承認される上で障害になると言った。人民共和国の政治はロシア政治に似てきた。二つ（人民共和国）または四つ（ロシア）の、政策上はあまり相違のない諸政党が競争しているのである。また、人民共和国の二大「政党」制は「なんとなくアメリカの二大政党制を想起させる」。

ドネツク人民共和国の独立を支持するという唯一の条件の下、五―六の政党の合法的活動を認めるべきではないか。現在ある社会団体はキャッチオールで、社会諸集団の具体的な利益や世界観を反映するわけではない。だから社会団体は政党の代わりにはならないとリトヴィノフは言った。

彼の理解では、政党の欠如は、人民共和国運動の変質を反映している。人民共和国運動は、出発点においては反オリガークの社会革命であり、「ファシズムとの闘争」は、この目的を達成するための手段でしかなかった。内戦が激化するにつれ、「ファシズムとの闘争」が、あたかも人民共和国の主要目的であるかのようになってしまった。戦線が安定した後も、人民共和国の政治は社会問題には立ち返らなかった。たしかにザハルチェンコは、「人民共和国は社会的公正の重要さを忘れたわけではない」とときどき思い出したようにアピールするが。

リトヴィノフが言うには、「幸いにして、いま（二〇一七年）のところはあまり大きな声ではないが」、「いったい何のために我々は二〇一四年に戦い、甚大な犠牲を払ったのか」という市民の疑問の声があちこちでつぶやかれるようになった。

†「ドネツク共和国」と「自由ドンバス」

二〇一四年、二〇一八年のドネツク人民共和国議会選挙結果は表5-1の通りである。

前述の通り、社会団体「ドネツク共和国」は、二〇〇五年にオレンジ革命に抵抗する中で生まれた。人民共和国の支配党になると、当初のロマン主義を失い、旧共産圏の支配党がみなそうであるようにプラグマティックな包括政党になった。この組織は青年部を旗揚げし、共和国の各地にボランティア・センターを開設した。

プルギンの後を受けて、人民会議議長・兼・「ドネツク共和国」リーダーになったのはプシリンであった。プシリンは政治家として成長した。マージナルな活動家上がりで、最高会議議長の職を果たすことができずにくびになった頃の弱々しい面影はどこにもなく、共和国の隅々まで足を運んで「ドネツク共和国」の支部を開設するのを助けた。当時のプシリンにはミンスク交渉でドネツク人民共和国を代表する仕事もあり、一人三役であった。

「自由ドンバス」は、二〇一四年「ロシアの春」のスター選手であるグバリョフ、ミロスラフ・ルデンコなどが最初の議会選挙に向けて結成した社会団体である。この団体は、ノヴォロシア運動のロマン主義を体現し続けていることを売りにし、内戦に参加した退役軍人を組織することで自らを活性化しようとしていた。

これは、アブハジアのアルジンバ政権の末期に生まれた野党「アイタイラ」

	「ドネツク共和国」		「自由ドンバス」	
	得票率（%）	獲得議席	得票率（%）	獲得議席
2014年11月2日	64.4	68	28.8	32
2018年11月11日	72.4	74	26.0	26

表5-1　人民共和国議会選挙の結果

が行ったことと同じである。カラバフでも、二〇〇四年の再民主化の流れの中で、野党「八八年運動」が生まれたが、八八年とは、カラバフ運動が始まった年である。このように、分離運動の初期の理想や内戦の記憶に訴えかけることは、非承認国家の政治において再動員・再民主化を進めようとする野党側の定石なのである。

二〇一七年、「自由ドンバス」のリーダーであるルデンコは、「二〇一四年の日々は忘れられたわけではない」と私に言った。

ルデンコが二〇一五年に私に述べたところでは、二〇一四年五月のウクライナ大統領選挙への抵抗運動が、人民共和国運動におけるロマンチックな多元主義の最後の輝きであった。その後は内戦の論理が優越し、敵の利益になりかねない多元主義は抑えられた。しかしドネツクの多元主義は、平和が来れば回復するだろう。特に左翼勢力は、ドネツクという伝統的にプロレタリア的なリージョンにおいて、再興のチャンスを見出すだろうとルデンコは予想した。

なお非承認国家の政党制が、現実主義的権力党と、内戦期のロマン主義を現在に伝える野党から構成される二大政党制になる傾向は、ドネツク人民共和国に限らず、カラバフ、アブハジア、南オセチアにも見られる。非承認国家の生存のためには、一方では経済上の困難と非常事態に対処できる現実主義、他方では原点回帰することで住民を鼓舞するロマン主義の両方が必要なのである。

†「防壁」

議会外の団体「防壁（オプロト）」は、事実上、ザハルチェンコの私党であり、彼が暗殺された二〇一八年の一二月には解散した。

「防壁」は、ユーロマイダン以前のハルキウで、ウクライナ内務省軍将校だったエヴゲーニー・ジリン（第二章参照）が設立した団体である。その主な使命は、①殉職したり、勤務中の負傷で障害者となった警察官、軍人、遺族の援助、②バンデラらの英雄化への反対、独ソ戦記念碑の保全など、歴史啓蒙活動であった。

ジリンは武士道の心酔者で、ヴァーリトゥード選手であり、「防壁」のハルキウ本部は、この競技のためのジムを持っていた。

二〇一三年一二月、ザハルチェンコは「防壁」のドネツク支部のリーダーになった。この支部は「ロシアの春」の中で活性化し、ドネツク州で警察が崩壊した三月から五月にかけて市内パトロールや秩序維持に貢献した。

内戦が本格化すると「防壁」は準軍事組織になった。最初は警察から、次にウクロプ（ウクライナの右翼準軍事組織）から、第三には、ロシアのロストフ州のベリャエフ村（国境から一二キロメートル）にあるロシア軍の武器庫から武器を略奪した。ちなみに、いわゆる親露派がロシア軍から武器を略奪するのは、第一次南オセチア戦争（一九九一―九二年）でも見られた現象である。

二〇一四年の夏には、「防壁」はドネツク人民共和国の準軍事組織の中で最も強力なものの一つになっていた。同年秋には、共和国元首選挙でザハルチェンコを支持するための政治組織に衣替えした。

議会選挙で勝った「ドネツク共和国」は、普通の政権与党になることでダイナミズムを失い、党内派閥抗争も始まっていた。そうした中、人民共和国の建国理念やザハルチェンコ個人に忠誠を誓う組織が必要になっており、「防壁」は、その役割を担ったのである。

†戦争犯罪とNGO

現在の国際法の最大の問題点のひとつは、非承認国家とその市民は、国際刑事裁判所や欧州人権裁判所のような国際的な法廷で争えないということである。非承認国家の民間人は親国家の砲撃を受け、その兵士は捕虜になれば拷問にかけられる危険性が承認国家の市民・兵士の場合よりもずっと高いのだから、彼らが戦争犯罪を被っても国際司法に訴え出る権利を初めから奪われているのは不合理である。

分離紛争で親国家がしばしば残虐なことをするのは、「相手が非承認なら何をやっても裁判にはならない」と高を括っているせいだと私は思う。これは、ドンバス戦争だけではなく、私が長年、様々な分離紛争を観察して抱いた感想である。

実体法の観点からは、ジュネーヴ条約（一九四九年）とその追加議定書（一九七七年）にある諸規範は、非承認国家市民にも適用される。しかし彼らは手続法から排除されているので、結局、実体法が定める権利を行使する術がないのである。非承認国家は、上記条約や欧州人権条約などに調印・参加することができないから、国際司法が、その市民の訴えを受理しないのは、ある意味で当然である。

このような事情なので、非承認国家の弁護士や人権活動家は、当該地域がいまだに親国家に属しており、被害者は親国家の市民であるという擬制に基づいて、訴えを国際司法に送る。たとえば、ドネツク人民共和国の弁護士は、被害者がウクライナ市民で自分たちはウクライナの弁護士であるかのように訴状を作成して、国際刑事裁判所に送るのである。

二〇一六年四月のカラバフでの紛争時の戦争犯罪行為をめぐる欧州人権裁判所の審議は異例であった。アルメニア・カラバフ側の訴状に含まれた被害者氏名一覧には、ある被害者の国籍として、ナゴルノ・カラバフ共和国と記されており、裁判所も括弧つき表記に書き換えたとはいえ、そのまま受理したのである。

カラバフは、西側諸国に強力なアルメニア・ロビーを持っているため、その他の旧ソ連非承認国家に比べて国際法上の地位が高いのである。それに加え、カラバフとアルメニアには、四半世紀の独立期間中に戦争犯罪に詳しい法律専門家集団が成立したことも指摘しなければならない。

彼らは、一九九〇年代のように相手方の戦争犯罪を自分たちのメディアで報道したところで西側のマスコミは絶対に取り上げないし、再発防止効果はないことを承知している。再発を防ぐには、国際法廷で争うしかないのである。

†国際刑事裁判所への地元弁護士の訴え

はや二〇一四年五月には、エレーナ・シシキナ、ヴィタリー・ガラコフのようなドネツク市の弁護士が、ドネツク人民共和国領域内でウクライナ軍と準軍事組織が行う破壊、殺人、傷害、拷問などの戦争犯罪の事実を確認し記録を残す作業を開始した。

ウクライナはまだローマ憲章と国際刑事裁判所加盟を批准していなかったから、弁護士たちは、これら記録をどう使うかについて展望を持っていなかった。しかしソ連の経験が彼らに希望を与えた。一九四二年一一月、ソ連最高会議幹部会は、「ドイツ・ファシスト占領者と占領協力者が犯した犯罪を確認し調査する非常国家委員会」を設置した。この委員会が収集した資料が、一九四六―四七年のニュルンベルク裁判で使われたのである。ドネツクの弁護士たちは、彼らが収集した事実の記録は、将来必ず役に立つと考えていた。

二〇一五年九月、ウクライナ政府は、二〇一四年二月二〇日以後のウクライナでなされた犯罪行為について、国際刑事裁判所の権限を認めてもよいと宣言した。ここでいう「犯罪」は、ヤヌコヴィチとロシアが犯したものを意図しているが、この宣言後、国際刑事裁判所検察官は、ドネツクの弁護士が提出する資料も受理するようになった。ドネツクの弁護士は毎月約一・五キログラムの資料を送りつけるので、検察官も整理するのが大変だったろう。

アルメニア・カラバフの法律家たちは、二〇一六年四月戦争中の戦争犯罪について、欧州人権裁判所で争った。欧州人権裁判所で争う場合、本来、原告は、国内最終審の判決を受けてから六カ月以内に訴状を同裁判所に提出しなければならない。しかし、ドネツクの法律家がウクライナ支配領域内で、カラバフの法律家がアゼルバイジャン国内で裁判するのは不可能である（運が良くてすぐ逮捕、悪ければ殺されてしまう）。そこで、欧州人権裁判所は、これら特殊地域については、国内最終審の判決からではなく、事件発生から六カ月以内に訴状提出という特別の期限を課している。

カラバフの法律家とは違って、ドネツクの弁護士たちは、欧州人権裁判所ではなく、国際刑事裁判所に資料を送っている。二〇一六年四月のアゼルバイジャンとの戦争は四日間で終わったので、六カ月以内に（同年一〇月までに）訴状と資料を欧州人権裁判所に提出することができきた。これに対し、ドンバス戦争は長期化したため、半年以内に資料提出どころか、被害現場に半年間立ち入れないことさえざらにあった。

二〇一七年時点で、ドネツクの弁護士は、交戦地帯に住む原告＝被害者には「六カ月以内」という期限を緩和するよう欧州人権裁判所とも交渉していたが、当面は、国際刑事裁判所に頼るしかなかった。ドネツクの弁護士たちの国際刑事裁判所に頼る姿勢は、二〇一六年一一月にロシアが同裁判所から脱退（プーチンがローマ規程への署名を撤回）しても変わらなかった。

シシキナ弁護士と著者（2017年8月）

アルメニア・カラバフの法律家たちが、ストラスブールにおける裁判を進めるうえで、アルメニア国家・カラバフ国家の隠れた援助を受けたのに対し、ドネツクの弁護士たちは、手弁当で活動している。彼らは、調査に必要な資金を、人民共和国政府からも、もちろん被害者からも受け取っていなかった。

二〇一五年、ザハルチェンコやその他のドネツク人民共和国リーダーが、「ウクライナの戦争犯罪を裁くための国際トリビュナル」なるものを設置することを求める署名運動を提案した。これは、一九九〇年代の非承認国家に特徴的だった、プロパガンダ・スタイルの時代遅れな

「戦争犯罪との闘争」であった。本来の国際法廷はそもそも非承認国家からの訴状など受け付けないと知ると、ザハルチェンコらは戦争犯罪と闘うための司法的な方法自体に興味を失った。

カラバフの人権オンブズマンのルベン・メリキャン（当時）は、資料を収集・出版し、欧州議会内で記者会見を開くなど、ストラスブールでの裁判を側面援護した。これとは対照的に、ドネツク人民共和国の人権オンブズマンのダリヤ・モロゾヴァは、ドネツクの弁護士たちを助けているわけではなく、情報交換さえ行っていなかった。

ロシアには、NGOが外国の基金に応募しないように、NGO向けの大統領基金がある。ドネツクの弁護士たちは、手弁当では満足な活動ができないため、これに応募したが、落とされてしまった。後に「ドンバス住民をジェノサイドから救え」などと騒ぎだしたロシア指導部にしてはおかしな態度である。

「ロシアが脱退を決めた国際刑事裁判所に頼るのはけしからん」という政治的理由だったのか、それとも旧ソ連特有の縁故主義で、審査委員の知り合いが大統領の補助金を貰う仕組みだったのかはわからない。

シシキナは、弁護士は政府当局とは仲が悪くなるのが当たり前で、それは「市民社会が国家から自立している」ことの証しなのだから結構ではないかと言う。ちなみに彼女は、二〇一八年のドネツク人民共和国国家元首選挙に「自由ドンバス」から出馬し、九・二七％得票して第三位になった。

5 活動家群像

個人史を通して革命と戦争を見るという観点から、本節では、ドネツク人民共和国の活動家を四人紹介したい。議会外団体「防壁」から二人、政治的遊牧民とでも呼ぶべきカテゴリーから二人である。

†「ロシアはパートナー、手本はヨーロッパ」

「防壁」の一人目はニコライ・ザゴルィコである。二〇一三年に私がドネツク州の地方自治を研究していたときに、同州の地方自治体連合の執行委員長だった彼と知り合った。

ソ連時代、ザゴルィコは医者で、州病院の副院長にまで出世した。ソ連共産党員だったことは一度もない。ソ連解体後、一九九二年にビジネスを始め、建築、運輸などを兼ねる多目的企業を創立した。一九九四年から九六年まで（つまりシチェルバニ知事が党を買収するまで）ウクライナ自由党の州指導者であった。

二〇〇一年、ザゴルィコは自由党と一緒に地域党に吸収された。二〇〇二年以降、三期にわたって州議会代議員になった。代議員として特に関心を寄せたのは地方自治問題であった。ウクライナにおいて地方自治が発達していないことが、ドネツク州がその工業力を住民のよりよい生活のために活用できないことの根幹にあると考えたのである。

二〇〇四年大統領選挙ではヤヌコヴィチを応援し、キエフにおける地域党の世論モニターとして活動した。

二〇〇〇年代末、ザゴルィコはドネツク州の自治体連合結成を主導した。前章で述べたように、この団体はブルィズニュク州議会議長（のち知事）の「相乗効果」戦術と協力し、自治体が内外の基金に応募して資金獲得するのを助ける半官半民団体であった。

ザゴルィコは、ときには私財を投じて、自治体や地方行政府職員が欧州の地方自治を視察に行くのを助けた。歴代の州知事は、ザゴルィコを副知事として招いたが、野にあって経済的自立性を持つ企業家であった方が、国家勤務に就くよりも人々を教育するうえでよいと信じ、断ってきた。

二〇一三年一月に知り合ったとき、彼は私に言った。「ロシアは我々のパートナーだが、手本にはならない。手本はヨーロッパだ」。

二〇一四年三月にドネツク市で会ったとき、彼はまだ地域党の政策を擁護していた。党はウクライナ連邦化を要求する住民投票に反対ではないが、ウクライナには、リージョン単位での住民投票を実現する法基盤がまだないと釈明していた。

ザゴルィコは、二〇一四年六月、タルータ知事と共にマリウポリに疎開した州代議員の一人であった。ドネツクとマリウポリの間を行ったり来たりしながら、戦線付属地域の住民の生活を助けた。実は私は、二〇一四年八月、タルータ行政府の疎開先であったマリウポリ市沿海市区行政府の廊下で、ばったり彼に会っている。

最後までタルータ知事を見捨てなかった代議員であるということは、その後の彼にとっては、あまり思い出したくない個人史の一頁らしく、「そういえば、あそこでばったり会いましたね」と私が言うと、非常に嫌がる。

このように、どちらかと言えば「親欧米」のレッテルを貼られそうなザゴルィコであったが、ウクライナ軍の住民砲撃と、それを見て見ぬふりをする国際社会の「シニカルな嘘」に対する怒りから、自分の立場を反転させた。

彼は「防壁」のメンバーとなり（これは、ドネツクとマリウポリの間の往復は、もはや不可能になったことを意味する）、講演をし、砲撃被害者を助けるために自分の会社の備蓄から建築資材を供出し、自分の会社のタンクローリーを駆って燃料を人民共和国に運んだ。

ザゴルィコの会社はドネツク市の西部にあり、ウクライナとの軍事境界線に接しているため、彼の会社のトラック、重機のほとんどは、二〇一七年八月に私が訪問するまでに破壊されていた。戦前には彼の会社には約三五〇人の社員が働いていたが、その半分は前線に行き、多くは戦死し、私の訪問時には九人しか残っていなかった。会社は残った資産や原材料を切り売りすることで存続していた。ザゴルィコは、砲撃の際に近隣住民が逃げ込めるように本社事務所に鍵をかけない。

ザゴルィコの車でドネツク市西部の戦線付属地域を見せてもらったが、民家や道路だけでなく、学校、墓地、商店も砲撃の重い被害を受けていた。しかも人民共和国住民は疎開せず、建物を早急に修理して、意地でも住み続けるのである。境界線から二〇〇メートルくらいのところにある学校はさすがに閉校されていたが、距離五〇〇メートルなら機能し続けていた。派手な色の新しい資材で修繕するので、建物がけばけばしい。

ミンスク合意がそれなりに有効だった頃は、OSCEの監視が途切れる夜と早朝しかウクライナ軍は砲撃しなかったので、通学・学習中の学童の死亡・傷害事故はあまり多くなかったが、それでも学童の命を危険にさらしていたのはたしかである。

「戦争なのだからどっちもどっちだろう」と思う読者もいるかもしれない。しかし私はヴォルノヴァハやバフムトなどのウクライナ側の戦線付属地域も実地で見たが、このような破壊はなかった。ドンバス戦争は、対称的な戦争ではなかった。

二〇二二年時点では、ザゴルィコは、クルチェンコがもたらした経済荒廃（後述）の後始末として、ある国有企業の経営を任されていた。

†ドネツク空港の廃墟にて

「防壁」の二人目は、同団体の執行委員長であったアレクサンドル・クレンコフである。彼は民族的にはベラルーシ人で、一九六二年ドネツク生まれである。

リガの民間航空大学で教育を受け、一九八〇年代はシンフェロポリのアエロフロート事務所で働いた。ソ連の解体後はドネツク市に戻り、ビデオ監視システムを供給するビジネスを始めた。二〇一四年二月にはドネツク市における反マイダン運動に活発に参加し、同年四月には「防壁」メンバー、同時に最高会議議員になった。

クレンコフは、ドネツク人民共和国軍事アカデミー（参謀部大学）の執行部メンバーとして、共和国軍の創設に貢献した。軍事の高等教育も受けておらず、職業軍人でもない当時五二歳の男性が「人民共和国軍の創設に貢献」などと言うと奇異に聞こえるかもしれない。

しかし、クレンコフの世代は、ソ連軍で訓練され、戦争のやり方を知る最後の世代である。独立ウクライナでは、兵役は簡単に逃れることのできる疑似義務と化していた。私が内戦ピークの二〇一四年八月にドネツク市を訪問したときも、当時の私と同じ五十男たちが軍服を着て辻々で警備していることに驚いたものである。

クレンコフはユーモアに溢れた人物であり、ベラルーシ人で生粋のドネツクっ子のくせに、迷彩服の胸に「こんにちは！　私はロシアの占領者です」と刺繍している。私は、「もしロシアの将兵がドンバスに駐屯していないとしても、インストラクターは送ってきているでしょう」と尋ねた。「いや、インストラクターもいない。訓練のためには、こちらからロシアに兵士を送っている」と彼は答えた。

二〇一七年八月の訪問時、クレンコフは私をドネツク市北西部への視察ツアーに連れて行ってくれた。ドネツク空港の廃墟の近くで、私には、狙撃されないように、「ランドクルーザーを降りるな」と指示した上で、近辺から砲弾の金属破片を拾い集めて、「お土産」とプレゼントしてくれた。「ソ連製の砲弾破片はすぐに錆びる、これはまだ金ぴかだからＮＡＴＯ製だ」と言って。

次に彼は、空港の近くにある、かつての中産階級街に建立された有名な民間人犠牲者の慰霊碑を見せてくれた。車で端から端までゆっくり走って三分くらいの短い通りで二一二人の民間人が死に、そのすべての名前が、空港廃墟から採取された石板に刻み込まれているのである。

クレンコフは唐突に、自分と同じ苗字の名を指して言った。「御覧なさい。これが私の息子です。民間人で、二三歳でした」。

†越境する政党指導者

二〇一七年、ロマン・コヴァレンコは、ウクライナ社会主義者党のドネツク州リーダーであった。マイダン革命以前、彼はアフメトフとボリス・コレスニコフ（ヤヌコヴィチ政権下の副首相、欧州サッカー選手権のドネツク開催を成功させた）というドネツクを代表する二大富豪の企業で勤務した後、NGO「立法イニシアチブ・ドネツク・センター」のリーダーになった。ザゴルィコの自治体連合と同様、このNGOの使命は、NGOや自治体の予算獲得や活動を技術面で助けることだった。

州代議員に二度選ばれたが、地域党に入党したのは二〇一一年で、わりと遅い。二〇一三年に知り合ったとき、「ウクライナとロシアは一見似ているが、ウクライナの方が民主的で、その中でもドネツクは地方自治の先進リージョンだ」と誇っていた。

二〇一四年三月二〇日に私がコヴァレンコを再訪したとき、彼は意気消沈していた。彼のNGOは活動停止状態で、彼は朝から晩までユーチューブで、未成年のマイダン活動家がアップロードする暴行や吊るし上げのビデオを見ていた。「これが、我々が行ってきた次世代の躾《しつけ》の結果か」と嘆きながら。

しかし今から考えると、コヴァレンコもザゴルィコも楽天的だった。「ドンバスは、すぐに準軍事組織に転換できるような社会組織を有している。そのドンバスに手を出すほど、キエフの政権は馬鹿じゃないよ」などと言って笑っていたのである。

実際には戦争が始まり、コヴァレンコは、家族ぐるみで二〇一四年七月から一二月までドネツク市から疎開していた。疎開中にウクライナ最高会議選挙があったが、彼は地域党の残党を応援した。ドネツクに帰還後、ピザレストランを始めた。

二〇一五年一―二月、アザロフ内閣で外務大臣だったレオニード・コジャラが社会主義者党を旗揚げし、ドネツク州のウクライナ支配地域のリーダーとしてコヴァレンコを招いた。その後、コヴァレンコは、生活の四割はドネツクで過ごしてピザレストランを経営し、六割はウクライナ支配下のクラマトルスク、バフムト、キエフなどで政党活動に打ち込むようになった。二〇一七年までに、社会主義者党は、ウクライナ全体で約五千人、ドネツク州ウクライナ支配地域で約三〇〇人の党員を抱えるようになった。

ドネツク人民共和国政府も、コヴァレンコが議員か政府官吏になるように誘ったが、人民共和国内で公職に就くとウクライナでは犯罪者になり、境界線を越えることができなくなる。コヴァレンコは、「現在の軍事情勢下では、人民共和国が先に変わるということはありえない。ドンバスを再統合しようと思うのなら、ウクライナが先に変わらなければならない」という信念から、ウクライナでの政治活動を優先していたのである。

コヴァレンコによれば、ユーロマイダン革命は人工的な事件であり、ウクライナは、ユーロマイダン以前のウクライナに戻らなければならない。なぜなら、当時のウクライナは、「リップサービスにおいてではなく、実際においてヨーロッパに接近していた」からである。社会主義者党はドンバス戦争を終わらせ、ウクライナを再統一し、欧州ともロシアともよい関係を作ろうと提案している、と彼は言った。

私はコヴァレンコに、彼の党は、野党ブロックなどの南東野党とどこが違うのか尋ねた。彼によれば、野党ブロックはイデオロギーを持たない恩顧人脈政党なので、絶えず分裂の危機を孕んでいる。対照的に、社会主義者党は現代化された社会民主主義イデオロギーを持っているとのことであった。たしかに、二〇一九年大統領選挙前夜に南東野党は分裂してしまった。

脱共産化法で禁止された共産党よりは恵まれていたとしても、かつて精強だった社会党も、主だったものだけで三派に分裂してしまった。ユーロマイダン革命後の生活水準の低下への抗議行動を組織すべきときに、ウクライナの社会主義勢力にその力はなかった。せいぜいできたのは、街路名をバンデラ化することへの反対運動くらいであった。しかし、バンデラ反対の集会は右翼が襲撃してくるので、社会党員はしばしば負傷した。

二〇二一年、コヴァレンコがウクライナ支配領域とドネツクを結んで行っていた商取引がウクライナ特務機関に摘発され、彼は逮捕された。

†越境する兵士

二〇一七年八月九日、ドネツク人民共和国に入ることへのウクライナ保安庁（特務機関）の許可を得て、私はクラマトルスクから、北部チェックポイントがあるバフムトに向かった。特務機関中央（キエフ）の許可が取れれば自動的に越境できるなどということはなく、バフムト現地の特務将校とも面談しなければならない。かなり待たされた上に、警察とも（先方のミスによる）一悶着あって、人民共和国側の検問所を越えられたのは夜の八時であった。

ウクライナ側でも人民共和国側でも検問所の横には住民サービスも兼ねて救急センターがあるが、そこで一息ついていると、OSCEの監視時間が終わり、銃撃戦が始まった。かなり遠方から狙わずに撃っているだけなので、お休み前の挨拶のようなものである（と兵士は言っていた）。

ドネツク市からタクシーを呼んだら、夜一一時に始まる外出禁止までに市に着けない。検問所の軍人が、親切に、ゴルロフカ在住の兵士ピョートル（仮名）に話をつけてくれ、彼が同居しているレーナ（仮名）のアパートに一泊して、翌朝ドネツクに向かうことにする。ゴルロフカは、ドネツク人民共和国で最も大きな戦争被害を受けた都市である。

深夜の夕食となったが、レーナとピョートルはボルシチでもてなしてくれた。検問所からそこへ向かう途中で私が買ったウォッカを皆で空けた。ピョートルと友人は、翌朝六時に、私をドネツク市に届けてくれた。

ピョートルは、一九八七年にオムスクで生まれた。彼の父親はソ連極東艦隊にかつて勤務し、一九八三年の大韓航空機撃墜事件を身近に体験した。

ピョートルは「ロシアの春」に共鳴し、助けようと思って二〇一四年初めにクリミアに来た。クリミアで、のちにゴルロフカ担当の準軍事組織司令官になるイーゴリ・ベズレルと知り合った。

ベズレルは、ウクライナの捕虜を銃殺するシーンをユーチューブに載せたことで悪名を世界に馳せた司令官である。二〇一四年一一月以降は、「ウクライナ全土解放」を停止したプーチンとザハルチェンコへの反対派となった。

クリミアがロシアに併合された三月一八日、ピョートルは、クリミアを後にしてドンバスに向かった。車を飛ばす途中でウクライナの武装勢力と何度も遭遇し、危ない思いをしたそうである。二〇一四年の夏は義勇兵として戦い、一一月に人民共和国軍が創設されると、最初の兵士となった。

通常、人民共和国兵士は二、三年勤務して下士官まで昇進したところで退役して民間の職業に移る。私たちが知り合ったときまでにピョートルは三年勤務していたわけだが、軍隊生活が性に合うのか、まだ退役する気はなかった。

軍務を離れないまま、二〇一六年にピョートルは、ゴルロフカの大学に入学した。「第二の高等教育資格」を得たいと思ったのである。すでに三〇歳を迎えようとしていたが、「学ぶのに遅すぎるということはない」と彼は言う。

人民共和国では、若い女性たちが手作りの料理と贈り物を持って兵営を慰問する習慣がある。そうしてピョートルはレーナに会った。レーナの方がかなり年上で、ティーンエイジャーの娘もいたのに、二人は恋に落ちた。ピョートルは兵営を出て、レーナのアパートに転がり込んだ。

夕食を共にする中で、私たちはベズレル司令官の残虐行為についても話すことになった。

「たとえその捕虜が戦争犯罪を犯していたとしても、捕虜の状態にある者を銃殺したら戦争犯罪ですよ」と私は言った。「そんなことは知っているよ」とピョートルは答えた。「でも、あまりにも多くの子供が殺された。僕には止められなかった」。

6　経済封鎖以後（二〇一八―二〇二二年）

†経済封鎖とクルチェンコの登場

前述の通り、二〇一七年当時のドネツク人民共和国の社会経済状況は悪くなかったが、凶兆も現れていた。

人民共和国の分離後も、共和国内のウクライナ企業は、共和国に法人登録し、税金を払えば営業することができた。服部倫卓によれば、ウクライナの炭田のほとんどは人民共和国の実効支配領内に入り、鉄鉱石産地はザポリジャ、ドニプロ、ポルタヴァ州など残部ウクライナにあるので、交易の継続は不可避であった（文献6）。

ところが、二〇一六年の末になると、ウクライナ民族派が人民共和国との交易自体に反対して、鉄道輸送を実力阻止した。二〇一七年に入ると、ポロシェンコ大統領もこれを追認した。自然な経済的つながりを絶たれたことで、ウクライナ、人民共和国双方の経済が大打撃を受けた。

二〇一七年二月二七日、人民共和国政府は、鉄道封鎖によって操業停止に追い込まれていた域内企業を「外部管理」に移し始めた。対象の多くは、アフメトフ系の企業であった。二〇一七年を通し、人民共和国の諸新聞は、「外部管理」は社会主義的な国有化とは違う、強いられた時限的措置であるとたびたび説明した。

この外部管理の担い手になったのは、セルゲイ・クルチェンコの「外国貿易サービス」であった。クルチェンコは、一九八五年、ハルキウ生まれの若い富豪である。ハルキウ工業大学の学生だった頃から始めた液化ガスの小規模卸売りが当たって、後に石油取引、ガソリンスタンド網にも業種を拡大した。

かつてアフメトフが二〇歳代でドネツクのサッカーチーム「シャフタル（炭鉱夫）」のオーナーになって世間を驚かせたように、クルチェンコも二〇歳代でハルキウのサッカーチーム「メタルルギ（冶金者）」のオーナーになった。

しかしクルチェンコは、ヤヌコヴィチ一家と深く結合した企業家だったので、ユーロマイダン革命中にウクライナから忽然と姿を消した。新政権（アヴァコフ内相）は、クルチェンコを国際指名手配し、彼がスイスの銀行に持っていた資産を差し押さえた。

二〇一四年五月、クルチェンコは、突然クリミアに現れ、ルコイルなどから買収したガソリンスタンド網を経営し始めた。

第三章で述べたように、クリミアがロシアに併合されると、皮肉なことに、ロシアの企業や銀行は、それまでクリミアに持っていた支店、資産、営業を他者に売却しなければならなくなった。そうしないと国際制裁を課され、本社経営が成り立たなくなるからである。

その泥をかぶってくれる、クリミア（そのほか非承認地域）にしか存在しないようなトンネル企業が必要になる。いったんこういう仕事を引き受けると、表経済には戻れない。こうして非承認地域に特化したクルチェンコの「外国貿易サービス」が、二〇一七年にドンバス両共和国でのウクライナ企業の営業が不可能になると、共和国政府のお墨付きを得て委託経営に乗り出したのである。

服部は、「外国貿易サービス」の経営は犯罪的で、取引における中抜きや労働者への賃金不払いにより暴利を貪ったと指摘する。初期の人民共和国運動は、アフメトフら大富豪への社会的抗議という性格を持っていたから、「アフメトフよりもはるかにおぞましいクルチェンコの支配は現地に失望を広げた」。

服部の指摘は、ドンバス革命が裏切られたという点では正しいが、私が現地の識者から聞く限りでは、二点留保が必要である。第一に、クルチェンコは表看板にすぎず、接収された企業をめぐるクラン間の闘争と取引は続いた。

第二に、たしかにかつてのドンバスならば、石炭や冶金産業が給料欠配状態になれば、州経済全体が破綻し、猛烈な抗議行動が起こっただろう。しかし人民共和国経済は、もはや自力で稼ぐ経済ではなく、公務員給与と年金のロシアによる肩代わり、それによって生ずる消費財需要の波及効果で経済全体がかろうじて潤う典型的な非承認地域経済になっていた。

ドネツクの私の知人は、クルチェンコがドネツクの重工業を支配した二〇一七年から二一年までの間、特に生活苦は経験しなかったし、左翼勢力の抗議行動もなかったと私に言った。

いずれにせよ、二〇二一年六月、両人民共和国元首は、「外国貿易サービス」への経営委託を停止する旨を発表した。「外国貿易サービス」から解放された諸企業の大半は国有化された。一部の大企業・優良企業は、ロシア企業家エヴゲーニー・ユルチェンコを長とする有限会社「南鉱山・冶金コンプレクス」に移された。

†ザハルチェンコの爆殺と二〇一八年元首選挙

ザハルチェンコは、二〇一八年八月三一日に暗殺されるまでに、副首相で収入・租税大臣だったアレクサンドル・チモフェエフと共に、共和国内の相当数の企業を私物化した。ウクライナの特務機関は、自分たちがザハルチェンコを暗殺したのではなく、共和国内の私闘の結果、殺されたのだと発表した。ザハルチェンコのすぐ後ろを歩いていたチモフェエフも、危うく一緒に爆殺されるところであった。

議会議長であったデニス・プシリンが憲法に従って国家元首代行になり、チモフェエフをすぐに解任した。チモフェエフは、有り金を掻き集めてロシアに逃亡したが、ロシアでも似たようなビジネスを繰り返していたのか、二〇二一年、モスクワで詐欺罪で逮捕された。

ザハルチェンコの死を受け、また人民会議の任期がちょうど切れたので、二〇一八年一一月に国家元首・議会同時選挙が行われた。

ロシア指導部は明らかにプシリンを新元首にする方針で、選挙には、グバリョフやアレクサンドル・ホダコフスキー（ウクライナ特務軍のドネツク州司令官から人民共和国に寝返った軍人。戦争英雄の一人）のような有力対抗馬は出馬できなかった。

ただ、こうした方法では固定的抗議票が別の野党候補に流れるだけなので、プシリンは六〇・九％しか得票できなかった。次点は、イェナキエヴォの歯医者出身で戦争英雄の一人でもあるロマン・フラメンコフ（一四・三％）、第三位は前述のシシキナであった。

プシリンは、ザハルチェンコと違い、純粋な文民で戦闘経験がないため、人民共和国の指導者としては頼りなく感じられたかもしれない。ただし、これもザハルチェンコと違い、自分自身のビジネスを持っていなかったことは、共和国にとって良いことだった。

実際、プシリン時代に入ると、共和国指導者による、やくざまがいの資産・企業の接収はなくなった。プシリンは、「防壁」のような私党ではなく、公式与党「ドネツク共和国」に依拠した。同党の青年組織やボランティア事務所を発達させ、それらは、のち、露ウ戦争中に活躍することになる。

†本章のまとめ

人民共和国は、その存在期間中に性格を大きく変えた。当初の社会革命的な性格は失われ、反欧米の地政学プロジェクトに矮小化させられた。スルコフの政治技術者たちは、共和国の建国の父たちをパージし、無政党民主主義を定着させることで、この矮小化を助けた。

「二〇一四年の理想に帰れ」というスローガンが現実性を失ってしまったため、旧ソ連の他の非承認国家とは違い、人民共和国では再民主化・再動員は起こりにくくなった。

露ウ戦争が近づくと、はじめはスルコフが、やがてプーチン自身が、まるでドンバス急進思想の影響下に落ちたかのように、反一極世界・反植民地主義を唱えるようになった。しかし、この革命的言説は、クルチェンコ事件が示したように、ドンバス経済が自立性を失って、ロシアからの資金流入に頼り切っている現状とどうもしっくりこない。帝国主義に抵抗するのは、勤労者が生き生きと働ける社会を作るためではないのか。

私見では、「二〇一四年の理想」に替わる共和国市民の紐帯の根拠になったのは、ウクライナ軍の砲撃による被害者意識（victimization）だったと思う。ロシア指導部は、後に露ウ開戦を正当化するために、ドンバス戦争＝ジェノサイド論を持ち出した。しかし、ドンバスの弁護士たちが国際刑事裁判所に訴状と資料を送っていたとき、ロシア指導部は助けなかった。

他方では、もともとは「ヨーロッパが手本」と思っていた自治体運動リーダーのザゴルィコは、西側がドンバスの民間人砲撃を黙認したことに怒り、人民共和国運動に合流した。

ドンバスの人々がパトロンとしてのロシア、いまや母国となったロシアにいろいろ不満を抱くにしても、西側が自分たちに対してやったことへの怒りが勝るうちは、彼らが地政学的志向を変えることはないように思う。

第六章

ミンスク合意から露ウ戦争へ

プーチン政権が露ウ戦争を正当化した論拠は主に二点であった。ひとつはウクライナとNATOの協力関係の深化がロシアの安全保障にとって脅威であるということ、もうひとつは、ミンスク合意が実施されず、ドンバスでの「ジェノサイド」が続いているということであった。前者については第一章で論評したので、本章では、ドンバス紛争管理の失敗がいかに露ウの全面戦争に発展したかについて述べる。

ただし、この問題は、旧ソ連圏の分離紛争への処方箋全体の類型論の中に位置づけなければならない。そうすることによって、露ウ戦争の緒戦における作戦の選択も、相当程度説明されるのである。

本章後半では、露ウ戦争にかけたロシアの目的が、緒戦の体制変更（ゼレンスキー政権の打倒）から領土獲得に移っていった経過を観察する。

1　分離紛争解決の五つの処方箋

歴史的には、分離紛争の解決法としては五種類が現出してきた。①連邦化、②land-for-peace、③パトロン国家による分離政体の承認、④親国家による再征服、⑤パトロン国家による親国家の破壊である。

親国家とは当該分離政体が以前帰属していた国家、パトロン国家とは、外から分離政体を応援している国家を指す。私は、分離政体＝非承認国家とは、親国家から行財政的に完全に分離しているもののみを指すと考えている。だから、たとえばロシア連邦政府と財政的に切れていなかった一九九六年から九九年までのチェチニャ－イチケリヤ共和国は、これに該当しない。

†処方箋①——連邦化

連邦化政策とは、「分離政体が武装解除・自主解散して親国家に戻ってくる代わりに、親国家が連邦化して出戻りの分離政体にオートノミーのステータスを与える」ことである。

ミンスク合意は典型的な連邦化政策であった。その他の事例としては、ソヴェト政権初期の南コーカサスでの紛争解決（第一章参照）、ボスニア停戦のためのデイトン合意（一九九五年）、カラバフをめぐる和平交渉、モルドヴァ・沿ドニエストル合同のためのコザク・メモランダム（二〇〇三年）などがあげられる。

連邦化政策は、英語文献では権力分割（power-sharing）政策と呼ばれることが多いが、これはフルな連邦化だけでなく、非対称的連邦化（オートノミー、「特別な地位」付与など）を含めるためである。本書の視点からは、フルな連邦化とより妥協的な権力分割を区別する意味はない。そもそも「条約の案文を洗練すれば分離紛争は解決できる」という考え方は、本書の主張の対極にある。

連邦化政策の強みは、国境線を変えなくて済むので国際組織や仲裁国（ミンスク合意の場合は独仏）の受けが良いということである。まさにそれゆえ、歴史上、実績がない割には提案事例数が多いのである。

この処方箋の弱みは、第一に、コミットメント問題を引き起こすことである。たとえば分離政体が自主解散して戻ってきたからといって、親国家がオートノミーのステータスを与える保証はない。ミンスク合意が履行されなかった全過程は、ウクライナ側も、人民共和国側も、「自分たちがこれをやったからといって、相手方がそれを履行する保証はないではないか」と応酬しあう不信の歴史であった。

連邦化政策のより根本的な弱点は、連邦化は、そもそも紛争当事者の利益に反しているので実行されないということである。親国家（たとえばウクライナ）は、分離政体（ドンバス二共和国）が出ていったことで本音ではせいせいしており、みずからの国制を変えてまでドンバスに戻ってきて欲しいとは思わない。

有権者人口がおそらく三〇〇万人を超えるドンバスが戻ってくると、ウクライナの選挙バランスが変わってしまい、ユーロマイダン革命後の政策が維持できなくなる。クリミアとドンバスが出て行ってくれたおかげで、NATO加盟の憲法改正、二〇一五年脱共産法、二〇一九年言語法が採択されえたのである。いまさら戻って来られても困る。

同じことは、分離地域の人口が大きい沿ドニエストル紛争にも言える。沿ドニエストルの有権者が戻ってきて一番困るのは、モルドヴァの(特に右派系)政治家なのである。

万一、親国家が回復を望むとすれば、それは以前の国境であって、住民ではない。「今のウクライナが気に入らない人は、どうぞロシアに移住してください」ということは、大統領はじめウクライナの高官がしばしば発言することである。

他方、分離政体の側は、親国家内の一オートノミーとして自らを合法化するよりも、非承認とはいえ独立している現状の方がいいと考える。

このような本音の関係は、旧社会主義圏の分離紛争に共通しており、だからこそデイトン合意を唯一の例外として、連邦化政策はことごとく失敗してきたのである。

しかし、連邦化政策においては、紛争当事者が仲裁国や国際組織から財政援助・軍事援助を受けている場合が多いので、紛争当事者が「連邦化政策には望みがない」と内心思っていても、それを仲裁国には言わない。そのため、仲裁国は、交渉停滞の陰で危機が蓄積していることに気づかないか、気づかないふりをする。

露ウ戦争開始後であったが、ペトロ・ポロシェンコ前ウクライナ大統領は、「ミンスク合意は強力なウクライナ軍を育てるための時間稼ぎだった」と公言した。メルケル前ドイツ首相も、同様の回想をした。

ロシアの政治家やマスコミはポロシェンコやメルケルを糾弾したが、そのすぐ後に、当時ロシアのドンバス政策を担当していたスルコフも、「自分はミンスク合意の実現可能性を信じなかった」と表明し、ロシアとしては見苦しい事態となった。

そもそもブレスト・リトフスク条約を「息継ぎ」と呼んだのはレーニンであり、打算抜きの平和への希求から結ばれる停戦協定などあるはずがない。ポロシェンコやメルケルを批判するロシアの政治家やマスコミの方が偽善的と言える。

†処方箋②――Land-for-peace

これは、分離政体が自分の実効支配地の一部を親国家に献上することで独立を認めてもらう取引である（文献9）。

国境線さえ変えれば、親国家・分離政体双方が国制を変えなくて済む（親国家が人工的に連邦化したり、分離地域＝トラブルメーカーが戻ってきたり、分離政体が事実上の独立を放棄したりする必要がない）ので、連邦化に比べれば現実性がある場合が多い。

この処方箋の弱みは、国境線を変えてしまうので国際組織や仲裁国の嫌悪感を呼び起こし、ドナルド・トランプのような奇人型の政治家にしか支持されないことである。Land-for-peace

は、キプロス紛争、パレスチナ紛争、コソヴォ紛争、カラバフ紛争、アブハジア紛争では浮上したけれども、ドンバス紛争の文脈では誰も提案しなかった。

†処方箋③――パトロン国家による保護国化

外交政策として認められている①連邦化、②land-for-peace の効果が乏しいため、紛争当事者は、より一方的で軍事的な、その他の処方箋に傾き始める。

処方箋③においては、厳密にはパトロン国家は分離政体を国家承認するだけだが、世界で数国しかそれに続かないので、事実上、分離政体を自分の保護国にしてしまう。

この処方箋の例は、二〇〇八年の第二次南オセチア戦争後、ロシアが南オセチアとアブハジアを承認したこと、二〇二二年二月二一日、ロシアがドンバス二共和国を承認したことである。後者の場合、わずか三日後にはロシアは第五の処方箋＝親国家の破壊に移った。

処方箋③の長所は、パトロン国家（ここではロシア）が軍事大国である限りにおいて、親国家（グルジア）が分離政体を武力で再統合することを諦めることである。そのおかげでアブハジアや南オセチアは、観光など民生部門に力を注ぐことができる。

短所としては、第一に、ロシアが分離政体を承認したとしても世界で数カ国しか続かないので、ロシア政府が赤恥をかくことである。

第二に、パトロン国家（ロシア）が分離政体を承認すれば親国家（グルジア、ウクライナ）との関係は半永久的に悪くなる。それどころか、分離政体の保護国化がうまくいけばいくほど、グルジアやウクライナをNATOに追いやってしまうのである。どうせそうなるのなら、親国家を叩いて分離政体の独立を認めさせた方が、親国家の未練が断て、かえってその後の関係改善につながるかもしれない（という読みで、処方箋⑤への誘惑が生まれる）。

第三に、ロシアほか数国が承認しても分離政体の国際的孤立はむしろひどくなり、ロシアへの依存がかえって深まる。地域の安全保障は脆いままで、経済発展も妨げられる。たとえば、トランスコーカサス自動車道（トランスカム）は、二〇〇八年の戦争時に南オセチア・グルジア国境上で閉鎖されたままである。コーカサス山脈を越える他の自動車道としては、一九世紀前半のコーカサス戦争時に建設された軍事グルジア道と軍事オセチア道があるが、トンネルや降雪対策など、その輸送能力はトランスカムに遠く及ばない。トランスカムの閉鎖によって増大した輸送コストは、中東や旧ソ連圏の消費者に転嫁されてきた。

ロシアと南オセチアがいまより遥かに貧しかった一九九〇年代においてさえ、南オセチア人は、この自動車道から入る収入で生き延びることができた。いまはそうではない。南オセチア人口は約四万人なので、ロシアが丸抱えで養ってゆくこともできるが、ドンバス四〇〇万人はそうではない。総じて、分離政体の一方的承認＝保護国化は、ロシア自身にとって旨味がない政策なのである。

†処方箋④——親国家による再征服

親国家による再征服は、分離紛争の解決法としては一番後腐れのない方法である。ビアフラ戦争やクロアチア戦争の終結（一九七〇年、一九九五年）、スリランカの「タミル・イイラム解放の虎」の投降（二〇〇九年）、第二次カラバフ戦争（二〇二〇年）など事例数も多い。

アドリアン・フロレアの二〇一七年の論文は、第二次世界大戦後の世界に生まれた三四の非承認国家のうち一二カ国が親国家への再統合により消滅し、四カ国（エリトリア、東チモール、コソヴォ、南スーダン）が独立の承認を勝ち取ったとする（文献12）。

つまり、非承認国家問題は長期化する（解決しない）事例が一番多いのだが、「解決」するとすれば親国家の勝利で終わる場合の方が、その逆の場合よりも明らかに多いのである。

こんにち支配的な国際法解釈では分離政体は存在そのものが違法であり、第二次カラバフ戦争が示す通り、親国家（この場合はアゼルバイジャン）が停戦協定を破って開戦しても、勝ちさえすればその結果は国際的に承認される。敵対的な住民は追い出してしまうので、将来に禍根も残さない。

再征服政策は、果たして親国家に分離地域を再征服する国力があるかという実現性の問題がある。一般的には、親国家は分離政体より人口・面積・経済力・軍事力においてずっと上なのが普通である。しかし分離紛争を抱え込むと、政治は混乱し、経済危機が恒常化するので、分離政体を軍事的に打倒できるようなところにまで国力が回復しないことが多い。

特にポスト・ソ連の文脈では、分離紛争を抱え込んだがゆえに西側からちやほやされ、自己批判能力や地政学的感受性を失い、借金漬けになる。

第二次カラバフ戦争は、アゼルバイジャンがトルコの援助、オイルマネー、西側から甘やかされないので正気でいられるという好条件に恵まれる一方、二〇一八年四月革命以降のアルメニアが自らの国防力を破壊したことの相乗効果であった。ウクライナやグルジアやモルドヴァにこのような好条件はない。

†処方箋⑤――パトロン国家による親国家の破壊

これは分離紛争への最も暴力的・黙示録的な処方箋である。パトロン国家が、分離政体を「救う」ために親国家を破壊する。例としては、一九九九年、「コソヴォを救う」ためになされたNATOによるユーゴスラヴィア空爆、「ドンバスを救う」ためになされたロシアのウクライナ侵入があげられる。

この処方箋は、長所があるからというよりも、パトロン国家の指導者が、それ以前にとった処方箋、たとえば保護国化政策（デイトン合意は連邦化政策と保護国化政策の結合）を中途半端だったと感じ、今度こそ悪の根源を絶つのだという決意から選択されるのである。

観察者から見れば、国連安全保障理事会の合意の下で推進されたデイトン合意の方が、安保理のサンクションを受けなかったユーゴ空爆よりも著しいアメリカ外交の勝利なのではないかと考えてしまう。しかし、ユーゴ空爆前のビル・クリントン大統領やマデレーン・オルブライト国務長官の発言をフォローすると、デイトン合意がやりかけたこと（ミロシェヴィチ政権の打倒）を今度こそ完遂するのだという決意で満ちている。

処方箋⑤の問題点は、通常の分離紛争が親国家の辺境地域で展開されるのに対し、親国家の中心地域が戦場になるため、人命の犠牲と破壊が膨大になることである。また、コソヴォを例外として、分離政体とパトロン国家が勝ったとしても国際社会が絶対に認めないので、紛争は継続する。

2 ゼレンスキー政権の再征服政策

ウクライナは、主に国内事情から、ミンスク合意、つまりウクライナの非対称的連邦化を実行できなかった。それに代わるものとしては、提案されなかったland-for-peaceを別にすれば、分離政体の合意を前提にしない再統合しかない。ここから処方箋④＝親国家による軍事的再征服までは、ほんの一歩である。

†ミンスク合意の「リセット」

ゼレンスキーはドンバス和平問題について、大統領選挙（二〇一九年三月）時の公約を守らなかったとよく言われるが、ミンスク合意についてはそうではない。彼は大統領選挙前からミンスク合意には懐疑的であり、むしろ、ミンスク合意に効果がないことは明白なのにポロシェンコ政権がこれといった新手を打っていないことを批判したのである。選挙に勝つと、彼は直ちに「ミンスク合意のリセット」を提唱した。

秋頃までにはリセットの全貌が明らかになるが、ウ露国境管理の回復を先に行ってから人民共和国内の地方選挙を行う（シュタインマイヤー定式の逆）、ドンバスに特別な地位を与えるための憲法改正はせず、ウクライナ内地で行っている分権改革で十分、人民共和国指導者ほかの恩赦はしないというものだった。

要するに、ウクライナ右翼の主張を受け入れてミンスク合意を全面否定したもので、内容上の新味はない。ここでもまた、国内党派政治の延長で外交をやっているのである。

ミンスク合意の否定と並行して、ゼレンスキーは、ロシアの傀儡にすぎない人民共和国指導者とは会わない、人民共和国指導部は相手にしないという姿勢を鮮明にした。この点では、人民共和国と矛を交え、みずから停戦協定（ミンスク合意）に調印したポロシェンコよりも徹底していた。

一般に、親国家の指導者は分離政体の指導者とは会いたがらない。相手の国家性の正当化につながると恐れるからである。非戦志向の強いモルドヴァ政府はこの例外だが、そのモルドヴァでも、イゴル・ドドン大統領時代を除いて、沿ドニエストル大統領と会うのはモルドヴァ首相である。格の違いを見せつけているのである。

この一般的傾向に加え、ゼレンスキーが前職で培った本能が働いたように思われる。二〇二二年八月、ゼレンスキーは露ウ戦争の仲介を頼むために習近平と会いたいと唐突に言い出して世間を驚かせたが、この人物は大国の指導者と、外務省レベルでの準備も何もない状態で会いたがるのである。

大国の指導者とサシで会えば、まるで自分がそれらの指導者と同格であるかのように見せることができる。デニス・プシリンやレオニード・パセチニクと会っても、国内の右翼に突き上げられるだけで、自分を偉大に見せることはできない。

ゼレンスキーの大統領就任後も、人民共和国の民間家屋や施設に対する砲撃は続き、死者が途切れることはなかった。この頃のゼレンスキーは軍への指導権を確立しておらず、人民共和国への「反撃」については現地司令官の判断に任せていた。

†パリ四首脳会談

ゼレンスキーはミンスク合意への懐疑を表明すると同時に、ノルマンディー・フォーマット（四首脳会談）は引き継ぎつつ、それを米英土の参加で拡大することを要求した。当面は四首脳会談を実現することに全力をあげ、捕虜交換や、境界線三地点での兵力引き離しなどの実績を積み、二〇一九年一二月のパリ首脳会談に漕ぎつけた。

ここでゼレンスキーは、二〇一五年に締結された内容のミンスク合意は実施する気がないことを明言した。生真面目に原稿を読み上げるプーチンの横で、ゼレンスキーがにやにや笑っている姿が全世界に放映された。

二〇二二年四月一日付の『ウォール・ストリート・ジャーナル』の記事は、このパリ首脳会談でのゼレンスキーの態度表明が、プーチンが対ウクライナ戦争に舵を切ったきっかけになったとしている。しかし、単純にそうは結論できない。

翌二〇年一月下旬には、プーチンは、ウクライナ問題で進展を作れなかったスルコフ大統領補佐官を解任し、ドミトリー・コザクをこれに替えた。解任後の諸放言から明らかなように、スルコフはドンバス急進主義イデオロギーの影響下に落ちていた。

コザクがスルコフに替わったのは、二〇〇三年にモルドヴァと沿ドニエストルの国家連合を実現する寸前までいき、二〇一九年にはヴラド・プラホトニュクを事実上のリーダーとするモルドヴァ民主党政府を倒すために社会党と親欧米市民政党との大連合を助けた実績があるからだった（拙著『ポスト社会主義の政治』参照）。プーチン大統領がウクライナとの戦争に傾いていたのなら、強硬派のスルコフを、穏健派のコザクには替えないはずである。

実際、ドンバスの長期的和平という点では失敗したパリ首脳会談であったが、捕虜交換、地雷撤去、地域的な兵力の引き離し、境界線上の通過地点（検問所）の増設などの技術的な紛争管理については新たな合意が結ばれていた。コザクの穏健政策が功を奏し、二〇二〇年前半のパンデミックの中でもそれらは実施された。OSCEのドンバス戦争監視ミッションのサイトを見ても、二〇二〇年前半の「停戦協定違反」の数は、その一年前、またその一年後と比べて著しく少ない。

しかし、二〇二〇年秋頃から、ウクライナ指導者のドンバスに対するレトリックが再び強硬になった。二〇二一年に入ると、政府指導者は思わせぶりに「プランB」に言及するようになった。

パリ首脳会議が一定の緊張緩和をもたらした後に、なぜウクライナ政府の姿勢が再び強硬化したのだろうか。ひとつは、大統領選挙で決選投票にも進めず、パリ首脳会議への道程でも蚊帳の外に置かれて沈滞していた南東野党（旧地域党）の活動が、この頃再び活発化したことがあげられよう。そのため、ゼレンスキーは、翌二一年春には野党系テレビ三局の放送免許を剝奪してしまった。

†アゼルバイジャンに続け

私見では、もうひとつの、より決定的な背景は、第二次カラバフ戦争（二〇二〇年九月二七日─一一月九日）でアゼルバイジャンが大勝したことである。

これは、相当程度、アルメニアの自滅であった。二〇一八年四月革命で政権についたニコル・パシニャン首相が二年間でアルメニアの国防力を破壊したばかりでなく、敗色濃厚になった後もプーチンの仲介の申し出を断るなど、支離滅裂な戦争指導を行ったからである。

アルツァフ共和国（カラバフ）が領土と独立をほぼ失うという事態を前に、パシニャンは

「自分たちが負けたのは、無人機バイラクタールやドローンなどの新兵器に対応できなかったからだ」（その他に問題はなかった）と主張して責任逃れしようとした。この言い訳が、日本も含めて世界的なバイラクタール・シンドロームを生んだのである。

アゼルバイジャンと同じ問題を抱えていたゼレンスキーとそのスタッフも、分離紛争は軍事的に解決できるということ（これは正しい）と並んで、バイラクタールとドローンがあれば戦車や榴弾砲に勝てると確信した（これは誤り）。二〇二一年、ゼレンスキー政権は、ポロシェンコ時代から輸入が始まっていたバイラクタールの購入量を増やし、さらにはトルコとの合弁企業を立ち上げてウクライナ国内でのバイラクタール生産を開始した。縁起物にあやかろうというのである。

二〇二一年三月以降は、ウクライナはドンバス二共和国境界線上に兵力を結集し、ロシアはウクライナの南北国境線上に兵力を結集するという事態となった。この非対称的な睨み合いが一年弱続く。

3　奇妙な宣戦布告

†ミンスク合意に見切りをつけたロシア指導部

ウクライナが④の再征服に傾き、好戦的な言辞を強める状況下、ロシアの側も実現の見込みのない連邦化政策、つまりミンスク条約に見切りをつけ始めた。たとえばゼレンスキーが大統領選に大勝した二〇一九年春から、ロシア政府は人民共和国住民にロシア・パスポートを容易に発行するようになった。それまではロシア指導部はドンバスをウクライナに押し戻すつもりだったので、人民共和国住民がロシア国籍を取得することは基本的にできなかった。

二〇二一年秋以降は、両人民共和国とウクライナの間の停戦協定違反が激増した。ＯＳＣＥのドンバス監視ミッションのサイトによれば、開戦前夜の停戦協定違反は、一日千件を超えていた。砲撃頻度が二〇一四―一五年並みになり、犠牲者数も増大した。水道施設やガス管が破壊されてルガンスク市の大部分で断水し、ガスの供給が止まった。

ドンバス住民は、ミンスク合意以前の状況（二〇一四―一五年）が再来したと感じた。私の見地から言うと、二〇二二年一―二月の状況は、第二次南オセチア戦争前夜の南オセチアの状況に酷似していた。

ここでようやく、ロシア指導部はミンスク合意に公式に見切りをつけた。二月一五日、下院は、両人民共和国を国家承認するようにプーチンに要請する決議を採択した。これは、ロシア共産党の伝統的要求に統一ロシア党が合流したものである。

二月一八日、ドネツク人民共和国元首プシリンとルガンスク人民共和国元首パセチニクは、両共和国の女性、子供、老人のできるだけ多くを、ロシア連邦のロストフ州などに疎開させることをほぼ同時に発表し、それは実施された。

†二月二一日安全保障会議

下院の決議を受けて、プーチンは、二一日午後六時三〇分から安全保障会議を主催した。議事はテレビで生放送された。ドンバス二共和国を承認するかしないかが議題であったが、このような戦争に直結しかねない議題は、事前によく準備して非公開で議論するのが普通ではないだろうか。

ところが、プーチン自身が議事の最中に明らかにしたが、事前に安全保障会議構成員と打ち合わせした上で会議が開かれたわけではない。にもかかわらず、構成員一人一人が、二共和国承認に賛成か反対か、生放送のテレビ・カメラの前でいきなり態度表明させられたのである。

プーチンが、自分の高官たちを小僧程度にしか思っていないことがわかる。

会議の前三分の一は、ミンスク合意の実施状況の報告で、ラヴロフ外相、コザク大統領府副長官（ドンバス問題担当）、アレクサンドル・ボルトニコフ連邦保安庁長官、ショイグ国防相が発言した。

二〇二一年末、ロシア外務省は、ウクライナをＮＡＴＯに加盟させない、ＮＡＴＯの軍事施設を一九九七年水準まで引くというロシアの要求に文書で回答することをアメリカ政府に要求していた。ラヴロフ外相は、この交渉について報告した。

根本的な二要求については歯牙にもかけないアメリカであるが、軍備管理など技術的問題については回答に見るべきところがあるので、二月二四日にブリンケン国務長官とジュネーヴで会いますと報告した。

二月二四日というのは、プーチンが対ウクライナ戦争を始めた日である。明らかにラヴロフは、会議の趣旨についても、プーチンの意図についても事前説明を受けていない。プーチンがすぐに割って入って、「ウクライナはミンスク合意を実施する気があるのか」という、結論がわかりきった話にラヴロフの報告を矮小化させてしまった。

次にコザク大統領府副長官が、ミンスクでの交渉経過について報告した。ここでコザクは、ウクライナは、ドンバスを取り戻す気が全くない、ドンバス住民の生活を維持するためにロシアは「天文学的な」歳出を強いられている、ウクライナは現状に全く困っていないと報告した。これは非常に面白い情勢報告であったが、プーチンがすぐに割って入り、ラヴロフに対してしたのと同じ質問責めで、話をつまらなくしてしまった。

ボルトニコフとショイグは、ドンバス紛争が軍事面で激化していることを報告したが、これらは、プーチンは遮らなかった。

ショイグの報告では、前夜、二月二〇―二一日深夜だけで、ウクライナ側から四〇発砲撃があった。それらはすべて偶発的砲撃ではなく的を狙ったものだった。ウクライナの破壊工作部隊がロシア領内に侵入して戦闘になっている。ショイグは、これらの衝突を、ゼレンスキー政権に体系的なエスカレーション政策があるからというよりも、義勇軍組織を国軍が統制できないなどのウクライナ国家の破綻性によって説明している。

議事は本題、つまり二共和国を承認するかどうかに移った。安全保障会議副議長であるメドヴェジェフが、自分が大統領だった二〇〇八年に南オセチアとアブハジアを承認したときの経験に基づいて、いまの情勢は当時よりも厳しいが、今の方が有利な点もある、それは我々がどうやって切り抜けるかすでに知っていることだと述べた。

最初は、情勢は極度に緊張するだろう。しかし、二〇〇八―〇九年にそうであったように、欧米の方から対話の再開を求めてくるだろう。なぜならアメリカにとってもEUにとっても、ロシアはウクライナよりもはるかに重要だからだ。それはウクライナ人自身がよく知っている。メドヴェジェフは、二〇二〇年に首相職から安全保障会議副議長職に移ってからは、ソーシャルメディア上でウクライナ指導部を罵るのが仕事になっており、国家の要職にありながらまるで三流のブロガーだと顰蹙を買っていたが、大統領時代の自分の経験に依拠しているせいか、この演説は品性があった。

しかし、二〇〇八年と同じくロシアが保護国化政策をとるとメドヴェジェフが思い込んでおり、処方箋⑤のウクライナ破壊について想像だにしていないことは一目瞭然である。もしメドヴェジェフが巧妙な芝居をしていたのでないなら、プーチンは、メドヴェジェフにさえ真意を明かしていなかったと考えるしかない。

議会の上下院議長は、両共和国承認を堅く支持した。パトルシェフ安全保障会議書記は、当たり障りのないつまらない発言をした。ミシュスチン首相は、第一章で触れたように、「輸入代替政策を進めるためにも。むしろ情勢を先鋭化させるべき」という、とても経済官僚とは思えない主張をした。

会議出席者の間で、二共和国承認にかろうじて異議を唱えたのは、対外諜報局長のセルゲイ・ナルィシュキンのみだった。彼は、「西側のパートナーに最後のチャンスを与えるべきだ。ミンスク合意を実施するようキエフに強制するためのほんのわずかな時間を西側に与えて、それでだめなら二共和国を承認すべきだ」と発言した。

しかし、ナルィシュキンの発言は、恐怖心からか、しどろもどろであり、プーチンがすかさず「あなたは二共和国承認を支持するのか（未来形）、支持しているのか（現在形）」と突っ込みを入れると、「支持しています（現在形）」と答え、事実上自分の提案を撤回した。

ウラジミル・コロロリツェフ内相は、二共和国承認を支持すると同時に、承認の対象となる二共和国の領域は、現在の実効支配地域ではなく、ドネツク、ルガンスク州の全域であるべきと主張した（面積で三倍くらいの差がある）。この主張だとマリウポリなどをめぐって確実にウクライナと戦争になるが、それでも処方箋③に基づく、ロシアが二〇〇八年にコーカサスで行ったのと同じタイプの戦争であり、処方箋⑤のウクライナ破壊戦争ではない。

会議出席者で、唯一、親国家破壊戦争を匂わせたのは、国民衛兵隊長のヴィクトル・ゾロトフであった。彼は、「二共和国の承認だけではなく、さらに進まなければならない」と発言したが、それが何を意味しているかは説明しなかった。

この安全保障会議の議事を受けて、同日午後一〇時三五分からテレビ放送された演説で、プーチン大統領はドンバス両共和国を承認した。

安全保障会議では、処方箋①＝連邦化による分離紛争解決から、処方箋③＝分離政体の保護国化にロシアの政策を変えることを決めた。しかし、安全保障についての国家の最高機関であることの会議において、ロシアが処方箋⑤をとって、ウクライナの本体部に攻撃をかけるかどうかという本当の争点は、そもそも議題にならなかったのである。プーチンがそれを検討したのは、ロシア軍総司令部においてであった。国家の在り方としてこれは病的である。

†ドンバス二共和国の承認

プーチンの二共和国承認演説は、（疎開中の住民も含め）共和国の住民を狂喜させた。二〇〇八年の南オセチアやアブハジアのように、これで戦争が終わり、安全に暮らせるようになると思ったのである。

プーチンの演説は五六分間に及んだが、その内容のほとんどは、ソ連の民族領域連邦政策の批判で、まるで歴史の講義だった。ソ連史部分の内容を要約すると次の通りである。

①スターリンのオートノミー化政策の方がよかったのに、レーニンは民族主義者との妥協を重視し、連邦構成共和国が離脱権すら持つ事実上の国家連合としてソ連を建国した。

②連邦構成共和国に分け与えられた権力は、革命前はどんな民族主義者でも夢にさえ見たことがなかったような巨大なものであった。

③ここまで民族主義者に譲ったのは、ボリシェヴィキが権力の座に手段を選ばず残りたかったからである。その点では、ドイツ帝国に大きく譲歩したブレスト・リトフスク条約と同じで

ある。欧州戦で敗北寸前の状態にあったカイザーの帝国にここまで譲るということは、普通なら考えられない。

④以上から教訓を汲むと、目先の政治状況に応じて国家建設原理を選ぶべきではないということだ。

⑤レーニンの政策によってウクライナは生まれた。ユーロマイダン革命後のウクライナでは脱共産法が採択されたが、脱共産主義（脱ソ連）を徹底すれば、ウクライナはなくなる。

⑥ウクライナRSRの行政領域は、創立当時から、歴史的にはロシアの土地であった東部地域を含んでいた。これにスターリンは第二次世界大戦時に獲得した西部を、フルシチョフはクリミアを加えた。

⑦ペレストロイカ期のポピュリズムと民族・地方党官僚の貪欲から、一九八九年九月のソ連共産党中央委員会総会は各共和国の主権化を決定した。各共和国はソ連法の効力を自共和国内で停止したり、ソ連市民権とは別に共和国市民権を付与したりすることができるようになった。その二年後にソ連が崩壊したのは当然である。

以上七点から、ウクライナについてのプーチンの基本認識を読み取ると、次のようになる。

(1)ウクライナは、レーニンの民族領域連邦主義のおかげで生まれた。(2)ソ連は、ウクライナに、歴史的・民族的にウクライナでなかった広大な土地を与えた。特に歴史的ロシアの土地が多く割譲された。ドンバスはその一つである。

この認識から、プーチンのウクライナに対する領土要求は、ドンバスだけにはとどまるまいということがわかるわけだが、演説を聞いた段階では観察者はそれに気づかなかった。

歴史部分と比べると、肝心の二共和国の承認を理由づける部分はあっさりしたものであった。曰く、①ウクライナは二共和国に対して砲撃、ドローン攻撃を続けており、犠牲者も途切れていない。②国際社会は見て見ぬふりをしている。③攻撃性や民族主義は、ユーロマイダン革命から生まれた体制に本質的な性格で、政権や指導者が交替しても変わらない。④だから承認するしかない。

私にとって興味深かったのは、民族領域連邦制と、ブレスト・リトフスク条約を、目前の政治状況（つまり党派利益）を国益の上に置くものとして、プーチンが同列に批判していることである。つまり、ボリシェヴィキ政権を維持するためにロシアの国益を犠牲にした（とプーチンが認識する）レーニンとは違って、自分はそんなことはしないと暗に自賛しているのである。「私は党派利益を国益の上に置かない」と言うのなら、まず憲法の大統領三選禁止を守れと言いたくなるが、それは別として、プーチンは、ソ連の民族領域連邦制にまで遡って、現在の国境線を批判しているのである。

プーチンが構築主義的な民族観に立っていることは大変結構なことだが、同じ理論がロシア人にも向けられるということには触れていない。ソ連の民族範疇は、「ロシア人」も含めて、すべて初期ボリシェヴィキ政権が構築したものであって、ウクライナ人だけが特に人工的などということはない。

そのうえ、ソ連の民族領域連邦制まで遡って露・ウ間国境の正統性を否定すると、その否定の論理は露ウ間にとどまらず、ロシアとカザフスタン国境にもあてはまってしまう。少なくともカザフスタン指導者はそう解釈するだろう。現に、露ウ開戦後は、ロシアとカザフスタンの関係もぎくしゃくし始めたのである。

プーチンの演説で、もうひとつ興味深かったのは、四八人が犠牲になった二〇一四年五月二日のオデサ労働組合会館放火事件の犯人が一人も逮捕されていないことに言及し、「自分たちは犯人たちの名を知っているから必ず捕まえて裁判にかける」と述べたことである。

こうして、オデサ事件の決着が、プーチンの特異な戦争目的になってしまった。開戦から二カ月半経った五月九日の対ナチ戦勝記念日式典では、第二次世界大戦や現在進行中の露ウ戦争の戦死者と並んで、八年前のオデサ事件の犠牲者を黙禱の対象に含めた。たしかに悼むべき事件だが、これは奇妙な光景であった。

†二つの宣戦布告の間

ドンバス二共和国承認表明の直後、プーチン大統領はこれら共和国の首長と共に「友好・協力・相互援助条約」に調印した。

翌日、ロシアの上下院はこの条約を批准し、上院は、この条約の文脈で大統領にロシア軍を国外展開することを許した。上院が国外での軍展開を許すにあたって地域も時間も限定しないというのは、二〇一五年九月のシリア戦争介入の際と同じであった。しかし、戦争目的との関係で、常識的な限度というものがある。

二月二三日午後五時、ロシア連邦捜査委員会（日本の警視庁にあたる）のスポークスウーマンであるスヴェトラナ・ペトレンコは、テレビ報告で、ドンバス戦争による人民共和国側の民間人死者が約二六〇〇名に達していることをはじめとする戦争犯罪を列挙した。そして、それを命令または執行したウクライナ軍人ほかの名がその時点で八五名特定され、四〇〇以上の刑事事件がすでに立件されていることを発表した。

ペトレンコは、戦争犯罪者として特定したウクライナ軍人の一部の実名をあげた。文民でも、アナトーリー・フリツェンコ元国防大臣、トゥルチノフ元大統領代行、コロモイスキー元ドニプロペトロウスク州知事など著名人の名があげられた。

ペトレンコがあげた数字は、二〇二一年初頭に人民共和国で行われた集団墓地の発掘調査などの結果であっただろう。ロシアは、二〇二一年七月、欧州人権裁判所で、マイダン革命・ドンバス戦争中に起こった大量殺人に対するウクライナの責任を問い、北クリミア運河を堰き止めていることをやめさせる訴えを起こしたが、そのための調査であった。もともとは国際的な訴訟のために行った調査の結果を、戦争目的を正当化するために使ったのであろう。

二四日の「特別軍事作戦」宣言

連邦捜査委員会のペトレンコのテレビ報告から約一二時間後、二四日早朝、プーチンの「特別軍事作戦」宣言（二度目の宣戦布告）がなされ、ロシア軍はウクライナ全域への侵攻を開始した。

この演説は二八分間で一回目のものより短かったが、時間の大半は、中東などに見られるアメリカ一極支配の弊害とNATO拡大の批判にあてられた。まるでその各論であるかのように、ドンバスで「ジェノサイド」が続いていること、ウクライナがクリミアを武力奪還する計画を立てていることを糾弾した。

プーチンの認識によれば、ウクライナ民族主義者は、人民共和国とロシアに対する戦争を始める好機を待っているのである。プーチンは、そうはさせない、国連憲章五一条に基づいて、こちらから軍事行動を始めてやると宣言する。つまり、プーチンが始めた戦争は、切迫する敵の攻撃に対する「先制攻撃」でさえなく、「予防戦争」にあたる。

しかし、国連憲章第五一条は、先制攻撃や予防戦争を正当化するものではなく、同条が想定しているのは、実際に攻撃を受けた場合のみである。予防戦争がしたければ、イラク戦争前のアメリカのように、国連安保理の承認を得るように努力すべきである。

開戦後に、ロシアのマスコミは、ウクライナは（単に好機を待っていたのではなく）二月末に人民共和国への大攻勢を計画していたのだ、間髪の差で先制攻撃をかけ、犠牲を少なくすることができたのだと報道し始めた。しかしこれを実証する政府報告書のようなものは、管見では出ていない。

二〇二三年三月（開戦後一年経ってから）、ラヴロフ外相は、国連憲章第五一条は先制攻撃も含むのだなどという新解釈を披露した。新解釈の妥当性以前に、戦争の合法性（jus ad bellum）についての議論を、ロシア政府内でそれまでしなかったのかと驚かされる。

話を二月二四日演説に戻すと、ウクライナがクリミアやドンバスに対してどのような戦争準備をしているのか具体的に説明するかわりに、プーチンは歴史の比喩を用いた。曰く、一九三九年に独ソ不可侵条約を結んだ後に、ソ連は、ナチス・ドイツに対する挑発になることを恐れて、戦争準備をしなかった。そのためソ連は独ソ戦の特に緒戦で甚大な犠牲を払った。同じ過ちを繰り返すことは許されない。

この比喩は成り立っていない。プーチンは、ウクライナやNATOの将来のロシア侵攻のおそれに対して抜かりなく備えたのではなく、(彼の認識では)先手を打ってウクライナに侵攻したのである。ということは、スターリンもナチス・ドイツに先制攻撃をかけるべきだったとプーチンは主張しているのだろうか。

それは別にしても、プーチンは、二一日のドンバス二共和国承認演説では、自分をレーニンと比較して自賛したが、二四日の演説では、自分をスターリンと比較して自賛したのである。なんとも自惚れが強いと読者諸氏はお考えになるかもしれないが、私はむしろ、これは彼のソ連コンプレックスの現れだと思う。

ロシアが超音速ミサイル開発でアメリカに優位に立ったとき、プーチンは、こんなことはソ連時代にもなかったと、嬉し気に、現代ロシアをむしろソ連と比べた。「ロシアはソ連時代に作られた鉄道等のインフラをいまだに使っている」と言われると、「設備は更新されている」と感情的に反論する。

特に外国人記者と話すときに、やたらと文学作品(しかも文豪ではなくマイナー作家)から引用するのも、実務能力が高いだけでなく哲人王であることが理想とされたソ連時代の指導者像へのコンプレックスだと思う。

†「ドンバス解放」

プーチンの二演説をまとめると、ロシアが対ウクライナ戦争で実現すべき目的は、ロシアの安全保障上の脅威除去（NATO拡大の阻止）、ドンバス住民の救済、ロシア語系住民の保護、ウクライナの脱ナチ化とまとめることができる。

これら目的はすべて自家撞着している。実際、この戦争によって、NATO拡大は加速し、ドンバスでの民間犠牲者数は増大し、ドンバス外でもロシア語系住民は大きな被害を被ったのである。脱ナチ化についても、まさにこの戦争によって、ウクライナ政治における右派民族主義者の地位は揺るぎないものになり、野党は撲滅され、ウクライナ正教会は激しい抑圧を受けているのである。戦後にウクライナが民主化する見通しはほぼないと言わなければならない。

ロシアがウクライナに対する全面戦争を始めたとき、ロシア外務省スポークスマンのザハロヴァは、西側のマスコミに対して、「あなた方は二月二四日に戦争が始まったと思っているかもしれないが、戦争が始まったのは二〇一四年だ。私たちは戦争を終わらせるためにこの軍事作戦を始めたのだ」と言った。

格好いいが、全く同じことを、一九九九年にユーゴスラヴィアを空爆したとき、ビル・クリントンら米国指導者たちが言ったこと、そしてそれを自分たちが批判してきたことを、ザハロヴァは忘れたようだ。

ユーゴスラヴィア空爆で亡くなった民間人は四八九人から五二八人だったとヒューマン・ライツ・ウォッチは推計している。空爆の規模と効果から考えれば、相対的に小さい民間人犠牲であるかのように見えるが、これは純粋に空爆による死者である。

NATOの空爆開始は、セルビア人とアルバニア人の間の相互殺戮を激化させた。それまでの両民族間の暴力は、テロの応酬・報復合戦という程度にすぎなかったが、NATO空爆によって本当の民族間戦争になったのである。「戦争を止めるための戦争（軍事作戦）」などというスローガンは、綺麗ごとにすぎない。

ミンスク合意が曲がりなりにも有効だったときは、ウクライナ側は人民共和国の砲撃をやめたわけではなかったが、それなりに自制していた。開戦後、その歯止めがなくなり、しかも二〇二二年夏以降、援助国からハイマースなど長距離・精密砲が届けられると、ドネツク市、ゴルロフカ市、イェナキエヴォ市などの中心部が猛烈に砲撃されるようになった。

ドネツク人民共和国は、開戦後七カ月で五〇〇人近い民間人犠牲者を出した。これは、開戦前よりもはるかに悪い数字である。

プーチン政権は、他の戦争目的のために、「ドンバス救済」という大義名分を使ったのではないだろうか。私は、二〇二二年五―六月、ドネツク人民共和国の市民五名（政治家一、軍人一、社会活動家一、大学教員二）にオンラインでインタビューした際、この質問をぶつけてみた。驚いたことに、全員が「ウクライナの本体を叩くことによってしか、人民共和国はウクライナの砲撃から解放されない」と答えた。五名中二名は、アヴデエフカなどは要塞化されているのだから、もっと防備が弱い地域から「解放戦争」を始めたのは合理的だと付け加えた。

私は、露ウ戦争緒戦において、保護国化（処方箋③）を求めるドンバス市民と、ウクライナを叩く（処方箋⑤）ことを優先するプーチン政権の間の矛盾がいつか爆発すると考えていた。しかし、私がインタビューした市民たちは、まさにプーチンが⑤を始めたことを支持しているのである。

もちろん彼らは、いわゆる「意識高い系」であり、庶民とは戦争の受け止め方が違うだろう。しかし、人民共和国において、「たとえドンバスの犠牲が一時的に増大しても、ウクライナ本体を破壊すべき」という考えにそれなりの社会的な支持があることは否定できない。

4 体制変更戦争

連邦化政策に見切りをつけたプーチンが、「ドンバスの保護国化」にではなく「ウクライナの破壊」に移ることを決めたのは、安全保障会議ではなくロシア軍の総司令部においてであった。開戦前夜、総司令部内で、ドンバスに兵力を集中すべきか（保護国化）、ウクライナ全土で作戦展開、特にキエフ急襲すべきか（親国家破壊）について激しい論争が交わされた。

ここで、ドンバス集中が手堅い作戦で、全土作戦＝親国家破壊は大胆・無謀だと考えてはならない。ドンバス集中作戦を実行するためには、アヴデエフカ、マリインカ、ウグレダル、バフムト、スラヴャンスク、クラマトルスクなど、ドネツク州の西部や北部にウクライナが戦間期の八年間に作り上げた要塞都市を一つ一つ掃討していかなければならない。開戦後の一年間に、ロシア・人民共和国側のこの方面での前進がほとんどなく、バフムト一つに半年以上かかっていることを見れば明らかなように、これは楽な作業ではない。

ドンバス集中作戦の予想される困難さは、将軍たちを（より容易とみなされた）キエフ急襲に傾斜させたかもしれない。あるいは、将軍たちは、キエフ急襲をドンバス集中に対置されたものとはみなしていなかったかもしれない。ロシアがウクライナに傀儡政権を打ち立てれば、ドンバス戦争は自動的に終わるからである。

おそらく上記の見通しで、二月二四日、ベラルーシとベルゴロド州から侵入したロシア軍はキエフを目指した。同時に、クリミアから侵入したロシア軍は、東西に分岐した。東の枢軸は、アゾフ海沿いにマリウポリ市を目指して進んだ。西の枢軸はドニプロ川を渡り、ヘルソン市は無視してムィコライウ市に突進した。急襲の的はヴォズネセンスクの原子力発電所とオデサ市であった。

侵入したロシア軍の兵員は、諸説あるが一二万人程度、両人民共和国の常備軍が開戦前で計三万五千人（ドネツク二万人、ルガンスク一万五千人）であった。

両人民共和国は開戦直前に総動員体制を布いたが、実際に何人徴兵したか、管見では公式の発表はない。ウクライナの軍人で最高会議議員でもあるムィハイロ・ザブロツキーが編集した英国王室国防安全保障研究所の『予備的教訓』（二〇二二年一一月、文献31）は、開戦後四カ月間の戦争の軍事的分析として優れたものであるが、両共和国で約三万五千人が開戦後動員されたと推計する。多めの推計としては約一四万人という数がある。

私は、成年男子人口の約一〇％である後者が実態に近いと思う。両共和国における動員は最大限緩い基準で行われ、ロシアへの併合後、ロシアの徴兵基準に揃えた結果、多くの徴兵者が職場や大学に戻ってきたほどである。

もし多い方の説をとるとすれば、ロシア・人民共和国連合軍の総兵員は三〇万人程度である。ウクライナは総動員体制を布き、また郷土防衛隊が予備役的な機能も果たすことから、兵員では開戦後一貫して、ロシア側に対し相当の優位にあった。

†体制変更作戦の多様なバージョン

ロシア軍指導部内で、最初は、体制変更作戦が採択された。では、どういう程度と手段で体制変更しようとしたのであろうか。

最も重い程度の体制変更は、ウクライナに長期的な占領体制を導入することである。前出ザブロツキーらの『予備的教訓』は、ロシアの戦争準備に関してはこの説をとり、八年前のユーロマイダン革命時の活動家を逮捕する、ロシアからウクライナに学校教員を多数送り込む、ウクライナの三大原子力発電所をすべて占拠・管理して、占領統治に抵抗する地域には送電を止めるといったことをロシア指導部が計画していたとする。根拠はおそらく英国諜報資料である。

英米の諜報資料については、合衆国の軍事専門家マイケル・コフマンがしばしば言及し、小泉悠も新著の中で紹介している。ただし、特にイギリスの諜報資料は、二〇一九年大統領選挙で野党陣営を分裂させたことからロシアの制裁を科されていた、ウクライナの南東野党政治家エヴゲーニー・ムラエフ（第二章参照）をロシア側が傀儡政権の長に予定していると主張するなど、信憑性に問題がある。

ロシア指導部が、屈服したゼレンスキー政権かその継承政権に、クリミアとドンバスの現状を承認させれば十分と判断し、ウクライナを長期占領したり、学校教育内容にまで介入したりするようなことは目指さなかったとしたら、それは軽度の体制変更である。
手段面では、ウクライナ軍との本格的な戦闘を想定していたかが問われる。「ロシア軍の力を誇示すればウクライナの国家と軍は内部から崩壊する」と想定して、本格的な戦闘を予想していなければ、戦争手段としては軽度である。

以上の目標と手段の分岐を組み合わせると、図のように四つの選択肢が現れるが、目標も手段も軽いDが、当初ロシアが想定した露ウ戦争ではなかったか。

手段＼目的	徹底した占領	領土妥協
本格的戦闘	A	B
力誇示で自壊誘導	C	D

図6-1　ロシア指導部が想定しえた露ウ戦争

D説に近い主張をするのは、ロシアの軍事専門家ワシーリー・カシンである。彼は、開戦時にロシア指導部はウクライナの体制変更（ゼレンスキー政権打倒）さえめざしていなかったと言う。ゼレンスキー大統領を逮捕したり辞めさせたりするためには、キエフを占領しなければならない。二〇万人程度の兵力に国境を越えさせたからといって、三〇〇万都市であるキエフを占領できるはずがない。

「ウクライナの防空システムなどすぐに破壊できる」等々の素人意見に対しては、ロシアの著名な軍事専門家ミハイル・ホダレノクが、「血に飢えた政治学者の諸予測」という辛辣な論文を、開戦前夜の二月三日に『独立軍事評論（Независимое военное обозрение）』に発表した。カシンによれば、これはロシアの軍事専門家に共有されていた認識であり、だからこそ、侵攻そのものがないだろうと彼らは予想していたのである。

キエフ占領・政権打倒がそもそも無理だったとすると、何がロシア指導部の戦争目的だったのか。カシンによれば、ウクライナのエリートを怯えさせて、譲歩を引き出すことであった。たしかに、開戦後一カ月間のロシア軍の見苦しい実績でも、ゼレンスキー政権から三月二九日イスタンブル和平交渉での譲歩を引き出しているから、カシンの解釈には一定の説得力がある。

しかし、カシンに対しては、アメリカの軍事専門家マイケル・コフマンが、「たとえ第三ミンスク合意のようなものが締結されても、どうやってウクライナ指導部に守らせるかというコミットメント問題が起きるから、ロシア指導部が頭痛の種を抱え続けることを選ぶとは考えられない」と反論する。コフマンによれば、「プーチンは、次のロシア指導者にウクライナ問題を残したくなかった」のである。なるほど、ウクライナがなくなればウクライナ問題もなくなるというわけだ。

†緒戦のロシア軍の苦境

前出ザブロツキーらによれば、戦闘の最初の三日間は、ウクライナ軍は本気で抵抗しないだろうという想定の下、ロシア軍は力を誇示することで、ウクライナに早期降伏を促す作戦だったようである。戦争をショウとして演出するのはゼレンスキーの得意技だが、実は最初にそれをやろうとしたのはロシア軍だったのである。

ウクライナ軍の真剣な反撃を予想していたら、キエフ近郊のアントノフ（ホストメリ）空港に空挺攻撃をかけるような無謀なことはしなかっただろう。戦争の歴史の中で、空挺隊が活躍した例として知られるのはノルマンディー上陸作戦と第一次インドシナ戦争中のディエンビエンフーの戦いだが、いずれも、敵が予想していない場所、簡単には反撃できないところに仕掛けるから空挺攻撃は効果的なのである。

アントノフ空港攻撃に投入された空挺旅団は殲滅された。ベラルーシ国境から侵入した機甲部隊（ゴメリ枢軸）も、力の誇示が目的なので、軍の行政的な編成そのままで隊列を組織し、ウクライナ軍とのコンタクトは避けるよう命令されていた。わが目を疑うような光景であったが、この隊列はヘリコプターで空から援護されていなかった。戦闘を想定していないので、武器はチャージされていなかった。当然ながら、このような機甲隊列はウクライナの火砲・対戦車砲の格好の餌食となった。

最初の三日間の戦闘で完敗し、「ロシア軍って案外弱いじゃん」と思われた時点で、力の誇示によりウクライナの自壊を誘う作戦は失敗したのである。ただし、クリミアから侵入してマリウポリに向かって突進した南部枢軸は、最初から真剣な戦闘を想定していたので、ゴメリ枢軸のようなことはなかった。

その後、ロシア軍は、図6−1のB（目的は軽微、手段は真剣）に移行したが、次のような困難に遭遇することになった。
①ウクライナ軍が開戦直前に防空施設や空軍兵力を分散・移動したため、露軍の最初のミサイル攻撃をある程度生き延びた。ロシア側には、どの程度、これらを破壊したかを正確に把握する手段がなかったので、無謀な作戦をしばらく続けた。
②ウクライナ軍は、レーダーを切ったり入れたりする罠で相当数のロシア軍機を撃墜した。そもそも、レーダーや電子戦が発達した現代においては、ヘリコプターや軍機があまり威力を持たず、無理に投入すると撃墜リスクが大きいことが明らかになった。これはウクライナ側も同じである。
③二〇一四年以来、実戦を続けているウクライナ軍と違い、ロシア軍は、中位の指揮・統制、中位指揮官の創造性と資質、上下のコミュニケーションに問題があった。
④ロシア軍は、リモートセンシングや長距離の命中精度が高い火砲があることを前提としない古い兵站理論に忠実で、ウクライナ砲兵の射程距離に兵員や兵器を集中する傾向があるため、砲撃により甚大な被害を被った。

5 領土獲得戦争へ

キエフ急襲作戦が失敗したのち、三月二五日、ロシア軍総司令部が行った記者会見で、今後はドンバスに兵力を集中することが発表された。

この記者会見中、作戦部長代理のセルゲイ・ルツコイ中将は、開戦前夜、総司令部内で、ドンバスに兵力を集中すべきかウクライナ全土で作戦展開すべきかについて意見が割れていたことを公然と認めた。その上で、ロシア軍がウクライナ全土で作戦を展開したおかげで、ウクライナはドンバスに兵力を送れなかったと、全土作戦を正当化した。

三月二九日のイスタンブル和平交渉で、ウクライナのNATO不加盟とクリミア・ドンバスの現状維持（問題の一五年間棚上げ）で停戦合意が成立しそうになったが、欧米諸国の反対で流産した。

ロシアはイスタンブル和平交渉時の約束に基づいて、キエフ州とチェルニヒウ州からは撤退したが、ザポリジャ州南部とヘルソン州の占領は続けたので、ドンバス防衛（処方箋③）に戦争目的を後退させたわけではない。むしろ、ロシア内地とクリミアを陸でつなぐ回廊をなすこの二州については、軍事的・時限的な占領から露領への編入へと位置づけを上げた。

こうして、ロシアの戦争目的は、体制変更から領土獲得に替わった。しかし、領土獲得戦争に移行することは、戦争負荷の顕著な増大を伴った。軍事的には、首都急襲ではなく、広域の長期占領を可能にする兵力を投入しなければならなくなる。

国際社会の反応も、体制変更戦争なのか領土獲得戦争なのかで全く違ってくる。一九七五年CSCEヘルシンキ会議最終文書など国際規範に照らせば、どちらの戦争も悪い。しかし、体制変更戦争は、一九八九年パナマ、一九九九年ユーゴスラヴィア、二〇〇一年アフガニスタン、二〇〇三年イラク、二〇一一年シリアとリビアなど、いわば日常茶飯事である。我々も、「いけないことだけど、まあ、ありかな」と思いながら生きている。

これに対し、湾岸戦争、ボスニア戦争など、国境線の変更がかかると国際社会の反応は遥かに厳しくなる。アルメニアがカラバフと最後まで合同しなかったのも、それによって（アゼルバイジャンだけではなく）国際社会の反応が別次元のものになろうと予想していたからである。

†ヘルソン、ザポリジャの占領から併合へ

開戦直後の三日間で、ロシア軍はザポリジャ州黒海北岸のメリトポリとベルジャンスクを占領していた。これはマリウポリ包囲戦に向けた作戦であったが、戦争目的がクリミアへの陸上回廊確保に変化するにつれ、別の意味を持つようになった。四月一九日、ザポリジャ東端にあ

る（つまり、ドネツク州に隣接する）ロズィフカ郡の「住民代表会議」は、自郡のドネツク人民共和国への編入を求める決議をあげた。

開戦当初、ロシア軍はヘルソン市には関心を示さなかった。ドニプロ川にかかるアントノフ橋はヘルソン市街から外れたところにあるので、ヘルソン市を無視してムィコライウ市に向かって進むことができたからである。しかしヘルソン市の郷土防衛隊は、目の前を通過するロシア軍を放っておくことはできず、たびたびパルチザン戦を挑んだ。徳川家康が浜松城を無視して西進する武田信玄を許せなかったのと同じである。

作戦を妨害されたロシア軍は、三月三日、開戦後八日目にしてヘルソン市を占領した。しかし、ロシア軍は、イホリ・コルィハエフを市長とするウクライナの市自治体が市を統治し続けるのを許容した。それどころか、ヘルソン州国家行政府は二月二四日時点で逃亡していたので、コルィハエフ市長が事実上の州知事になった。

ヘルソン市でウクライナ系の市庁が閉鎖され、元ヘルソン市長のヴォロディムィル・サリドを長とする一元的な州占領体制（軍事文民行政府）が導入されたのは、四月二六日のことであった。

ヘルソン州がクリミアの安全保障に持つ意義を考慮すれば、開戦後二カ月間、ロシア指導部がヘルソン州にあまり執着していなかったのは奇妙である。しかし、イスタンブル和平交渉の失敗後、ロシアの戦争目的が領土獲得にせり上がったことで、その位置づけが高まったのである。

†領土獲得戦争への険しい道

プーチン政権は、当初は、ロシアと人民共和国の職業軍人・契約兵、人民共和国で総動員された兵員だけで戦争を遂行することをロシア国民に約束していた。しかしこれは、短期間の体制変更戦争を前提にした目算であり、広大なウクライナ南東部を占領し、ロシア領に組み込むためには、三〇万人程度の兵員では到底足りないはずである。仮に戦線が一五〇〇キロメートルだったとすると、一キロメートル当たり二〇〇人しか将兵を配置できない。

しかも兵員のうち半数近くを占める、ドンバス二共和国で動員された非職業兵は、訓練もモチベーションも足らず、戦死・戦傷率も高かったと推察される。本来、戦闘経験がない兵は警備的な任務等に回されるのが建前だが、これが守られずに悲劇を生むところは、ウクライナ軍と同じであった。

露ウ戦争が示した現代戦争の特徴であるが、火砲の射程距離が伸びたこと、砲弾の破片を用いた殺傷能力が上がったこと、かつては観的手(spotter)がやっていた作業をドローンやリモートセンシングが引き継いだため命中精度が上がったことなどから、歩兵に対して砲兵の立場が強くなった。砲撃で敵を弱めてから歩兵が進撃して陣地や塹壕を取ってゆくのが地上戦だが、よほど敵を弱めた後でないと、歩兵は進撃を忌避するようになったのである。

露ウ戦争で莫大な量の砲弾を使いながら戦線があまり動かないのは、このためであろう。新たなまちを占領しても、すでに廃墟になっている。このような激烈な戦闘における歩兵の割に合わない役割を、人民共和国の新規徴兵者がしばしば担わされたと、前出ザブロツキーらは推理している。

酷使されることがしばしばだったが、人民共和国の被動員兵が運よく生き残れば、二、三カ月で恐ろしい兵士になった。これは、ロシアの著名な従軍ジャーナリストであるアレクサンドル・スラトコフが好んで取材してきたモチーフである。

†学生の志願

二〇二二年五月、私は、開戦前夜に学業を中断して従軍したドネツク大学歴史学部の学生(二一歳)にオンラインでインタビューした。彼は大学の政治学クラブのリーダーで、エドゥアルド・リモノフのナショナル・ボリシェヴィズムに共感する左翼青年だった。しかし、二月二一日にプーチンが両共和国を承認すると、決戦が迫っているときに共和国政府を批判している場合ではないと考え、学友とともに軍に志願した。

しかし、徴兵経験がないため志願兵の範疇には入らず、入隊するには契約兵になるしかないということが明らかになった。従軍契約の最低期限は一年なので、一年間も学業を離れるのは無理といったんは諦めた。しかし、どうしても入隊したかったので、徴兵事務所の将校と話して無理を通した。彼は砲兵隊に配され、私がインタビューしたときはアヴデエフカ包囲戦に参加していた(休暇でドネツクに帰ってきたところだった)。

私は、「砲兵は特殊技術だから、あなたのように徴兵経験すらない人が担うのは無理ではないか」と尋ねた。彼は、「ロシア軍やウクライナ軍と違い、人民共和国軍には二〇一四年の自警団の伝統がまだ生きており、学ぶべきことは戦場で学べという考えだ」と答えた。実際、砲兵隊に配備されたときは、彼は見張りや砲弾の運搬しかできなかったが、三カ月ですでに撃てるようになったとのことだった。

†反一極世界外交に精を出すプーチン

兵員の不足に加え、開戦後数カ月間の兵器の消耗もカバーすることができず、七月初めのリシチャンスク奪取後、ロシア・人民共和国軍の前進は止まった。ここで、ロシアでも兵を部分動員するか、ハルキウ州等から自発的に撤退して戦線を縮小するか決断が必要であった。前出ザブロツキーらによれば、ロシア軍指導部は、四月時点で部分動員の可能性を検討している。

しかし、動員も自発的撤退も政治的リスクが大きいので、政治指導部でなければ判断できなかった。

ところが、緒戦の電撃戦が失敗した後は、プーチン大統領は、戦争指導への関心を失ったようだった。現実の戦闘は軍部に丸投げし、自分は、一極世界の終焉なるものを演出する外交ショウに精を出すようになった。その文脈で習近平やレジェップ・エルドアン・トルコ大統領などに会うのが嬉しくてたまらない様子であり、現実の戦争とは関係のないアゾフ大隊捕虜問題、穀物輸出問題等に相当の時間を割くようになった（その点ではゼレンスキーに似てきた）。

七月七日、プーチン大統領は、ロシア下院の諸会派指導者との会合で、「我々に戦場で勝つなどと言う人々がいるが、どうぞ試してみたらいいでしょう。…そもそも我々は、真剣にはまだ何も始めていない」と言った。戦争指導者としては無責任な発言だが、当時の彼の認識では本音だっただろう。

上記発言の前半部分は、私にある不吉なことを思い出させた。二〇〇五年にCIS諸国研究所がモスクワで開催した非承認国家問題に関するコンフェレンスで、アゼルバイジャンのジャーナリストが、「アゼルバイジャンは、カラバフ問題を武力を用いて解決する権利を留保する！」と息巻いた。上記研究所の（アルメニア寄りの）コンスタンチン・ザトゥリン所長は、にやにや笑いながら、「どうぞ試してみてください」と答えた。その一五年後にアゼルバイジャンが「試してみたら」、何が起こったか我々は知っている。

†九月の敗走と政治危機

兵員の不足を主要因として、八月から九月にかけて、ロシア軍の防衛線はハルキウ州とヘルソン州で決壊した。ウクライナ軍は、ヘルソン州で反転攻勢を行うと七月に宣言し、ロシア軍を南部戦線に十分に引き付けてから八月二九日に実際に攻撃を開始した。しかしこれは半ば陽動で、九月六日には、ウクライナ軍はハルキウ州東部に主力を投入した。ロシア軍は、一一日、イズュム市から撤退した。

ただしイズュム市は、ロシア軍がそこからドネツク州北部に南下するという目標を捨ててからは軍事的な意義を失っていた。実際、ここでロシア軍はほとんど反撃しておらず、すでに余計者になっていた都市を、ウクライナ軍の反攻を口実に放棄したとも言える。

その後もウクライナ軍は攻勢を緩めず、一〇月一日、ドネツク州北部のリマンを奪回した。イズュムの場合と違い、これは正真正銘の敗北だった。

イズュムでは、学期を始めるためにロシアのカリキュラムに沿って教壇に立つことに同意したウクライナの教師の相当部分は置き去りにされた。文書を焼却しファイルを消す時間もなかったため、ロシアの当局に法人登録して仕事をしていた企業家、ロシアの地方行政に協力していた住民の名をウクライナ側に教えてしまった。ウクライナの法は、コラボレーター（占領協力者）には重い懲役刑を科す。人民共和国は毎日激しい砲撃にさらされ、九月一九日には、ドネツク市中心部で、一度に一六人が被弾死した。

開戦後のロシアでは、反戦運動が弾圧を受けるため表面化はしないが、戦争を支持する多数派と、反対する少数派が隠然と対立していた。しかし見苦しい敗退が続いたため、まさにこれまで戦争を支持していた人々や軍人がプーチン政権を厳しく批判するようになった。

プロの報道人の中でも、オリガ・スカベエヴァやウラジミル・ソロヴィヨフのような「プーチンのプロパガンディスト」たちが、文字通りテレビカメラの前でわめき始めた。

ロシアの軍事専門家・退役軍人たちは、今日のロシア軍の在り方を形作ったアナトーリー・セルジュコフ国防相（二〇〇七—二〇一二年）の改革にロシア軍弱体化の根源を求めた。前出のホダレノクは、「アリゲーター（ロシアの軍用ヘリコプター）が敵にいかに打撃を与えようとも、戦闘というものは歩兵が管制高地や敵の拠点に旗を立てるまでは勝ったことにはならないのだ」と述べた。

部分動員の開始後、下院議員でもあるアンドレイ・グルレフ中将は、セルジュコフの寵愛を受けた「戦術グループ」なるものが大規模国家間戦争では使い物にならないことはウクライナ戦争以前から明らかだったのに、それから伝統的な師団編成への回帰がようやく始まったばかりだと嘆いた。

私なりに敷衍すると、二〇〇八年八月の第二次南オセチア戦争がロシア軍の兵器技術の低さや有事即応能力の欠如を露呈させたため、「今後、国家間の大規模な地上戦はないだろう」という前提で、有事即応能力や航空兵力を増強するセルジュコフ改革が行われた。

シリア戦争の前夜、ロシア航空宇宙軍が創設された。シリア戦争では、ロシア軍は航空宇宙軍で助け、地上戦はシリア軍が行うという分業がうまくいったため、セルジュコフ改革の問題点、たとえばロシア歩兵戦力の弱体化は露呈しなかった。

露ウ戦争で最も致死率の高いドンバス戦線では、人民共和国軍にシリア軍の役割（地上戦）を任せ、ロシア軍は主に空から助けるつもりだった。しかし人民共和国の兵員が損傷するにつれ、ドンバス戦線でもロシア軍が地上戦の主力になった。歩兵戦力の不足から、火力で押しているわりには占領地が拡大できない事態が二カ月間続き、やがて敗走が始まったのである。

しばしば槍玉にあげられる戦術グループ（新型旅団）については、小泉悠が、その主著の中で、セルジュコフ改革への揺れ戻し期にどう批判されたかも含めて紹介している（文献3）。

前出ザブロツキーらによれば、ロシアの戦術グループの問題点は、作戦行動の直前にアドホックに編成されるために、指揮官が自分の指揮下のグループの能力・練度を総体的に把握していないことである。それが、前節で述べた緒戦のロシア軍の諸弱点と結びついて弊害をもたらしたのである。

以上のように、第二次南オセチア戦争後のロシアの軍制改革には問題が多かった。それでも、二〇二二年九―一〇月の大退却の後、一〇年も前に失脚したセルジュコフが諸悪の根源であるかのようにロシアで言われるようになったのは見苦しい。コフマンに言わせれば、「一〇年国防大臣をやって、もしロシア軍に問題があれば、それはすべてショイグの責任だ」。

†新方針の採択

大退却の中でプーチンもようやく目を覚まし、矢継ぎ早に対策を講じた。

①九月二〇日（まさにドネツク市での大量被弾死の翌日）、ドネツクとルガンスクの人民共和国、ヘルソン州、ザポリジャ州で、ロシアへの編入を問う住民投票を行うことを発表した。

②翌二一日の大統領令は、契約兵・職業軍人だけで戦う開戦以来の方針を改め、三〇万人の予備役を動員することを命じた。

③一〇月八日、ロシア航空宇宙軍司令官だったセルゲイ・スロヴィキンが、ウクライナで展開するロシア統合軍の司令官に任命された。

まさに同日、クリミア橋が爆破され、報復として、④ロシアはウクライナの火力発電所と水力発電所に向けたミサイルおよび無人機による攻撃を開始した。

住民投票は九月二三―二七日に実施された。もともとドネツク人民共和国元首プシリンは、「ロシア編入を問う住民投票は、旧ドネツク州の領域を回復してから行う」と公約しており、これはロシアにとっても望ましい政策だっただろう。住民投票後にロシア軍がさらに敗退すれば、住民投票で選挙管理委員を務めた人や投票した人をウクライナに差し出すことになる。現にこれは、リマン市で起こったことである。

住民投票は、当時ロシア占領下にあったヘルソン州右岸でも行われた。その後のロシア軍の撤退の手際の良さから判断して、住民投票時点で実は近い将来の右岸撤退を決めていたのではないかという解釈が流布している。つまり、ロシア指導部は、自らの撤退意思を隠して、「ヘルソン州がロシアになれば安全になります」と右岸住民を騙したことになる。

部分動員について、西側のマスコミは徴兵忌避に注目するが、徴兵忌避者はいつの世にも、どこの国にもいる。政権にとって恐るべきことは、これまで戦争を支持してきた人、「ウクライナをネオナチから解放する」というスローガンを信じた人にそっぽを向かれることである。

そもそも、隣国に塗炭の苦しみを味わわせながら、自国でだけは今まで通りの私生活、消費生活が享受できるなどということを条件にして、プーチンが戦争への国民の支持を取り付けたのならば異常な話だし、そんな条件で戦争を支持するロシア国民も異常である。ある被動員者がテレビにインタビューされて、「これでドンバスの人々の顔を見ても恥ずかしい思いをしなくて済む」と言っていたが、こちらの方がずっとまともではないだろうか。

自由と安全を求めて国外に逃げる若者、普通の暮らしを続けることをドンバス市民に対してやましく感じる若者、どちらがより倫理的かは一義的には決められない。しかし戦争に勝つのは、前者ではなく後者に依拠する国家である。

住民投票が始まると、占領地に対するウクライナ軍の砲撃はいっそう激しくなった。ウクライナが奪回したイズュムでは、警察官や特務機関員が、占領協力者（と彼らがみなす人々）への尋問・詰問を自撮りし、ソーシャルメディアに盛んにアップロードした。このような映像は、公務員の守秘義務違反という点を別としても、「もしウクライナ軍が戻ってきたら自分たちがどんな目に遭うか」を住民に周知する効果抜群である。

砲弾は、当たる前に被害者が親露か、ウクライナ愛国者か尋ねてはくれない。占領地住民には、ロシアに逃げ込むしか道がなくなったのである。

†戦線の安定化

二〇二二年一一月一一日、ロシア軍は、疎開を希望する住民と共に、ヘルソン州右岸から撤退した。これにより、ドニプロ川が、露ウ間の軍事境界線となった。

疎開者は、クリミアおよびロシア内地で長期的な住宅および就職の斡旋を迅速に受けた。言い換えれば、「兵員補充されたロシア軍がウクライナ軍を蹴散らした後にまた戻る」ための疎開でないことは、最初から一目瞭然だった。

撤退にやや先立ち、カーネギー国際平和財団のウラジミル・フロロフは、スロヴィキン新司令官の使命は、ロシア軍が防衛可能なところまで占領地と戦線を整理する、それでいて自らの強面を生かして、ロシア社会からの文句を封じることだと論じた。死守すべきはクリミアへの陸上回廊（ザポリジャ南部、ヘルソン左岸）であり、それを守るためには、ルガンスク州北部やヘルソン州右岸は犠牲にしても仕方がないのである。

フロロフの予想は、半ば当たり、半ば外れた。ロシア軍はヘルソン州右岸からは撤退したが、ルガンスク州北部からは引いていないし、バフムト、アヴデエフカなどドネツク州北部・東部では反転攻勢に転じた。ロシア側にとって死守すべき一線がクリミアへの陸上回廊なのはその通りだが、ドンバスというファクターは軽視すべきではない。

これは「ドンバス救済」が戦争全体の正当化根拠であるという文脈においてのみではなく、実戦的な意味もある。ロシア軍は、追い込まれると亀の甲羅のようなドンバスに頭をひっこめる。ドンバスでは住民が支持してくれるので、そこで細々と勝ちながら力を蓄える。状況が好転すると、またドンバス外への野心がむくむく湧いてくる。ロシア軍は、開戦後、二〇二三年春までにこのサイクルを二回繰り返している。

†バフムト攻防戦とワグネル

ウクライナ軍の反転攻勢が勢いを失ってからは、露ウ戦争の最大の激戦地はバフムトになってしまった。もともとロシア・人民共和国連合軍のバフムトへの攻撃は、リシチャンスク攻略に続くもので、二〇二二年八月から本格化していた。

とはいうもののロシア側はバフムト奪取に大きな力と犠牲を払う気はないので、そこには傭兵会社ワグネルを使い、正規軍は、戦線整理後の生命線であるメリトポリなどのクリミア回廊に結集し、来るべき決戦に備えている。これに対し、ウクライナ側のバフムトへの執着は合理性を欠いており、軍事的にあまり価値のないこの都市の防衛のために膨大な数の戦死者を出している。

傭兵会社ワグネルが露ウ戦争に参加していることは、西側では早期から報道されていたが、ロシアのマスコミは報道しなかった。ところがバフムト攻略戦では、囚人が恩赦を約束されてワグネルと契約していることも含め、ワグネルの参戦がむしろ宣伝されるようになった。「囚人やサッカー熱狂ファンは案外いい兵士になる」ということが、前出のスラトコフ従軍記者によってニュースのネタにされるほどであった。

ドンバス戦線では人民共和国軍を地上戦で使う方針がうまくいかず、結局、共和国もろとも同軍をロシア軍に編入せざるを得なかった。両軍の統合時期と、ワグネルの活躍が喧伝されるようになった時期とが重なっていることは、私は偶然には思えない。

ロシア軍は、正規軍の兵はなるべく戦死させたくないので、戦闘の辛く危険な部分を引き受けてくれるセポイ（植民地兵）を絶えず必要とするのである。その役割が、シリア政府軍から人民共和国軍へ、そしてワグネルの囚人へと移ってきただけではないだろうか。

†ウクライナにとってのバフムト

前述の通り、ドンバス戦線の最後の決戦場はクラマトルスクとスラヴャンスクである。ロシア軍は、ハルキウ経由で攻める、ルガンスク州北部経由で攻めるという二つの作戦を試したが、そもそも両市を射程距離に入れることさえできなかった。東南（バフムト）から攻めるというのは三度目の正直である。

だから、バフムトが陥落すればクラマトルスクやスラヴャンスクも危なくなるというのならゼレンスキーのバフムトへの執着もわかるが、バフムトからこれら二都市までは五〇キロメートル前後の距離があり、その間にあるのは森林ステップである。私も二〇一七年にクラマトルスクからバフムトにタクシーで移動したことがあるが、体感的にもかなりの距離がある。

バイデン政権は、バフムトから撤退して、来るべきメリトポリ戦のために兵力を温存すべきこと、バフムトを放棄してもクラマトルスク・スラヴャンスクとの間に代替防衛線を構築できることをゼレンスキー政権に助言・忠告したが、一向に聞かなかった。

聞くところによれば、ゼレンスキー大統領は負けているときはアメリカ大統領府の助言を聞くが、勝つと聞かなくなるようである。二〇二二年初夏に反攻作戦を立案したときは、ウクライナ側は当初マリウポリ奪還を希望したらしいが、「あなた何を言ってるの」ということでアメリカが的をヘルソンに変えさせた。そのときはウクライナ軍は劣勢だったので、ゼレンスキーはアメリカの言うことを聞き、そのおかげで九―一一月の反攻は成功した。

秋の勝利の御威光がまだ残っているため、バフムトについては、ゼレンスキーはアメリカの忠告を聞かなかった。ウクライナの第五チャンネル（ポロシェンコ）系のテレグラム－カナルでは、アメリカの忠告と同じ趣旨の、「無駄死にではなく撤退すべきだ」という不満をウクライナ軍人が述べていた。

†ウクライナ国内の粛清

九―一一月の軍事的成功の御威光が残っているのは、国内政治でも同じである。前線で劣勢だったとき、ゼレンスキーは、ポロシェンコとのつながりが噂されていたドニプロ市の防衛協議会指導者ヘンナージー・コルバンの国籍を剥奪した。

ビジネスマン出身のコルバンは、コロモイスキー知事時代のドニプロペトロウスク州の行政府総務局長であり、分離派の攻勢に対して同州の義勇大隊を組織した。戦争前夜のウクライナ分権改革がウクライナのロシアへの軍事的抵抗力を高めたとする説があるが、それを地で行く人物である。

彼は、コロモイスキーと二〇一六年（または二〇一九年）に決別した後、ポロシェンコに接近したとされる。国籍剝奪されたのは、アメリカにおいてゼレンスキー政権への軍事援助を批判していたウクライナ系のヴィクトリア・スパルツ下院議員（共和党）と接触したからではないかと言われた。

二〇二二年八月九日、国籍剝奪後のコルバンがBBCに答えたインタビューは、ゼレンスキーへの愛国的批判の典型である。曰く、ロシアがドンバス二共和国を承認したところまでは予想範囲内だった。しかし、ロシアがウクライナの本体を攻撃してきたということは、ウクライナは第二次世界大戦以上の危機に遭遇しているということだ。それなのに、戦時体制への転換は進んでいない。

戦時には、銃後の文民政府は軍に対するサービス機関にならなければならない。輸送、食糧・軍需品の補給、傷病兵の治療などを引き受け、軍に向かって、どうぞ安心して戦ってくださいと言えなければならない。政府にその能力がないので、それを引き受けているのはハルキウ、ドニプロ、ムィコライウなどの都市である。

特につらいのは、戦死体の管理である。司法解剖を行い、同定し、遺族と引き合わせなければならない。これらの辛い仕事を引き受けている諸都市と話し合おうとする姿勢が、政府にはない（ちなみに、ゼレンスキー政権は、COVID対策の際も、同じことを都市自治体に言われた）。

緒戦において、なぜドンバスから兵力を割いてでも、南部を防衛しなかったのか。そうすれば、クリミアへの陸上回廊が形成されることもなかっただろう。

欧米はウクライナに一文も借りはない。それなのに自由意思でウクライナを支援してくれるのだ。

勝利への道は、政府の情報独占を破ることから始まる。こんにちテレビ局は政府支持の一局しかない。つまらないので誰も見ず、敵であるロシアのテレビを見るようになってしまう。なぜ明日にも反転攻勢が始められるような嘘を、国民につくのか。

国家と権力は別物だ。これらが別物であったことが、ロシアやベラルーシにはない、ウクライナの強みだったのだ。いま、その強みが失われようとしている（Корбан: про контрнаступ, военну цензуру і паспорт // BBC News Україна. 9 серпня 2022）。

この批判のレトリックを見れば、なぜゼレンスキーが無謀な作戦をとってでも、戦況を取り繕おうとするかがよくわかるだろう。

アメリカ下院では、スパルツ議員が、供与された兵器が横流しされていること、ゼレンスキーが（バイデン政権の警告にもかかわらず）戦争準備を怠ったこと、開戦後も戦争指導が稚拙であることを批判した。しかし、『ニューズ・ウィーク』誌は、スパルツ議員の告発の動機は、彼女が特定のアメリカ軍需企業と結びついていることだと決めつけた。

ウクライナ国内でも、スパルツ議員は二〇年以上アメリカ在住なのに、ウクライナの政界舞台裏に詳しいことから、ポロシェンコが入れ知恵しているのではないかと疑われた。結局、彼女のゼレンスキー批判は封じ込められてしまった。

その後、ウクライナ軍が優勢に転じたため、ゼレンスキーに対する批判は、いったんは鎮静化した。しかし、ゼレンスキーがバフムトでしくじると、「二〇一九年の大統領選挙でポロシェンコかティモシェンコが勝っていれば、プーチンがウクライナに侵攻することもなかっただろうに」などの論説を、ポロシェンコ派がまた発表するようになった。

しかし、これらのゼレンスキー批判はあくまで愛国的な批判であり、現時点でロシアとの和平を求めることとは別物である。アメリカの国民民主主義研究所が二〇二三年一月にウクライナで行った世論調査によれば、和平条件として、ウクライナの一九九一年国境の回復を「完全に支持」する回答者が八二%、「どちらかといえば支持」する回答者が一〇%、つまり九割を超えたのに対し、「どちらかといえば反対」「完全に反対」する回答者はいずれも三%にすぎなかった。対照的に、「二〇二二年ロシア侵攻以前の国境の回復」を和平条件にすることに対しては「完全に反対」が六三％、「どちらかといえば反対」が一九％、「どちらかといえば賛成」が九％、「完全に賛成」が六％であった。

つまり、「クリミアやドンバスを奪還するまで戦う」というのは、ゼレンスキー大統領の跳ね上がった決意表明ではなく、回答者の九割以上が支持する立場なのである。

「ロシアと和平交渉を始めるべき」という意見は、二〇二二年五月の五九％から八月の四四％へ、そして二三年一月の二九％へと傾向的に減少している。ロシアとの和平交渉に反対する回答者は、二〇二二年五月の三七％から八月の五二％、そして二三年一月の六六％へと傾向的に増加している（National Democratic Institute. Можливості та перешкоди на шляху демократичного переходу України. 4-16 січня, 2023）。

†本章のまとめ

ドンバス戦争の外交的解決策としては、カラバフ紛争等とは違って land-for-peace は提案されなかったので、ミンスク合意、つまり連邦化政策のみが追求された。連邦化は、コミットメント問題を引き起こし、紛争当事者の利益に反しているので、稀な例外を除いて成功しない政策である。

だからといって、ミンスク合意が有効だった七年間が無益だったというわけではない。戦闘も砲撃も低水準に抑えられ、犠牲者の数は減った。露ウ戦争開戦までのドンバス戦争の総犠牲者約一万四〇〇〇人のうち大半は、二〇一四―一五年に亡くなった犠牲者だった。ミンスク合意をあしざまに言うプーチンは、自分が始めた戦争を単に正当化したいだけにすぎない。

ミンスク合意は停戦協定にすぎず、持続的な和平条約に転化しなかったことは事実である。しかし、第一次オセチア戦争を終わらせたダゴムィス条約、沿ドニエストル紛争を終わらせたモスクワ条約、アブハジア戦争後に結ばれたモスクワ合意、第一次カラバフ戦争を終わらせたビシケク条約――以上の停戦協定のうち、根本的な和平条約に転じたものなど一つもない。にもかかわらず、これら停戦協定が生きていた間は、戦闘は低水準で犠牲者数は皆無だったか、少なかった。

そもそも分離紛争は、「国の領土は大きければ大きいほど良い」、「領土を失うことは人間が手足をもがれるのと同じ」などという国家表象を人々が捨て、国連信託統治のような非・主権国家的な解決法が大規模に採用されるようにならない限り、解決が難しい問題なのである。最も現実的な紛争回避策は、一時凌ぎの停戦協定を、綻びを繕いながら何十年でももたせて、人々の国家表象や国際法の通説的解釈が変わるのを待つことである。分離紛争を「解決」して恒久的な平和を目指そうなどとすると、かえって戦争を誘発する。

現にドンバス戦争でも、連邦化政策が実現されない中で、軍事的な解決が志向されるようになった。ゼレンスキー政権は第二次カラバフ戦争でのアゼルバイジャンの勝利から大きな刺激を受けた。

ロシアの軍事指導者内では、両人民共和国を承認して保護国化する「二〇〇八年南オセチア・アブハジア型」の案、親国家であるウクライナを叩く「一九九九年ユーゴスラヴィア空爆型」の案を支持する二派が現れて競合した。

親国家破壊＝体制変更型の電撃戦が失敗すると、潔く失敗を認めて撤退するか、すでに払った犠牲を正当化するために、戦争目的を領土獲得にエスカレートするかの選択が迫られた。ロシア指導部は、当然ながら前者は選ばない。その割には、領土獲得戦争にふさわしい追加動員や戦線の合理的縮小も行われず、二〇二二年九―一一月の敗走と退却につながった。

ロシア指導部は、敗走の後、ようやくまともな戦争指導体制を構築し、クリミアへの陸上回廊死守の構えである。「ドンバス解放」という公式の戦争目的からすれば、バフムト奪取の後はクラマトルスクとスラヴャンスクに進撃すべきだが、ロシア指導部にとっては、これら二都市よりもアゾフ海沿岸のメリトポリやベルジャンスクの方がずっと重要なので、ドンバス戦線での戦いに、近い将来に決着がつくとは考えられない。

終章

ウクライナ国家の統一と分裂

本書のまとめとしてまず強調したいことは、ウクライナの問題は、第一義的にはウクライナの問題だということである。プーチン政権の長期化によるロシア政治体制の病弊、NATO指導者の野心など、様々な外的要因はあろうが、それらを織り込み済みで政策を展開するのがウクライナの職業政治家の責任である。

そうした舵取りができる勇気、知性、責任感を持ったウクライナの指導者は、おそらくレオニード・クチマが最後であった。それ以後のウクライナでは、勇気、知性、責任感を持った政治家はごく少なくなったか、選挙に勝てなくなった。ここで「ウクライナ」を「日本」に置き換えていただければ、私がウクライナに対して酷で尊大な要求をしているわけではないことはおわかりいただけよう。

ウクライナの再生に協力したいと考えている日本の市民には、ウクライナについて知ってほしいと思う。善意は知識の代わりにはならないし、プーチン政権を打倒しても、ウクライナはよくはならない。

†分離紛争への実証的アプローチ

二〇〇三年に出版された分離紛争に関する古典的な論文集において、編者であるブルーノ・コピエテルスは、現状の（つまり当時の）分離紛争研究が規範的・演繹的であることを批判した

（文献10）。二〇年経っても事情はあまり変わらず、二〇二二年に land-for-peace についての本を出したベルグとクルサニも、同じ嘆きを繰り返した（文献9）。

実際、国際法に詳しい人の中には、国際法上の数個の命題を組み合わせれば、あらゆる分離紛争に通用する解決法が見つかると信じる人たちがいる。しかし分離紛争は千差万別であり、万能薬はない。分離紛争の解決法は、個々の紛争が抱える歴史、民族、経済などの文脈から自由ではない。

分離紛争への実証的な関心がないということは、一九六〇年の植民地独立付与宣言以来、国家が、自分が国家としての資格があるということを実証しなくてもよくなったことと結びついている（第一章参照）。

こんにちのウクライナは、民族解放運動の結果生まれたのではなく、ソ連の解体の結果生まれた。民族解放運動から生まれた国家であれば、独立達成までに地域や住民が試練のふるいにかけられるから、相対的に小さな領土しか持たないが、言語、歴史認識、建国理念の点で同質的になる蓋然性が高い。そのような国家であれば、特定の歴史認識を共有することを市民に義務付けたり、多言語主義ではなく単一国語主義をとったりしても、市民の不満は少なかったかもしれない。

しかし、ソ連の自壊の結果、たなぼた式で生まれた広大なウクライナは、先祖伝来ウクライナ語ではない言語で話し、書き、考えてきた住民、ウクライナ民族史観で英雄とされる人物たちに祖先が迫害された住民も抱え込んでしまった。そうした場合には、第一章で述べた中立五原則（①多言語・多文化主義、②国定イデオロギー・国定史観の拒否、③そのかわり経済成長、文化・学術・スポーツ振興などを国家目標にする、④中立外交、⑤非暴力主義）に基づいて、民族国家ではなく、市民的な国家を作ることが妥当な戦略であっただろう。

残念ながら、独立後三〇年間のウクライナは、この反対の方向に向かって進んできた。特に、いわゆる親欧米政権においては、「経済実績が悪いので、選挙が近づくと民族主義＝国民分断に頼る。その結果、ますます経済が悪くなる」という悪循環も見られるようになった。

ダレグ・ザバラフが指摘するように、市民的な国家建設を選ぶことは、ポスト・ソ連国家にとってはそもそも容易ではなかった。ソ連においては、原初主義的な民族観が優勢である反面、「ソヴェト・ピープル」（中国の「中華民族」に該当）という標語に代表される多（非）民族的な市民概念、公民的な国家概念も喧伝され、原初主義的な民族観に対してバランスをとっていた。

しかし、この非民族的な市民概念は、共産主義イデオロギーと密接に結びついていたので、共産主義イデオロギーと共に葬り去られてしまった。共産主義に替わりうるイデオロギーとしては、全国レベルでリベラリズムが弱体だったため、連邦構成共和国を基盤とする原初的民族主義しかなかった（文献30）。

塩川伸明『国家の解体』（二〇二一年）が示すように、ゴルバチョフの戦略は、社会主義経済は放棄しても、通常の資本主義（社会民主主義）国家としてソ連を維持することだったが、ソ連という国家はあまりにも密接に社会主義と結びついていたため、それは無理であった。ソ連型市民アイデンティティについても同じことが言えるのである。

ソ連時代には、「ソ連が多民族国家であるだけでなく、個々の連邦構成共和国も多民族共和国なのだ」ということがよく言われた。しかし、ソ連後に出現したのは、（たいして多数派でもない）基幹民族を中心とした民族国家であった。

ただし、非基幹民族に保証される権利の水準は、国によって異なる。たとえばカザフスタンの大学には必ずロシア語セクター（言語学級）がある。つまりロシア語で大学入試を受け、ロシア語で大学の卒業論文を書くことも可能である。

第一章で述べたように、一九七五年CSCEヘルシンキ最終文書の国境線不変更原則（第三項）は、少数派の人権保護（第七項）とセットになって意味を持つものである。これは別に規範的な議論をしているのではなく、少数派の権利を保護しない国家の国境線は安定しないという事実の話をしているのである。

国民の団結を高めるのは繁栄と福祉の向上であって、イデオロギーや言語の強制ではない。国境線不変更原則は無菌環境の中で鎮座しているのではなく、社会的要因の影響を受ける。二

○一四年九月にポロシェンコ大統領がいみじくも指摘したように、経済成長なしに分離紛争は解決できない（三五八―三五九頁）。

中国や韓国の平均賃金が日本のそれを大きく凌駕する日が来ても、日本人が中国や韓国に大量移民することは考えられない。言語障壁があるからである。ウクライナとロシアの間に言語障壁はない。

むしろ、ウクライナのロシア語話者は、ウクライナ語をマスターしない限りウクライナでは公務員にも弁護士にもなれないが、ロシアでは自分の母語のままでなれる。

ウクライナ経済の衰退が続いたとしよう。平和な状態ならウクライナからロシアやベラルーシに高資格者が流出するだけだろうが、経済衰退に加えてユーロマイダン革命のような暴力野放し状態になると、個人的に移住するのではなくて地域ぐるみでロシア（やハンガリー）に移ろうとする不心得者が今後も出ないとは限らない。

†身体のアナロジーで領土を考える非合理

「国家の領土は広ければ広いほどいい」、「領土を失うのは手足をもがれるのと同じ」といった情緒的な国家表象が変わらない限り、分離紛争を防止し解決するのは難しい。

領土には最適規模がある。維持するのに経済的コスト、防衛上のコストが高すぎる地域、分離紛争の感染源になりかねない地域（ドンバスにとってのクリミアなど）は、親国家がむしろ積極的に放棄・割譲する発想があってもよい。

その場合、親国家は、割譲した領土が隣国の軍事基地になることへのおそれを、当然、抱くだろう。それを防ぐためには、隣国への割譲ではなく、信託統治や共同主権のような主権国家的でない解決法を追求すればよい。このためには現行の信託統治制度の改革が必要になるが、こうした問題については、第一章で紹介したロバート・ジャクソンの研究を参照されたい。

「領土には最適規模がある」という発想があれば、ソ連解体の際に、紛争地域を抱えていた連邦構成共和国は、むしろ積極的に四月三日連邦離脱法を適用し、その後の内戦を防いでいただろう。近未来の独立国としての自分の領土を極大化したいという欲が強すぎて、それができなかった。

国家を分ける前に、南ネーデルランドや北アイルランドを親国家に残したような合理的な領土調整ができなくて、戦争になったとしよう。この場合、兵士や民間人の犠牲を出したことによって、領土表象がますます情緒化するかもしれない。他方、苦い薬を飲まされたことで、領土問題を合理的に解決しようと志向するようになるかもしれない。

ウクライナにおいては後者が勝った。二〇一四年の大統領選挙でポロシェンコがティモシェンコに勝ったのは、ティモシェンコがポロシェンコよりもクリミア問題で強硬で、有権者に不安を抱かせたからである。

二〇一五年、ハルキウの社会学者は、同州住民の二人に一人は、「ドンバスなしのウクライナ」というスローガンを支持していると言っていた。というのは、前年の内戦中に、血まみれの負傷兵がドンバスからハルキウ市の病院に多数運び込まれるのを市民は目撃していたからである。ミンスク合意を実施してドンバスを取り戻すということは、内戦の火種を再び抱え込むということである。「ドンバスもクリミアもないウクライナ」、「ドンバスのために、なぜウクライナの青年が死ななければならないのか」という主張は、実は西部ウクライナやディアスポラの一部（アレクサンダー・モティルなど）に強いものだった。

これは、モルドヴァのむしろ右派・親ルーマニア勢力の中で、「沿ドニエストルとはさっさと縁を切って、EUに入った方がいい」と主張する人が多いのと同じである。

しかし、「ドンバスもクリミアもないウクライナ」という主張は、およそ二〇一六年頃から、心では思っていても口には出せないものになってしまった。国境線を変えられては困る欧米や国際機関が、援助を梃子にウクライナを「励まして」、強硬姿勢に戻したと思う。

この事情は、カラバフ戦争敗戦時にはカラバフは永遠に失われたと思ったアゼルバイジャン人が、一九九六年のOSCEリスボン・サミットに励まされて強硬姿勢に戻ってしまったのと同じである。

それでもなお、ウクライナ市民のクリミア観は、さほど情緒化しなかった。ラズムコフ・センターというウクライナの定評ある社会学調査会社の二〇二一年の調査によれば、「クリミアが将来帰ってくる可能性があるか」という質問に対して、「ある」が四三%、「ありそうにない」が四四%だった。

一見、拮抗しているようだが、奪還の方法をみると、①「制裁を強めることで、ロシアが返す」が四七%、②「ウクライナで改革が進み、生活水準でクリミアを越えることにより帰ってくる」が四六%、③「軍事的方法を用いてでも取り返す」が二八%であった。

①については、ロシアが侵略戦争でも開始しない限り、西側がロシア制裁を当時以上に強化することはなさそうだった。②は健全な考えだが、近い将来には難しかろう。③は、侵略戦争開始以前はウクライナ人の一致点にはなりにくい主張だった。

つまり、一見、クリミア奪還について楽観論と悲観論が拮抗しているようだが、楽観論者は(おそらく本人たちの目にも)非現実的な根拠をあげていたのである。

†分離運動の社会的背景

ウクライナの分離紛争を、米露の地政学的対立の一事例とみるのは間違っている。ユーロマイダン運動がそうであったと同様、クリミアの分離運動にも、人民共和国運動にも、その背景には、社会主義解体後のウクライナの貧困化に対する不満、社会的不公正への怒りがある。

それに加え、本書は、エリートの構造が分離運動の在り方を左右することを示した。クリミアでは、一九九一年一月住民投票において、ウクライナが独立する場合にはウクライナから離脱できる地雷を仕掛けておいたにもかかわらず、バグロフ最高会議議長は安全志向からウクライナ指導部との妥協を選んだ。

バグロフを大統領選挙で倒したメシュコフは、議員や地方自治体指導者と紛争状態に陥り、エリートの地域団結を作り出すことができなかった。

その後もクリミアのエリートはばらばらの状態だったが、二〇〇九年から一三年までのマケドニア人支配に対抗する中で「クリミア土着エリート」という統一的な自己表象が初めて生まれた。

ユーゴマイダン革命への評価をめぐり、マケドニア人とクリミア土着エリートの対立が深まった。マイダン勢力がクリミア・タタールを動員したことによって、クリミア土着エリートは、ロシア特殊部隊を招き入れてでもクリミア分離政権を成立させるところまで踏み込んだ。

したがって、二〇一四年のクリミア政変を推進したイデオロギーは、大ロシア民族主義ではなく、クリミア地域主義である。アクショノフはこれを踏襲して、政変時には誰も予想しなかった長期政権を打ち立てたのである。

ドネツク州のエリートは、産業構造など様々な要因からコンフォーミズム志向が強かった。

一九九四年に州知事になったシチェルバニは、ドニプロペトロウスク州閥との闘争に敗れた。その後、ドネツク州閥は、二〇〇二年までかけて地域党を建設し、南東ウクライナの諸州閥を従えていった。

地域党はオレンジ革命でいったんは野に下るが、すぐに態勢を立て直し、二〇一〇年大統領選挙でヤヌコヴィチのリベンジを果たした。この過程でクリミアも植民地化した。

こうして、ヤヌコヴィチと地域党は、ドネツク州議会の議席占有率九〇％以上という驚異的な体制を打ち立てた。しかしこれはヤヌコヴィチ個人に権威と利権を集中する恩顧体制であり、マイダン革命の中でヤヌコヴィチが逃亡すると、南東部ウクライナ全域で機能停止した。

このため、南東ウクライナの地方エリートは、マイダン派の東征にも、人民共和国派の分離運動にも対抗できなかった。「クリミアの春」では、少数のマケドニア人を除く上層エリートも完全にロシアに寝返ったが、ドネツクでは上層エリートは丸ごと追放された。

ドネツク人民共和国の中心的活動家がかつてのマージナル層であることは否定できないが、工場、学校、警察などの中堅指導層も、ウクライナ時代と変わらず職場にとどまり、共和国議会の多数を構成している。私は内戦開始後、二回、ドネツク人民共和国を訪問したが、公共交通、清掃など、行政がしっかりしているという印象を持った。

いかなる革命も裏切られる運命にあるのかもしれないが、二〇一四年の「クリミアの春」、

「ロシアの春」も例外ではない。クリミアではアクショノフの恩顧体制が定着し、ドネツク州では「産業ドンバス」の伝統は失われ、ロシアからの援助に完全に依存した経済になってしまった。

二〇二二年の露ウ開戦がなかったら、クリミアやドネツク州でもいつか再民主化の波が起こっただろうか。カラバフでは一九九四年の休戦協定から再民主化運動まで五年かかり、アブハジアでは一九九三年の休戦協定から一一年かかっている。

†継続する社会変動とトランスナショナリズム

国や民族が画然と分かれた東アジアに住む我々にとって、旧ソ連空間はわかりにくい。だから日本人は、太平洋戦争時の日米関係や、今後ありうる日中戦争のアナロジーで露ウ戦争を認識する。大統領の下、国民は団結してロシアと戦っているというイメージは、判官贔屓の私たち自身にとって心地よい。しかし、これは事実ではない。ウクライナ住民の戦争評価は地域により様々である。

そのうえ、交戦国間に言語障壁が存在しない。情報空間は単一である。国が築くネット上の障壁は簡単に突破できる。だから、両国の軍の司令部の戦況報告は、国民が敵の軍司令部の発表も視聴しているか、要旨は知っているということを前提にしてなされる。

ユーロマイダン革命という衝撃的な歴史的事件に遭遇して、露ウ両国が分極化したのではなく、露ウ両国内で賛成派と反対派に分かれたのである。マイダン革命の継承を唱えるウクライナの体制は、プーチンの権威主義を嫌い、マイダン革命に好意を持つロシアの反体制勢力と協力した。ウクライナの政府系テレビには、ロシアの反体制活動家がしばしば出演した。同様に、マイダン革命を糾弾するロシアの政府系テレビの討論番組には、ウクライナの左派や南東野党の政治家が盛んに出演した。

しかし、両国における体制側マスコミの強さは如何ともしがたく、それに加えてゼレンスキー下のウクライナでは、野党系テレビ局は放送免許を剝奪された。こうして、八年の戦間期を通じ、マイダン革命への賛否をめぐるトランスナショナルな亀裂は、露ウの国家間対立へと矮小化していった。

これは、ロシア革命をめぐって各国で激化した左右対立が、やがて冷戦という国家間対立に堕落していったのと同じである。

二〇一四年、ロシアの軍需産業は、ウクライナの軍需産業から自立していなかった。これが、二〇一四年にロシアがウクライナへの全面戦争を始めなかった理由のひとつであった。ロシアは八年かけて、軍需の輸入代替を完了した。

ウクライナ正教会は、ロシア正教会内の自治教会である。民族派の教会は、教会法上の地位を持っていなかった。民族派の教会は、二〇一八―一九年にコンスタンチノープル世界総主教がパトロンになったことで合法的な地位を得たかのようだが、高位聖職者の叙任（神品機密）に疑問点があることなどから、正教世界で広く承認された教会ではない。主に世俗的な愛国者を惹きつける教会であるため、日曜礼拝はガラガラだとよく言われる。

戦後のウクライナがEUへの道を歩むとすれば、教会法上正統なウクライナ正教会に対する弾圧は緩めざるを得なくなる。

ソ連解体時に領土調整せず、クリミアをウクライナが抱え続けたことも、視点を変えれば、ロシアとウクライナの間のトランスナショナルな癒着関係を促進したと言える。ロシア高官は、クリミアでマケドニア人が地元エリートを過度に虐めないように、ヤヌコヴィチ政権に圧力をかけていた。

今後、万一ロシアがザポリジャ州、ヘルソン州をウクライナに返さなかったとしても、それらが普通のロシア南部州になるとは私は思わない。それらは、ロシアの中のウクライナになるだろう。ましてや、十年戦争とおびただしい流血で独特の政治空間となった両人民共和国を、どうやって同化するのか、ちょっと想像がつかない。

ユーロマイダン後のウクライナとプーチン政権とは共鳴しあう関係にある。ユーロマイダン革命なしにこんにちのプーチンは考えられないし、プーチンがいなかったら、オレンジ革命のときにそうだったように、ウクライナは革命前のウクライナに戻れたかもしれない。

この戦争が落ち着いたら、ウクライナは、憲法再改正、二〇一二年言語法復活、脱共産法廃止等により二〇一三年以前のウクライナに戻し、プーチンには勇退してもらうのが、両国にとって一番良いと思う。しかし両体制は、お互いの延命を頑固に助け合う関係にあるので、それは起こりそうにない。

いずれにせよ、露ウは切っても切れない関係にあり、両者が普通の主権国家として綺麗に株別れすることはありえない。

おまけに、露ウ関係は環黒海地域全体にスピルオーバーする。プーチンは、エルドアン・トルコ大統領に自らのウクライナ政策を応援してもらうために、同盟国であるアルメニアの主権を平気で犠牲にする。

モルドヴァの政治は、ウクライナ政治を良き反面教師とし、両極化や地政学化を避けてきた。しかし、マヤ・サンドゥ大統領が最近（二〇二三年五月）とみにゼレンスキー化してきたため、それも続かないかもしれない。

政治がトランスナショナル化した環黒海地域では、国内政治、国際政治、トランスナショナル政治を画然と分けようとすること自体にあまり意味がないのである。本書も示したように、この三層は相互作用しながら、一体となって広域政治を形成する。まあ、環黒海全体の話は、別の本で続けたい。

あとがき

二〇一二年度から、私は仲間と一緒に科学研究費補助金を取って、「競争的権威主義体制の比較」というプロジェクトを始めた。私はウクライナ地域党を担当し、同党の本拠地であるドネツク州と、ドネツク閥が植民地化したクリミアで調査を開始した。ウクライナ研究者としては変な話だが、ドネツクやシンフェロポリを訪問したのは初めてだった。

翌年の秋にはユーロマイダン革命が始まり、研究対象であった地域党そのものが消滅した。私は、「ウクライナ動乱」プロジェクトを立ち上げて、研究を続けた。しかし、もはやクリミアやドネツクで現地調査することは困難になっていた。

内戦ピークであった二〇一四年八月には、ドネツクに行くこと自体には何の制約もなかったが、ミンスク合意で軍事境界線が定まると、その向こう側に行くにはウクライナ保安庁（特務機関）の許可が要るようになった。許可を取るのは三年がかりの仕事で、その次にドネツクを訪問できたのは二〇一七年八月だった。

私は、許可をくれたことにつき、ウクライナ特務機関に心から感謝している。二〇一六―一七年にドネツク人民共和国になかなか入れなかった待機中に行った、戦線に隣接するマリウポリとクラマトルスクの市政の研究は、光栄なことに、Nationalities Papers誌の年間最優秀論文賞をいただいた。

しかし同時に、進行中の紛争を研究することの効率の悪さに驚いた。ウクライナは私の研究対象国の中で、私にとって一番大切な国である。しかし、ウクライナだけを研究しているわけでも、現状分析だけをやっているわけでもない。当時、定年退職までたった八年を余す身で、ウクライナ動乱研究に膨大な時間を取られてよいのかと悩んだ末、このテーマを棚上げした。研究というものは、棚上げしたらしたで恋しくなるものである。普通なら、恋しくなったら戻ってきたらいい。しかし、その後、COVIDパンデミックと戦争で、ウクライナに行くことは不可能になってしまった。

二〇二二年の春、ちくま新書の松田健氏に提案されて、「ウクライナ動乱」で新書を書くことにした。一年以上待たせ、ご覧のように非常識な分量になってしまった。

釈明すると、露ウ開戦は、真剣な知的反省を私に迫ったのである。私は、ウクライナ動乱研究以前は、カラバフなど古参の非承認国家研究に力を割いていた。その知見を加味して、ソ連崩壊後の分離紛争を総括してみたいと思った。露ウ開戦後の一年間の思索の結果が、第一、二、六章である。第二章「ユーロマイダン革命とその後」は、完全な書下ろしである。

クリミアとドンバスにかかわる第三、四、五章は、二〇一〇年代の半ばに私が現地で研究し、英語で発表した作品の邦訳と追補版である。ロシア支配に移った後のクリミア政治については、おそらく本書が世界で最初の研究である。

「はじめに」で述べたように、本書の典拠を確認したい読者は、本書の下地になっている次の諸論文の注を見ていただきたい。

第一章

松里公孝「2月24日之后斯拉夫欧亚的危机：重访晚期苏联」『俄罗斯研究』二〇二三年第一期、六四―八六頁。

Kimitaka Matsuzato, “Federalization, Land-for-Peace, or a War Once More: Secession Conflicts in Post-Soviet Countries.” *Nationalities Papers* に近刊。

第三章

Kimitaka Matsuzato. “Domestic Politics in Crimea, 2009–2015.” *Demokratizatsiya: The Journal of Post-Soviet Democratization* 24, 2 (2016), pp. 225–256.

第四章

Kimitaka Matsuzato, “The Donbas War: Outbreak and Deadlock,” *Demokratizatsiya: The Journal of Post-Soviet Democratization* 25, 2 (2017), pp. 175–200.

第五章

Kimitaka Matsuzato, "The First Four Years of the Donetsk People's Republic: Differentiating Elites and Surkov's Political Technologists," David Marples, ed., *The War in Ukraine's Donbas: Origins, Contexts, and the Future* (Budapest: CEU Press, 2022), pp. 37–60.

第六章

松里公孝「露ウ戦争におけるロシアの目的——政権打倒、征服、そして領土整理へ」『ロシア・東欧研究』五一号、二〇二二年、一—二〇頁。

本書に特に深く関連した私の作品は次の通りで、関心がある読者はご高覧いただきたい。

Kimitaka Matsuzato, "The Donbas War and Politics in Cities on the Front: Mariupol and Kramatorsk," *Nationalities Papers* 46, 6 (2018), pp. 1008-1027.

前述の通りアメリカで賞をいただいた論文だが、実はドンバス紛争は、ここでは背景でしかない。これはマリウポリ、クラマトルスクという企業城下町において、主要企業の経営者たちが内戦中にどう市行政を支えたか、内戦後のポロシェンコ政権の働きかけにどう対応したかに注目した、恩顧政治の研究である。

松里公孝「ルーシの歴史とウクライナ」『歴史・民族・政治から読むロシア・ウクライナ』（東京堂出版、近刊）。

ウクライナという国、地域が現れたのは、ソ連時代の共和国を含めても一九二二年のことなので、それ以前の歴史をこんにちのウクライナ領土から見ようとしても無理がある。近世まで広く受け容れられていた地理単位、人間単位はルーシ（人）なのだから、この視点から東スラブ地域の広域史を見直さなければならないと提言した。

松里公孝「ロシアとウクライナのテレビニュース事情——露ウ開戦で何が変わったか」『海外事情』第七〇巻第六号、二六—三八頁。

研究者が現地に行けないいま、ウクライナやロシアのテレビニュースを直接視聴することが重要になっている。主要な局、討論番組、有名ブロガーなどにつき紹介した。

最後になるが、またとないチャンスを与えてくれ、辛抱強く原稿の提出を待ってくれ、かなりの分量の原稿を本にまとめてくれた筑摩書房の松田健氏にお礼を言いたい。

二〇二三年五月一七日、東京

松里公孝

人名索引

あ行

か行

さ行

た行

な行

は行

ま行

や行

ら行

わ行

参考文献

日本語

1. 安達祐子『現代ロシア経済――資源・国家・企業統治』名古屋大学出版会、2016年。
2. 遠藤乾（編）『ヨーロッパ統合史』名古屋大学出版会、2008年。
3. 小泉悠『軍事大国ロシア――新たな世界戦略と行動原理』作品社、2016年。
4. 佐藤親賢『プーチンとG8の終焉』岩波新書、2016年。
5. 服部倫卓「ウクライナ政変とオリガルヒの動き」『ロシア・東欧研究』第43号（2014年）。
6. 服部倫卓「ロシアとウクライナの10年貿易戦争」『ロシア・東欧研究』第51号（2022年）。
7. 藤森信吉「ウクライナとNATOの東方拡大」『スラヴ研究』第四七号（2000年）。

中国語

8. 谢立中主编：《理解民族关系的新思路：少数族群问题的去政治化》，北京：社会科学文献出版社，2010年。

英語

9. Berg E. and Kursani S. *De Facto States and Land-for-Peace Agreements: Territory and Recognition at Odds?* Routledge, 2022.
10. Coppieters B. and Sakwa R. *Contextualizing Secession: Normative Studies in a Comparative Perspective*. Oxford University Press, 2003.
11. D'Anieri P. "Gerrymandering Ukraine? Electoral Consequences of Occupation," *East European Politics and Societies: and Cultures* 33, 1 (2018).
12. Florea A. "De Facto States: Survival and Disappearance (1945–2011)," *International Studies Quarterly* 61 (2017).
13. Harvey D. *The New Imperialism*. Oxford University Press, 2003.
14. Hale H. E. *Patronal Politics: Eurasian Regime Dynamics in Comparative Perspective*. Cambridge University Press, 2014.
15. Ishchenko V., Yurchenko Y. "Ukrainian Capitalism and Inter-Imperialist Rivalry," *The Palgrave Encyclopedia of Imperialism and Anti-Im-*

perialism. 2019. Pp. 1–19.
16. Katchanovski I. "The Maidan Massacre in Ukraine: Revelations from Trials and Investigation" (November 29, 2021). Available at SSRN: https://ssrn.com/abstract=4048494 or http://dx.doi.org/10.2139/ssrn.4048494
17. Katchanovski I. "The 'Snipers' Massacre' on the Maidan in Ukraine" (September 5, 2015). Available at SSRN: https://ssrn.com/abstract=2658245 or http://dx.doi.org/10.2139/ssrn.2658245
18. Kolstø P. "Biting the Hand That Feeds Them? Abkhazia–Russia Client–patron Relations." *Post-Soviet Affairs* 36, 2 (2020).
19. Matsuzato K. "The Rise and Fall of Ethnoterritorial Federalism: A Comparison of the Soviet Union (Russia), China, and India," *Europe-Asia Studies* 69, 7 (2017),
20. Matsuzato K. "The Syrian War in Russia's Intensifying Discourse against the Unipolar World," Международная аналитика 13, 4 (2022).
21. Ogushi A. "The Opposition Bloc in Ukraine: a Clientelistic Party with Diminished Administrative Resources," *Europe-Asia Studies* 72, 10 (2020).
22. O'Loughlin J., Toal G. "The Crimea Conundrum: Legitimacy and Public Opinion after Annexation," *Eurasian Geography and Economics* 60, 1 (2019).
23. Robertson G. B. *The Politics of Protest in Hybrid Regimes: Managing Dissent in Post-Communist Russia*. Cambridge University Press, 2010.
24. Roberson R. *The Eastern Christian Churches. A Brief Survey* (6th edition). Edizioni "Orientalia Christiana," 1999.
25. Romanova V. *Decentralization and Multilevel Elections in Ukraine: Reform Dynamics and Party Politics in 2010–2021*. ibidem, 2022.
26. Saparov A. *From Conflict to Autonomy in the Caucasus: The Soviet Union and the Making of Abkhazia, South Ossetia and Nagorno Karabakh*. Routledge, 2015.
27. Stecklow S., Akymenko O. "Special Report - Flaws Found in Ukraine's Probe of Maidan Massacre," *Reuters*, October 10, 2014 (https://www.reuters.com/article/uk-ukraine-killings-probe-special-report-idUKKCN0HZ0U220141010).
28. Toal G. *Near Abroad: Putin, the West, and the Contest over Ukraine and the Caucasus*. Oxford University Press, 2017.

29. Torikai M. "Remnants of the Ancien Régime: Renomination and Re-election of Former Members of a Demised Ruling Party in Ukraine," *Democratization* 29, 7 (2022).
30. Zabarah D. A. *Nation- and Statehood in Moldova: Ideological and Political Dynamics since the 1980s*. Harrassowitz Verlag, 2011.
31. Zabrodskyi M., Watling J., Danylyuk O. V., and Reynolds N. *Preliminary Lessons in Conventional Warfighting from Russia's Invasion of Ukraine: February – July 2022*. Royal United Services Institute for Defence and Security Studies, 2022.
32. Zhukov Y. M. 2016. "Trading Hard Hats for Combat Helmets: The Economics of Rebellion in Eastern Ukraine," *Journal of Comparative Economics* 44, 1 (2016).

ウクライナ語

33. Касьянов Г. Danse macabre. Голод 1932–1933 років у політиці, масовій свідомості та історіографії (1980-ті – початок 2000-х). Київ, 2010.

ロシア語

34. Гельман В., Рыженков С., Бри М. Россия регионов: трансформация политических режимов. Москва, 2000.
35. Корнилов В. В. Донецко-Криворожская республика. Расстрелянная мечта. Харків, 2011.

ちくま新書
1739

ウクライナ動乱《どうらん》
――ソ連解体《れんかいたい》から露《ろ》ウ戦争《せんそう》まで

二〇二三年 七 月一〇日 第一刷発行
二〇二三年一〇月一五日 第二刷発行

著　　者　松里公孝（まつざと・きみたか）
発 行 者　喜入冬子
発 行 所　株式会社 筑摩書房
東京都台東区蔵前二―五―三　郵便番号一一一―八七五五
電話番号〇三―五六八七―二六〇一（代表）
装 幀 者　間村俊一
印刷・製本　株式会社 精興社

ISBN978-4-480-07570-3 C0231